| 光明社科文库 |

大学精神　薪火相传

大学文化研究论文辑刊一

王晓阳◎主编

光明日报出版社

图书在版编目（CIP）数据

大学精神　薪火相传：大学文化研究论文辑刊一／
王晓阳主编．－－北京：光明日报出版社，2018.7

ISBN 978－7－5194－4454－9

Ⅰ.①大… Ⅱ.①王… Ⅲ.①高等学校—校园文化—
研究—中国 Ⅳ.①G647

中国版本图书馆 CIP 数据核字（2018）第 180349 号

大学精神　薪火相传——大学文化研究论文辑刊一
DAXUE JINGSHEN　XINHUO XIANGCHUAN——DAXUE WENHUA
YANJIU LUNWEN JIKANYI

主　　编：王晓阳

责任编辑：史　宁　　　　　　　　责任校对：赵鸣鸣
封面设计：一站出版网设计部　　　责任印制：曹　净

出版发行：光明日报出版社

地　　址：北京市西城区永安路 106 号，100050

电　　话：010－67078251（咨询），63131930（邮购）

传　　真：010－67078227，67078255

网　　址：http://book.gmw.cn

E－mail：shining@gmw.cn

法律顾问：北京德恒律师事务所龚柳方律师

印　　刷：三河市华东印刷有限公司

装　　订：三河市华东印刷有限公司

本书如有破损、缺页、装订错误，请与本社联系调换，电话：010－67019571

开　　本：170mm×240mm

字　　数：237 千字　　　　　　　印　　张：15

版　　次：2019 年 1 月第 1 版　　　印　　次：2019 年 1 月第 1 次印刷

书　　号：ISBN 978－7－5194－4454－9

定　　价：78.00 元

序:文化自信与大学精神

　　近年来,习近平总书记在多次重要讲话中,强调了树立"文化自信"的重大意义,指出文化自信是更基础、更广泛、更深厚的自信。作为肩负"文化传承与创新"重大使命的我国大学,理应成为树立文化自信的首善之区。而为了树立文化自信,就要对大学精神有深入的认识,认清当代我国大学精神的积极面与消极面,这样才能使自信建立在理性的基础之上。

　　这本论文辑刊,精选了自2012年以来,教育部人文社科重大委托项目"当代中国大学精神研究"课题组成员高校领导与专家学者,在每年两到三次的大学精神研究论坛上发表的25篇学术报告与论文。这些报告与论文反映了我国近年来大学文化建设与研究的最新探索与深入思考。这些报告与论文,大致可以分为如下几种类型:

　　第一,王冀生、胡显章、王义遒先生的三篇论文,写于2012年课题立项之初。是对当代我国以至世界各国大学精神所做的高屋建瓴的宏观把握与哲学思考。他们依据毕生从事高等教育管理工作所积累的丰富阅历与深刻认识,既正面肯定我国当代大学所坚持和弘扬的核心价值,例如"人文化成""以人为本,实现和谐""以伦理道德为本位"的教育理想,"爱国精神、担当精神"等;又不讳言当前我国大学精神所存在的缺失的方面,例如教育活动本义的缺失、创造性不足、短期功利主义和官僚化气息对大学的侵袭、盲目攀比缺乏特色、独立自由精神、包容精神不足,等等。并且对大学精神研究的重点问题、思路、方法提出了指导性意见。为整个课题研究奠定了总基调,为课题的研究开展指明了方向。

　　第二,清华大学邓卫副书记、天津大学李义丹副书记、上海交大李建强副书记以及大连理工大学这四所985名校，介绍了各自大学的文化自觉、大学文化建设举措；这也可以看作是四个研究型高校文化建设个案剖析。有趣的是，这四所高校都是以理工科见长的高校。理工科院校文化素以"务实"为主要特征，而他们对大学文化这看似很"虚"的事情却做得特别认真。例如，上海交通大学的做法是，在精神文化建设中把虚与实紧密结合起来。所谓虚，就是深入发掘大学办学宗旨与价值观念；所谓实，就是根据时代发展对大学精神文化体系进行充实拓展，并将其融汇、落实到学校改革发展的方方面面和各项工作中去。大连理工大学也不约而同地提到了虚与实的结合，即精神文化与物质文化、制度文化、行为文化相互结合。

第三，南通大学杨礼宾副书记、赣南师范大学邱小云副校长、深圳职业技术学院陈秋明书记、浙江经济职业技术学院俞步松书记、湖南工业职业技术学院刘建湘院长对各自学校大学文化建设方面的思考和举措做了全面介绍。这又是普通本科、高职院校大学文化建设方面的典型个案。而高职院校一把手挂帅，说明他们对大学文化建设的高度重视，是又一个有趣的特征。无论是赣南师大把地方优秀传统文化做到扎扎实实，知行合一，还是浙江经院的素质本位和诗教，无论是南通大学的"三个一切"，还是深圳职院的"德业并进施教、民主规范办学"，湖南工业职院的"协同育人"，都使人感到，他们的文化建设真正落到了实处，形成了特色，产生了"文化兴校"的效果。

第四，其他13篇论文，基本上可以归纳为学者们的自由探讨类型。又可分为3个小的类别。第1类是社会主义核心价值观与大学精神研究5篇，包括邱小云的"大学精神与中国精神"、齐振彪与刘金玉的"当代中国大学精神的机遇、挑战与对策"、许静洪与曾鹿平的"大学精神的核心是一种价值"、邓小泉的"大爱精神与师德建设"、夏伟与刘金玉的"高职教育高深学问精神追求"等。第2类是具有方法论意义的主题探讨6篇，包括笔者的"大学文化类型学研究"、孙海涛的"精英大学的文化共识"、周国耀与米娟的"大学精神培育中的隐性教育实现路径研究"、肖卜文的"高职院校精神文化优化论纲"、陈莉的"高校学生会干部组织认同状况调查"、徐雷的"高职院校行为文化建设研究综述"等。第3类是历史研究2篇，包括比较宏观的有王杰教授对"兴学强国"精神的探究、比较微观的有刘超对民国时期老清华学人的物质与精神文化状态的描述等。

总体来看，我们面前的这本论文集，无论是对当前我国大学文化建设实践，还是大学文化理论研究，都有着比较典型而又比较丰富多侧面的反映。既有理论思考，又有实证研究。对于我们树立文化自信、振奋大学精神，具有重要的启迪和参考价值。是我们承担的教育部重大委托课题的又一重要成果。以下就"文化自信与大学精神"关系的命题结合论文集中的某些观点和笔者的学习思考做一点稍微深入的讨论。

我国的大学从哪里来？一般认为，中国现代大学是 19 世纪末学习西方的产物，是舶来品。梅贻琦先生在《大学一解》中指出："今日中国之大学教育，溯其源流，实自西洋移植而来，顾制度为一事，而精神又为一事。就制度言，中国教育史中固不见有形式相似之组织；就精神言，则文明人类之经验大致相同，而事有可通者"。他还以儒家'大学之道，在明明德，在新民，在止于至善'来解说中国大学教育所应有的宗旨。可见，就中国大学精神而言，我们深厚的中华优秀传统文化是其重要来源。

何谓大学精神？王冀生先生指出，大学精神"是大学人在为实现大学理想而奋斗的过程中，随着人类社会的发展、变化，经过历史的文化积淀，逐步形成的一种独特的生命信念和价值追求"。中国大学精神有何区别于西方大学精神的不同之处？我国士大夫阶层素有"以天下为己任"的"家国情怀"。近代中国大学是在"救亡图存"的危难局面中诞生的，肩负"兴学强国"的历史使命。这与西方传统大学与社会保持距离、独善其身的象牙塔精神是迥然有别的。

王义道先生指出，"把国家放在最为重要的地位，大学与国家民族命运紧密相连是中国特色。这是中国大学的优点，有时也是一些问题的根源。优点，是大学成为救国、兴国和强国的重要手段，受到普遍重视，一直熏陶着中国知识分子以民族国家为重的担当精神；问题是大学成为依附、从属于政治、经济的工具，失去其独立品格"。

芝加哥大学校长罗伯特齐默指出，"社会所面对的纷争十分复杂，没有简单答案。一般而言，正是大学对思想、辩论、严谨、质疑保持开放性，为冲突的思想、观点提供保护伞、庇护所，才能最好地解答社会、科学以及人文问题"。"从长远来说，学术自由，正是为了保护与保存大学为社会做贡献的独特能力"。

一种文化之所以给人自信，是因为它曾经引导人们取得成功，因此也相信它将继续引导人们在未来取得成功。我们之所以对中华优秀传统文化充满自信，就是因为它维系了五千年的中华文明，维系了中华民族的团结和统一，激励了一代又一代的中国读书人为中华崛起而读书。无论何时何地，为国家服务的精神和责任担当精神应是中国大学应当坚守的优秀传统和重要精神品格。

文化自信既意味着对优良传统的继承，也意味着在有所坚持的同时，勇于以海纳百川的胸怀，学习借鉴，改革创新。对人类一切优秀文明成果，对西方大学精神积极有益的方面，我们都要虚心学习。只有学习借鉴西方大学精神合理有效的成分，中西融汇，我们才能最终超越西方大学模式，在中国独有大学精神特质的基础上，形成中国自己、为世界所称道的大学精神和大学模式。

因此，坚持文化自信，我们既要继承和坚守中国大学传统的使命担当意识，也要树立和弘扬为履行大学独特使命所必需的独立与批判精神，汇通中西，鱼和熊掌兼得。只有这样，我们的大学才能沿着正确的轨道前进，才能为中华民族的伟大复兴、人类的文明进步做出无愧于时代的伟大贡献。

（编者）

目 录
CONTENTS

一、01

| 时代精神与大学精神 |

当代中国大学精神研究论纲

大学文化研究与发展中心顾问、研究员　王冀生

20世纪90年代中期以来,随着人类社会逐渐进入以经济全球化为基本特征的崭新时代和我国社会从计划经济体制向社会主义市场经济体制转型,面对当前正在出现的大学精神衰微现象,我国逐渐掀起了一个大学文化问题研究学术思潮,其核心是一股大学精神研究热潮,正在以马克思关于人的本质"在其现实性上,它是一切社会关系的总和"的精辟论断为指导,坚持走"中国特色,综合创新"的大学文化发展道路,以中华民族优秀传统文化为主体,以社会主义核心价值体系为主导,在当今世界多元文化激荡交融中进行文化反省、价值整合和综合创新,探索构建以"人文,理性,创新,和谐"为核心的当代中国大学人的精神家园。

一、大学精神是大学的魂魄

大学精神与大学理想和社会发展是紧密相关的,大学理想是大学人对"培养什么样的人"和"办什么样的大学"的一种崇高信仰,大学精神是大学人在为实现大学理想而奋斗的过程中,随着人类社会的发展、变化,经过历史的文化积淀,逐步形成的一种独特的生命信念和价值追求,人文关怀和独立精神是大学精神的基石,大学传统的实质是一种精神和文化传统。

1. 大学精神是历史的文化积淀

"大学之为大学,不仅在于其体量之大,学术之高深,更在于作为高层次人才'加工厂'、高新科技'孵化器'和新思想'策源地'的大学氛围中所渗透和流淌着的那种厚重而无形的精神底蕴和启迪创新的内在机制,这是大学的魂魄,亦即大

学的精神"。"我们认为大学之魂即是大学精神,既是一所大学在发展过程中的一种历史、文化积淀的产物,又是该所大学在办学初始及办学过程中始终着力培育的一种价值观;它是一种科学的思维方式——是在丰厚的人文精神基础上的一种科学精神与思维方法的聚合物,又是一种具有时代精神烙印的社会文化与该所大学特定的具有鲜明个性的校园文化相融合的产物"(摘自《塑造大学之魂》,UIS 课题组著,云南大学出版社,2000 年 8 月)。

2. 大学精神是一种独特的生命信念和价值追求

"大学是人生超越庸常的阶梯,是拥有现世人生的境界。它超越庸常,在于不为世俗所牵引。它拥有现世人生,在于引领时尚之主潮。就此而言,大学本身就是一种精神、一种理念"。"所谓大学精神,是指一所大学最为核心和高度抽象的价值追求和品格特征。大学精神,就是一所大学体现出来的生命力、创造力、凝聚力和整体精神风貌"。"世界和中国高等教育发展历程早已证明,大学精神有价值导向、精神陶冶、规范约束、群体凝聚、社会辐射等一系列极其重要的品质与作用。因此,大学精神是一所大学的灵魂,是学校综合实力的凝聚点,是学校参与竞争、求得发展的生命力底蕴之关键所在"(摘自《中国大学精神论》,张光强、牛宏泰,载于《高等农业教育》,2009 年第 2 期)。

3. 人文关怀和自由独立是大学精神的基石

"大学精神与教育目的密不可分,教育的终极目的在于和谐性,包括人性的完善、提高和人类社会的和谐发展两个方面"。"大学又是思想最活跃、最富有创造力的学术殿堂,是新知识新思想的摇篮"。"一所优秀的大学,总是云集了一大批学术大师和优秀学者,他们将生命和学术联系在一起,正是这样的学者,才能真正体现大学之精神,推动学术和思想的发展,使大学里形成一种崇尚学术的风气"。"一言概之,即陈寅恪先生所言的'自由之思想,独立之精神',它是大学精神的奠基石,而以时代特色为依托的创新精神则是大学精神的精髓。大学毕竟是大学,她不应仅仅满足社会现实功利的需要,更应该充满对人生最美好、最真切东西的向往,充满对人类最崇高理想的热切追求"(摘自《凝聚中大精神——"中大精神与校园文化建设"大讨论文集》,李尚德主编,中山大学出版社,2001 年 10 月)。

4. 大学传统的实质是一种精神和文化传统

"大学的传统,其实是一种精神和文化传统。如果将西欧的中世纪大学作为现代大学的起源,那么人类的现代大学史已历经千年","人们将大学的文化精神概括为自由精神、批判精神、超越精神、人文精神"。"但是,大学所孕育和张扬的文化精神传统,在现代社会却遭遇到工具理性主义文化的全面包围"。"大学精神在现代的退化,与人文精神和人文教育在大学中的失位有着某种共生关系"。"科学教育与人文教育之间出现了难以逾越的鸿沟,人文精神教育被压制"。"但人们一刻也没有放弃对大学的期望,希望大学在文化的创生和发展中走出工具理性主义的迷茫,铸就新时代的大学文化精神,在拯救人类精神中发挥更大作用"(摘自《大学的文化精神与使命》,张应强著,安徽教育出版社,2008 年 10 月)。

由此可见,大学精神是大学的魂魄和大学人心灵中的精神家园,它渗透在大学以治学育人为核心的一切活动领域和以物质存在为基础的一切存在之中,以无形的精神力量深刻地影响着有形的活动和存在,它的形成和发展既是教育本质和办学规律决定的,又受到文化传统和时代特征的深刻影响。对于一所大学来说,经过长期教育和办学实践逐渐形成的这种大学精神存在于校园里的一草一木、一砖一瓦和全体师生员工的心灵之中,是一种巨大的向心力、感召力和凝聚力,是办好大学的强大精神力量。即使人离开了这所大学,但永远离不去的就是存在于大学人心灵中的这个精神家园。

二、"人文化成"是我国传统大学精神的精髓

在我国,"道"指的是规律、道理和精神,规律是不以人的主观意志为转移的客观存在,道理是客观规律在人们头脑中的反映,精神是一种生命信念和价值追求。由此可见,我国的"大学之道"与西方的大学理念、大学精神是相通的。比较起来,我国的"大学之道"比西方的大学理念、大学精神更加本土化,更富有哲理。

我国长期处于"以人的体力劳动为基础的"农业经济社会,以孔子儒学及其"以伦理道德为本位的"教育理想为核心的中华民族传统文化一直居于我国社会文化形态的主导地位。我国先秦时期《大学》是系统地阐述孔子儒学"以伦理道德为本位的"教育理想的哲学著作,《大学》开宗明义的第一句话就说"大学之道,在明明德,在亲民,在止于至善",要求受教育者通过格物、致知、诚意、正心,尤其是通过"修身"成为道德完善的君子和士,然后以天下为己任,齐家,治国,平天下,服务和推动社会前进。

由此可见,"大学之道"揭示的是大学教育的本质及其规律,其核心是"明德济世,修齐治平",其灵魂是"人文化成"。《易经·贲卦》指出"观乎人文,以化成天下",傅璇琮、李克主编的《四书五经》(万卷出版公司,2009 年 9 月第一版)一书对《易经·贲卦》这句话的注释是"下观人类文明,可以推行教化庶民促使天下昌明"。由此可见,"人文化成"有两重含义:一是通过人文教化人促使庶民成为道德完善的君子和士;二是庶民被教化成为道德完善的君子、士以后,能够以天下为己任,通过"齐家,治国,平天下",建设文明和昌盛的社会。由此可见,"人文化成"是中国传统大学精神的精髓,其核心是"推行教化庶民促使天下昌明",从而促使我国传统大学成为人类文明的精神家园和人才养成的重要基地。

我国古老的"大学之道"及其蕴涵的我国传统大学精神的精髓是建立在中华民族深厚的文化底蕴的基础之上的,它后来虽然历经变迁,但作为孔子儒学为核心——"仁者爱人"和"齐之以礼"——却是一以贯之的,对于养成我国历代君子、士的人格理想和长期维护我国这样的泱泱大国做出了重大贡献。因此,对于我国古老的"大学之道"及其蕴涵的中国传统大学精神的精髓,我们应当深刻地理解和自觉地坚守,这是一笔极其珍贵的精神财富。

三、"象牙塔"是西方大学精神永恒的象征

早期的西方大学曾经长期处于"象牙塔"之内,远离社会之外从事传授知识的教学活动和纯科学研究,其基本精神是恪守古希腊"知识即目的"的理性追求和"为科学而科学"的价值准则。中世纪以后,高深学问及其构成的学科成为大学的细胞和承载大学职能的基础平台。

作为一个"学者行会",大学是学者们自由追求学术、探讨高深学问和进行精神自由交往的场所,他们通过向教会和世俗王权斗争得到诸多权利,终于确立了"学术自由,学校自治,学者中立"的著名原则。在文艺复兴、宗教改革和启蒙运动等一系列思想解放运动之后,随着理性逐渐成为人类认识自然和驾驭自然的认识论基础,自然科学逐渐从自然哲学中分化出来形成了独立的学科,大学不仅是人类文明的精神家园和人才养成的重要基地,而且成了人类知识的集大成者和人类社会的知识权威。

19 世纪初叶工业革命蓬勃兴起之后,面对自然科学的迅速发展的严峻挑战,

德国新人文主义教育思想家威廉·冯·洪堡顺应时代发展的潮流,以1810年柏林大学的创立为标志,把学术研究功能引入了大学。从此,严格意义上的科学活动正式进入了大学这个知识殿堂,具有"探索未知"和"达至修养"的双重价值,成为大学存在的价值基础。20世纪以后,以美国为主要代表,大学走出"象牙塔"逐渐融入社会中去,现实社会不仅要求西方大学继续坚持严格意义上的科学活动,努力实现"探索未知"和"达至修养"的双重价值,更要求西方大学重视学术研究,在认识世界的基础上改造世界和创造未有的新世界,直接为人类谋福祉。随之,西方大学逐渐发展成为人类最富有创造力的知识殿堂,"创造力"成了西方大学的价值所在。

回顾总结西方大学从处于到走出再到超越"象牙塔"的发展过程,我们可以很清楚地看出,"象牙塔"是西方大学精神永恒的象征,其核心是坚守古希腊以来"知识即目的"的理性追求和"为真理而献身"的独立精神,这是西方大学存在的价值基础。

四、中国传统文化与西方现代文明的冲突和融合

19世纪初叶以后,我国进入了封建社会后期。一方面,在西方,随着工业革命的蓬勃兴起和科学技术的迅速发展,综合国力大为增强,以"科学,民主"为核心的现代文明取得了长足进步。另一方面,在我国,由于以孔子儒学为核心的中华民族传统文化比较闭关自守和因循守旧,主要是固守封建宗法制度和忽视现代科学技术,因而逐渐落后于西方。特别是1840年鸦片战争失败以后,我国逐渐沦为半封建半殖民地国家,面对帝国主义列强坚船利炮的猛烈轰击和西方现代文明的严峻挑战,迫于内外的巨大压力,晚清政府于1905年做出了"废科举,兴学堂"的重大决策,带来了近代以来我国教育战线一次重大的思想解放和与之相适应的高等教育划时代变革。

在这场伟大变革中,以蔡元培、梅贻琦、张伯苓和竺可桢为杰出代表的我国一批学贯中西的学术大师和教育家们高举"教育救国"的伟大旗帜,在近代中国广泛传播以"科学、民主"为核心的西方现代文明和以"学术自由,教育独立"为核心的西方大学理念,促进了中国传统文化与西方现代文明的初步融合,如"兼容并包、海纳百川"之于北京大学、"自强不息,厚德载物"之于清华大学、"允公允能,服务

中国"之于南开大学和"求是之光,海上灯塔"之于浙江大学,为在我国建立和发展近、现代大学奠定了坚实的基础。尤其是在抗战期间,由北京大学、清华大学和南开大学联合组建的"西南联大",在极端困难的条件下,形成和坚守"刚毅坚卓,学术自由,教育独立,关注社会"的联大精神,成为我国近、现代教育史上的一座真正的丰碑。

宋旭红博士、沈红教授在《20世纪20、30年代中国大学的学术独立之路》(载于《现代大学教育》,2006年第6期)一文中深刻地指出:"北大、清华、西南联大的历史发展证明,中国大学的学术独立既蕴涵着西方大学传统中大学自治和学术自由的双重内涵","但是其中又有明显不同于西方大学精神传统的中国固有文化的内在精神气质"。"自古以来,中国历代有远见卓识的思想家,在文化学术上总是讲究融合,或曰'会通'。所谓'和而不同',所谓'极高明而道中庸',所谓'万物并育而不相害,道并行而不相悖',这些理念真正体现出中华文化中宽容的精神、辩证的思维和博采众长的胸襟。从以'兼容并包'、'厚德载物'为精髓的中国现代大学学术独特的精神上,依然可以看出和感觉到中国春秋战国时期的百家争鸣和历时千年的中国书院以及儒家道家佛家鼎足而立、并行不悖的中华文化特征"。

但是,陈平原教授在《中国大学百年?》(载于《中国大学十讲》,陈平原著,复旦大学出版社,2002年10月)一文中尖锐地指出:"清华校长梅贻琦撰《大学一解》,以儒家'大学之道,在明明德,在新民,在止于至善'来解说今日之大学教育,同样凸显古今中西之别:'今日中国之大学教育,溯其源流,实自西洋移植而来,顾制度为一事,而精神又为一事。就制度言,中国教育史中固不见有形式相似之组织;就精神言,则文明人类之经验大致相同,而事有可通者'"。"这其实正是本世纪中国大学教育的问题所在:成功地移植了西洋的教育制度,却谈不上很好地承继中国人古老的'大学之道'"。

五、大学精神衰微正成为当前世界性的话题

众所周知,人民群众日益增长的物质文化需要和落后的社会生产之间的矛盾是人类社会发展的基本矛盾。在"以人的体力劳动为基础的"农业经济社会里,人文学科曾经长期居于社会文化形态的主导地位。在这个漫长的历史时期里,虽然由于生产力比较低下,物质财富比较贫乏,人民群众过着比较简朴的生活,但是,

当时人们的精神境界是比较高尚的。19世纪初叶以后,随着工业革命的迅猛兴起和自然科学的迅速发展,人们深切地感受到,现代科学技术在提高社会生产力、促进物质财富增长和改善人民群众生活方面的巨大力量。因此,随着人类逐渐从"以人的体力劳动为基础的"农业经济社会向"以科学技术是第一生产力为基础"的工业经济社会转型,人文学科由于其非生产性、非营利性和非直接应用性,它在社会文化形态中的主导地位逐渐被自然科学和技术科学所取代是历史发展的必然。但是,后来人们逐渐发现,现代科学技术在提高社会生产力、促进物质财富增长和改善人民群众生活的同时并不能带来人文精神的高涨,而且越来越明显地暴露出环境污染、生态破坏和资源枯竭等诸多危机。因此,近一个多世纪以来,在社会世俗化和现代化的过程中,一直存在着人文主义和科学主义、理性主义和功利主义两种思潮之间此起彼伏的激烈的矛盾冲突和斗争。反映在大学办学上,历经千年孕育和形成的以"象牙塔"为永恒象征的西方大学精神传统面临着工具理性的严重挑战,知识取向和注重应用在大学教育和办学实践中逐渐居于主导地位,人们不再关注人的精神和道德境界的提升以及探索未知这个大学赖以存在的根基,西方许多学者惊呼"大学处于危机之中"。

面对这一严峻挑战,1978年美国学者约翰·S.布鲁贝克在其学术专著《高等教育哲学》(王承绪主编,郑继伟等译,浙江教育出版社,1987年7月)中开宗明义就说:"用阿诺德.托恩比的话来说,最近数十年的美国高等教育一直处在'艰难时期'。如果借用莎士比亚的话来描述,那么本世纪六十年代和七十年代的美国便是我们学术'大为不满'的'冬天'"。"在这种艰难的形势下,由于教育内在的模糊性","已有一些人在失望地谈论高等教育的'本体危机',甚至认为出现了高等教育'合法性的危机'。这些危机——如果它们存在,我相信它们确实存在——需要对高等教育的一些基本概念作一次痛苦的重新评估"。"二次大战后,关于高等教育未来发展方向的争论逐渐激化"。"今天,我们的高等教育哲学流派已经太多了"。"现在,我们缺乏的是把高等教育哲学作为一个整体来处理"。接着,约翰·S.布鲁贝克从"每一个较大规模的现代社会,无论它的政治、经济或宗教制度是什么类型的,都需要建立一个机构来传递深奥的知识,分析批判现存的知识,并探索心得学问领域"出发,以"高深学问"为逻辑起点,创造性地提出了"使高等教育合法存在的哲学",试图在实用主义基础上在认识论和政治论两种主要的哲学基础之间实现某种平衡。

接着,1982 年美国学者德里克·博克在其学术专著《走出"象牙塔":现代大学的社会责任》(徐小洲、陈军译,浙江教育出版社,2001 年 2 月)进一步指出:"1900 年以前,美国大学都只是些刚刚具有现代雏形的小学校,它们的主要功能是向社会提供强调思想戒律、信仰虔诚和严格管理学生行为规范的大学教育"。"第二次世界大战以后,大学是象牙塔的说法过时了。相反,有一张庞大而复杂的关系网把大学和社会其他主要机构连接起来。在这种情况下,传统的学术保护含义已变得越来越模糊不清。在一个被技术创新改变了的世界里,学术自由的范畴是否也应该涉及能研制出具有杀伤力的产品的大学实验室呢? 当大学控制了社会上几乎所有重要的就业机会时,它在确定学生上学标准时还会继续强调自主权吗? 当大学持有大量的公司股票,它面对有关美国公司经营行为的争论还会保持'中立'立场吗'? 徐小洲和陈军在这本书的《译者前言》中指出:"第二次世界大战后,美国高等教育与社会发展一直处于一种互动状态。一方面,高等教育越来越依赖政府、企业、基金会和个人等外来的经济资助;另一方面,高等教育的发展极大地推动了美国政治、经济、科技的进步"。'有的人对这一状态感到精神振奋;也有不少人表示忧虑。人们应该如何看待大学走出象牙塔? 在现代社会里,大学在难以回避社会影响的条件下应该如何保持其基本学术价值? 大学应该如何对社会问题做出积极的反应? 除了学术功能以外,大学应该如何处理其非学术行为? 这些问题既是高等教育理论界探讨的焦点,也是大学实际运作经常面临的问题。《走出"象牙塔——现代大学的社会责任》正是围绕这些问题展开的"。"在这本书中,博克旁征博引,显示了作者对高等教育研究的深厚功底,并有力地论述了他的一些独到见解。因此,该书出版后,在西方高等教育学界产生了极大的反响,成为表述大学继教学、研究功能后履行社会服务功能的经典之作"。

但是,约翰·S. 布鲁贝克在这本书中不得不承认,"尽管对高等教育来说,以德国研究大学的哲学为榜样的价值自由的认识论的逻辑非常具有吸引力,然而历史看来明显有利于高等教育的政治论哲学"。他甚至警告说:"不过,学术体系一定不能完全变为商业性质,不能仅仅生产文凭和知识。我们希望政治化永远不要发展到教育和权力不分的地步"。德里克·博克最后也指出:"教育和研究也许不是抨击社会丑恶现象最明显、最英勇的手段,但从整体上看,它们却是最可靠的方法,因为大学能够以此解决在一个充满苦难和非正义行为的世界里继续默默探索知识时所涉及到的道德问题。如果大学能以旺盛的斗志和坚定的决心遵循此项方针,那么即使是最愤怒的批评者最终也逐渐会体会到大学对社会所做贡献的全部价值和影响力"。遗憾的是,约翰·S. 布鲁贝克 1978 年发出的这个警告今天已经变成无情的现实,德里克·博克 1982 年提出的这个希望也被现在无情的现实所粉碎。20 世纪 90 年代中期以来,随着人类社会逐渐进入以经济全球化为基本特征的崭新时代,在社会生产力得到迅猛提高、物质财富获得巨大增长和人民群众生活逐渐富裕的同时,在西方世界日益明显地出现了一种以"崇尚物质,忽视人文"为主要内涵的文化生态危机,其实质是一种信仰危机。这是一个根本性的变化,日益深刻地影响着当前世界高等教育和今日大学,大学组织正在从人类文明的精神家园和人类社会的知识权威逐渐向技术人才和科技成果的生产基地蜕变,以"象牙塔"为永恒象征的西方大学精神传统正在随着外部世界各种力量的介入而日趋淡化。正是在这种情况下,联合国教科文组织 1998 年发表的《21 世纪的高等教育:展望与行动》尖锐地指出:教育和大学"必须进行最彻底的变革和创新,以使我们目前这个正在经历着一场深刻价值危机的社会可以超越一味的经济考虑,而注重深层次的道德和精神问题"。这种情况充分表明,大学精神的衰微正在成为当前世界性的话题,其实质是一种价值危机。

六、大学文化问题是当代中国社会关注的焦点

新中国建立以后,尤其是 20 世纪 80 年代以后,"从'拨乱反正'到'三个面向'"是近代以来我国教育战线进行的又一次重大的思想解放和与之相适应的高等教育划时代变革,经过曲折终于开辟了中国特色社会主义教育发展道路,我国大学走上了改革开放和现代化建设的康庄大道,我国实现了从人口大国向人力资源大国的战略转变,为近 30 多年我国的经济腾飞、国力增强、物质丰富和民生改善提供了强大的人才和智力支持,正在为全面建成小康社会和中华民族伟大复兴而继续奋斗。在充分肯定成绩的同时,我们清醒地认识到,20 世纪 90 年代以来,随着我国高等教育发展、改革从以政府为主体和以宏观领域为重点向以大学为主体和以微观领域为重点进行战略转移,在前进的道路上日益明显地暴露出众多深层次的矛盾和问题,突出表现是教育活动本义的缺失、大学的创造力不足、官僚化

气息对大学的侵袭严重和不同程度地存在着教育、学术腐败现象。这些深层次的矛盾和问题集中起来充分说明,当前我国正在出现一种大学文化缺失现象,其核心是一种大学精神衰微现象。随之,在我国逐渐兴起了一个大学文化问题研究学术思潮,其核心是一股大学精神研究热潮。

1. 强烈呼唤回归教育活动的本义和坚守大学精神的精髓

这股大学精神研究热潮兴起之初,人们纷纷撰文强烈呼唤回归教育活动的本义和坚守大学精神的精髓。肖雪慧教授在《教育:必要的乌托邦》(载于《中国问题》,李静主编,中国工人出版社,2002 年 1 月)深刻地指出:"教育的价值是多重的。无论对国家、社会还是个人或人类整体,教育的价值都既有功利性的一面,又有非功利性的一面"。"教育的多重价值应该得到全面体现,否则整个教育体系将是病态的"。"中国教育的问题,可以说与我国教育价值理念的狭隘性是分不开的。这种狭隘性首先表现为把教育的价值确定在国家、社会这一环,而忽视个人与人类整体这两端"。"狭隘性的另一突出表现是排斥教育的超功利意义,而把教育的价值定位于纯功利性方面","要求把学生培养成为适应特定社会既定目标的工具,因此,培养中心自然放在工具性技能和知识上,而不在人的品格发展和潜力开发上"。"在这样一种彻头彻尾的实利主义教育观中,教育的超功利意义没有立足之地,导致了我国教育功能的萎缩和扭曲"。杨东平教授在《重温大学精神》(载于《大学精神》,杨东平著,辽海出版社,2000 年 1 月)一文中进一步指出:"我国现代高等教育的发展,主要是向西方学习的产物"。"中国大学精神的发育和大学制度的形成,有着与西方国家很不相同的情境和路径。一方面由于中国的高等教育源自晚清洋务教育,是从发展军事和工业的实际功利出发和主要由政府推动,具有浓厚的技术主义、工具主义背景";"另一方面,随着意识形态的变化,自由主义的教育精神渐为国家主义、权威主义所挤压"。"和世界大学相比,当前中国大学的问题和处境仍然是十分独特的。大学里运行着官、学、商三种国内、目标完全不同的机制,大楼多于大师,设备重于人才,仍是普遍的事实"。"计划体制、官本位的弊端和政治挤压依然存在,而商业化的侵蚀和对教育的扭曲已经触目惊心"。

2. 深刻揭示大学精神衰微现象在当代中国出现的众多根源

一般地说,大学的发展、变革主要受到政治、经济和大学自身三个方面因素的制约和影响。在这股大学精神研究热潮刚刚兴起的时候,人们把当前我国之所以出现大学精神衰微现象的矛头直接指向近代以来我国文化革新进行得有失偏颇和新中国建立以后意识形态的严重制约。王长乐教授在《大学问题的深层原因是文化革新缺失》一文中深刻地指出:"由于我国曾经经历过长达两千年的封建社会,因而封建文化的历史悠久且根深蒂固。我国社会在整体上正式对封建文化进行批判的运动是著名的'五四运动',该运动也被称为'新文化运动'"。"然而,相对于欧洲的文艺复兴运动,我国的新文化运动不仅在时间上滞后,而且在运动的深度上也远远没有达到民智启蒙及文化革新的目标"。"建国后的文化运动在精神主旨上并没有多大变化,亦即是延续了将文化视为权力工具的状态和趋势","而且还在'革命'的意识中转圈子"。"这种文化对教育,尤其是对大学的影响深刻而复杂"。

随着这股大学精神研究热潮的深入发展,张应强教授在《现代大学精神的批判与重建》(载于《大学的文化精神与使命》,张应强著,安徽教育出版社,2008年10月)一文中深刻地指出:"历史进入到20世纪90年代,中国社会正经历着重大的社会转型——从计划经济时代走向社会主义市场经济时代,大学生存与发展的背景与条件正在发生急剧变化,高等教育发生转型正在孕育之中,大学与市场、大学与社会、大学与政府的关系面临重新定位和建构,变革中的大学在寻求合法性存在的社会基础"。"社会的发展,文化的变迁,会影响到大学的性质,也会改变人们对大学的期待,大学精神的研究热潮正是一种对大学性质变迁的关注和大学期待的表达"。

面对这一复杂情况,眭依凡教授在《大学庸俗化批判》(载于《大学的使命与责任》,教育科学出版社,2007年7月)一文中冷静地指出:"尽管政治和市场是构成大学发展变化的重要影响力,但是,来自大学自身力量对大学方方面面的影响是绝对不能低估的,因为市场和政府只是影响大学发生变化的外因,对大学最后如何变化起决定作用的还是内因即大学自身"。"如果大学是自省的,大学就能清醒地认识到自己是追求特定学术目标的机构,只有通过学术领域的卓越才能保持自己的自豪,为此它必须忠诚于自己的责任和使命;如果大学是自重的,大学就不会把自己混同于官僚机构或商业组织,亦会自觉地抵制来自官场和市场力量的干扰,并付出努力甚至牺牲一定的物质利益为代价,以保护自己应有的学术自治及学术自由的权力,捍卫大学应有的学术尊严;如果大学是自律的,大学就会建立并完善必要的学术规范制度,以此既自觉规范大学整体的行为又严格约束大学个体的行为"。"若此,大学庸俗化还能有滋生的土壤"?

随着大学文化问题研究学术思潮,特别是大学精神研究热潮的深入发展,现在有越来越多的学者认为,当代中国之所以出现大学精神衰微现象,近代以来文化革新进行得有些偏颇和新中国建立以后长期实行高度集权的政治领导体制是重要原因,20世纪90年代中期以来我国社会从计划经济体制向社会主义市场经济体制转型是直接动因,促使矛盾的进一步激化,根本和关键还在于我国大学缺乏应有的文化自觉。

3."以人为本,实现和谐"是当今时代的最强音

面对当前我国高等教育和今日大学出现的价值危机,作为人们反思的最高表现形式,当前在我国哲学研究领域中逐渐出现了一股回归"人的本性"的思潮。我国一些学者认为,人学研究崛起最现实、最根本的原因在于,现代化进程中一系列问题和矛盾的激发归根结底是个"人的本性"问题。我国作为一个后发外生型的现代化国家,"废科举,兴学堂"掀起的现代化浪潮固然促进了我国近、现代意义上大学的诞生,但却没有很好地承继我国人古老的"大学之道",加上近代以来我国文化革新进行得不够彻底和日本帝国主义的侵华战争的严重破坏,使得"人的个性"长期以来没有得到充分地发挥。20世纪90年代中期以来,随着我国社会从计划经济体制向社会主义市场经济体制转型,虽然人的主体意识得到了比较充分的调动,社会生产力有了很大的提高,人民群众的生活得到了明显的改善,但是,由于教育活动的本义长期被忽视,同样面临着人的个体意识的过度膨胀和创造精神不足并存的局面,带来了人的异化和物化的深刻危机。人类社会的最高理想是在人得以自由全面发展的基础上实现和谐,实现社会和谐的根本在每个人都得到全面而自由的发展。中华民族传统文化的基本特征就是一切以人为中心,确立人在自然、社会以及伦理道德中的核心地位,表现在人与自然的关系上就是"天人合一",表现在人与社会的关系上就是"政通人和",表现在人际关系上就是"君子和而不同,小人同而不和",反映在我国古老的"大学之道"上就是"推行教化庶民促使天下昌明"。马克思主义认为人的本质"在其现实性上,它是一切社会关系的总和",马克思社会思想的核心就在人,在追寻一个怎样的社会更有利于人的全面而

自由的发展,并且指出"未来的新社会"是"以每个人的全面而自由的发展为基本原则的社会形式"。人类社会是不断地向前发展的,不仅要有富足的物质生活更要有高尚的精神生活,富足的物质生活应该和高尚的精神生活协调发展。但是,众所周知,这样一种高尚的精神生活和富足的物质生活协调发展的理想社会是建立在生产力高度发达的基础之上的,这就离不开科学和以"象牙塔"为永恒象征的西方大学精神传统,有了这种"象牙塔"精神,人们就不仅能够通过科学活动"探索未知",还能在认识世界的基础上通过学术研究改造世界和创造未有的新世界。由此可见,"以人为本,实现和谐"是人们应当为之奋斗终身的一种崇高信仰。基于上述分析,我们可以得出一个极其重要的结论:实现社会和谐的根本在人,它的最终目标是促使作为"个体"的人和作为"整体"的社会全面、协调、可持续发展,实现这个"人文目标"离不开"科学理性"的强力支撑,我们必须自始至终坚持"人文目标"与"科学理性"的辩证统一并促使二者和谐发展。这既是实现人类社会发展的崇高理想所需要的,也是一所真正意义上大学应当坚守的"永恒之魂"。无数事实反复证明这样一个真理:一个民主、文明、公正的社会不能没有一个充满人文关怀的、相对独立的、享有充分学术自由的、能够理智地应对外部世界种种挑战的、不屈从于任何外在权威并能够摆脱任何外在诱惑的精神气质的真正意义上的大学的存在。否则,社会创新和发展的动力就会受到削弱,社会就会流于鄙俗,成为人欲横流、精神颓废和理想暗淡的名利场,这就是普遍意义上大学应当坚守的"永恒之魂"仍然存在于当今社会的价值和意义之所在。

4. 从"高深学问"到"大学文化"是个质的飞跃

朱人求教授在其学术专著《儒家文化哲学研究》(安徽人民出版社,2008年2月)中深刻地指出:"在西方,随着资本主义工业社会的发展,科学理性与人道目标之间发生了冲突,出现了科学主义与人文主义思潮的对立。尤其是一战、二战的爆发把科学理性的负作用充分暴露了出来,科学技术虽然给人类带来了高度的物质文明,也带来了精神状态的严重颓废和衰落,带来了深刻的社会问题和文化危机。可以说,正是社会历史发展本身,促使西方一些哲学家、社会学家把精力集中到文化问题上来,注意探讨文化的本质,提出文化反省的要求,于是,文化哲学应运而生。因此,西方文化哲学产生的实质在于,重新检视西方科学主义与人文主义的对立与危机,注重价值理性与科技理性的整合,积极开拓人类文化发展的新方向,把文化问题直接摆到了哲学的面前"。随着大学文化问题研究学术思潮在我国的进一步发展,促使我国众多学者把主要精力逐渐集中到大学文化问题研究上来,注意探讨"大学文化的独特本质及其发展规律"。通过研究,人们逐渐深刻地认识到,大学精神衰微现象是同大学本质和使命的失位紧密联系在一起的。重建大学精神不仅要回归和坚守教育活动的本义和大学精神的精髓,全面揭示我国之所以出现如此严重的价值危机的深刻根源,更要从历史的轨迹和文化的视角对"大学的本质及其应当承担的重大使命"进行深刻的再认识,从而恢复大学作为功能独特的文化组织的本质特性,确认时代赋予大学精神教化和探求未知的终极关怀和神圣使命。我们认为,在当代,面对以"崇尚物质,忽视人文"为主要内涵的全球性文化生态危机的严峻挑战,仅仅坚守大学是一个传承、研究、融合和创新高深学问的高等学府已经抵挡不住来势汹汹的以"崇尚物质,忽视人文"为主要内涵的全球性文化生态危机的全面包围了。当前大学面临的严峻挑战早已超出单纯的学术范畴,深入到了道德和精神领域,其实质是文化领域,当今时代强烈呼唤我国大学实现再一次的文化觉醒。于是,《大学文化哲学——大学文化既是一种存在更是一种信仰》在当代中国应运而生。这本《大学文化哲学》,以"马克思社会思想,其核心就在人"的精辟论断为指导,以"大学文化"为逻辑起点,以"大学文化既是一种存在更是一种信仰"为核心,从整体上初步构建了一个大学文化哲学的基本理论框架。我们认为,从"高深学问"到"大学文化"是个质的飞跃。从2002年4月《现代大学文化学》的出版到《大学文化哲学——大学文化既是一种存在更是一种信仰》的问世是当代中国大学实现新的文化觉醒的一个重要标志,反映了高等教育哲学在当代中国的新进展,是当代中国大学人为构建当代中国大学人的精神家园的哲学基础取得的一个重要成果。

七、一种崭新的当代中国大学人精神家园的哲学观

构建当代中国大学人的精神家园,需要回归"教育:必要的乌托邦"的基本精神和坚守普遍意义上大学的"永恒之魂",但这并意味着要让当代中国大学重新回到欧洲中世纪和我国先秦时期。人类的大学史,在一定意义上说,就是一部大学精神的变革史,在"不变"中求"变","不变"就是始终坚守"教育:必要的乌托邦"的基本精神和普遍意义上大学的"永恒之魂","变"就是积极适应时代文化变迁

和社会重大转型,在坚守中实现新的超越,这是大学精神变革的基本规律。实现人类社会的和谐发展,是在人的全面而自由发展的基础上实现的和谐,必然要经历一个漫长的奋斗过程。在经历了"人文主导"和"科学主导"两个阶段并在当今时代出现了"科学理性"偏离"人文目标"价值冲突的新情况下,当代中国大学人越来越深刻地认识到"以人为本,实现和谐"是当今时代的最强音,应当以马克思关于人的本质"在其现实性上,它是一切社会关系的总和"的精辟论断为指导,通过改革创新和艰苦奋斗,在"人文学科与自然科学相互融合"的基础上从根本上突破"工具理性的全面包围",构建一个以"人文,理性,创新,和谐"为核心的当代中国大学人的精神家园,为实现人类社会和谐发展的崇高理想继续进行坚持不懈的奋斗。

1. 人文:生命信念和精神境界

人们一般认为,"人文"指的是一种精神境界,其核心是正确认识和处理人与自然、人与社会、人与他人和人与自己的基本态度,树立正确的自然观、人生观、道德观和自律观。人对自然的基本态度应当是坚持"人与自然的和谐发展",促使人类社会得到全面、协调、可持续发展。人对社会的基本态度应当是坚持社会价值与个体价值的辩证统一,在为实现作为"整体"的人类社会得到全面、协调、可持续发展而奋斗中求得作为"个体"的人实现全面而自由的发展。人对他人的基本态度应当是把"仁者爱人"和"齐之以礼"作为一切伦理道德的基础,竞争应当是在公平和诚信基础上的竞争,并且在竞争的同时实现合作双赢。人对自己的基本态度核心是正确认识和控制自己,既要有自知之明又要充分发扬人的个性。由此可见,"人文精神"实质上是如何做人的"人文修养"。必须着重指出的是,"人文"不仅是一种精神境界,其本质是一种生命信念。作为一种生命信念,"人文目标"具有双重价值:一是"推行教化庶民";二是"促使天下昌明"。在当代,我们应当确立"生命信念和精神境界辩证统一"的新人文观,它不仅具有普世价值,而且带有永恒性。当前之所以出现以"崇尚物质,忽视人文"为主要内涵的全球性文化生态危机,其理论根源就是违背了"生命信念和精神境界辩证统〔一〕"的新人文观。

2. 理性:价值基础和科学修养

现在人们一提到"象牙塔"往往是一种贬义,似乎离当今的现实非常遥远,这是一种误解。实际上,以恪守古希腊"知识即目的"的理性追求和"为科学而科学"的价值准则为核心的"象牙塔"精神是人们应当永远坚守的一种纯洁、崇高的精神,它要求人们崇尚理性甚于崇尚金钱,关心人类的根本利益甚于关心眼前利益,关注永恒甚于关注时尚,相对远离实际生活而沉溺于沉思生活,把"维护理性之清明和良心之纯洁"作为人生追求的一种境界。我们认为,从根本上说,"理性"和"科学"是紧密相关的。离开了"科学"就不可能有"理性",坚持"科学理性"的本质就是在价值判断的基础上坚持和追求真理,它是大学存在的价值基础,其最高境界是一种科学修养,它要求人们在任何时候都能够运用智慧,冷静而理性地思考和恰到好处地处理问题,这同样是一种道德修养和精神境界。从这个意义上说,是否有"理性"不仅是人与其他动物之间的本质区别,更是一个人、一所大学、一个民族和一个国家是否成熟的重要标志。所以,艾伦·布姆鲁称"大学是一个以理智为基石的国家的神殿",他甚至说"如果没有大学,所有理性生活的美好结果都会跌回原始泥泞之中,永远不能翻身"(摘自《大学教育回归人文之蕴》,张祥云著,中山大学出版社,2004年8月)。因此,在当代,我们应当树立"追求真理和科学修养辩证统一"的科学理性观。

3. 创新:不竭动力和时代精神

人类社会和一切新生事物都是不断地向前发展着的,尽管有迂回,有曲折,甚至有暂时的倒退,但是,人类社会和一切新生事物总是以一种不可阻挡之势向前发展着。实践没有止境,创新也没有止境,它渗透在人类活动的一切领域、一切层次和一切方面。我们要突破前人,后人也必然会突破我们,这是社会前进的必然规律。所以,创新既是一个民族进步的灵魂,也是一所大学兴旺发达的不竭动力。作为一种意识,创新不仅源于人们"闲逸的好奇"心理,更源于拳拳学子的"报国之心","创造力"更是现代大学的价值所在。尤其是当今世界正处于大发展大变革大调整时期,创新正在日益成为经济社会发展的主要驱动力,知识创新更成为国家竞争力的核心要素。在这种新的时代背景下,各国为掌握国际竞争主动,纷纷把深度开发人力资源、实现创新驱动发展作为战略选择。大学作为科技第一生产力和人才第一资源的重要结合点,在国家经济社会发展中具有不可替代的地位和作用。因此,为了掌握国际竞争主动权,我国应当顺应当今时代的发展潮流,把充分发挥我国大学在深度开发人力资源和实现创新驱动发展中的重大作用,作为应对当今世界面临新的严峻挑战的重大举措。由此可见,创新不仅是大学兴旺发达的不竭动力,更是当今时代的强烈呼唤,体现着一种崭新的时代精神。

4. 和谐:崇高信仰和终极目标

人类社会发展的基本矛盾是人民群众日益增长的物质文化需要同落后的社会生产之间的矛盾,人类社会发展的崇高理想是实现和谐,实现社会和谐的根本在人,最终目标是在物质文明与精神文明高度发展的基础上实现作为"个体"的人和作为"整体"的人类社会都得到全面、协调、可持续发展。由此可见,"和谐文化"的本质是一种信仰,它要求始终坚守在长期奋斗中逐渐形成的以"推行教化庶民促使天下昌明"的人文关怀和"为真理而献身"的独立精神的和谐统一为核心的大学精神传统。但是,实现人类社会的和谐发展是一个漫长的奋斗过程。随着人类从"以人的体力劳动为基础的"和"以人文为主导的"农业经济社会向"以科学技术是第一生产力为基础的"和"以科学为主导的"工业经济社会转型,特别是随着人类社会逐渐进入以经济全球化为基本特征的崭新时代和我国社会从计划经济体制向社会主义市场经济体制转型,在世界范围内和我国日益明显地出现了一种以"崇尚物质,忽视人文"为主要内涵的文化生态危机,以"人文关怀和独立精神的和谐统一为核心的"大学精神传统遭遇到了工具理性主义文化的全面包围,出现了"科学理性"偏离"人文目标"的价值冲突,引起了人们的广泛关注。经过研究,我们认为,根本出路是以"马克思社会思想,其核心就在人"的精辟论断为指导,回归"人的本质及其发展规律",在"人文学科和自然科学相互融合"的基础上进行价值整合和综合创新,在坚持"人文目标和科学理性的和谐统一"中实现新的超越,开辟人类社会和谐发展更加光辉的未来。

胡显章教授在为《大学文化哲学——大学文化既是一种存在更是一种信仰》(王冀生著,中山大学出版社,2012年4月)一书作《序》时深刻地指出:"大学文化哲学研究是一个宏大的命题","当代文化哲学的一个重要特点是突出了人在社会发展中的主体地位,并从人的生命存在方式的高度来界定文化,把握文化的意义与价值。""我要强调的是,大学在完成文化传承创新的历史使命过程中,应当努力把握两个基本点:一是极力体现价值理性与工具理性的统一,这既是社会物质文明与精神文明并进的需要,也是通过教育发展人的全面潜力,使人全面成长的需要;二是将发展人的精神生命的主动权作为人的自由全面发展的重要价值诉求,作为转变教育思想的重要目标,也作为国家向创新型转型的一个带有根本意义的前提与内涵"。

八、为实现中国特色大学理想而奋斗

2010年《红旗文摘》第15期刊登了署名"云杉"的重要文章《文化自觉文化自信文化自强——对繁荣发展中国特色社会主义文化的思考》深刻地指出:"文化自觉是一种内在的精神力量,是对文明进步的强烈向往和不懈追求,是推定文化繁荣发展的思想基础和先决条件。历史和现实表明,一个民族的觉醒,首先是文化上的觉醒;一个政党的力量,很大程度上取决于文化自觉的程度。可以说,是否具有高度的文化自觉,不仅关系到文化自身的振兴和繁荣,而且决定着一个民族、一个政党的前途命运。"

通过学习,受到很大的鼓舞。我们认为,提高我国大学文化自觉和实现我国大学文化自强的关键是增强文化自信,当前我们应当重点树立"三个自信":一是理论自信,永远坚守"大学文化既是大学的血脉和一种存在,更是大学人的精神家园和一种信仰";二是道路自信,坚定不移地走"中国特色,综合创新"的大学文化发展道路;三是信仰自信,坚信"以人为本,实现和谐"是当今时代的最强音。

2011年4月24日《胡锦涛在清华大学建校100周年庆祝大会上的讲话》明确地提出"传承和创新文化"是我国大学应当承担的重大使命,强调"全面提高高等教育质量,必须大力推进文化传承创新"。"要积极发挥文化育人作用","推动社会主义先进文化建设"。"要积极开展对外文化交流","增强我国文化软实力和中华文化国际影响力,努力为推动人类文明进步做出积极贡献"。为了完成时代赋予当代中国大学的重大文化使命,我们必须高举中国特色社会主义伟大旗帜,以马克思列宁主义,特别是以毛泽东思想、邓小平理论、"三个代表"重要思想和科学发展观为指导,牢牢把握中国先进文化前进方向,以中华民族优秀传统文化为主体,把社会主义核心价值体系作为兴国之魂,加强大学文化研究,推进大学文化建设,特别是积极推进当代中国大学精神建设,大力提高实施《教育规划纲要》的文化自觉,坚持育人为本和提高教育质量,加快创建高水平和世界一流的大学的步伐,积极构建"开放、多元、竞争、有序"的大学格局,进一步建立、健全中国特色现代大学制度,关键是要坚持政府宏观调控下大学组织固有的文化个性,彻底改革行政化的领导管理体制,变"权力型政府"为"服务型政府",在微观搞活的基础

上加强政府的宏观调控,提倡和坚持由教育家办学,构建以"人文、理性、创新、和谐"为核心的当代中国大学人的精神家园。这必将是一场极其深刻的思想革命以及与之相应的具有根本意义的教育变革和大学创新,需要政府和大学的共同努力。

我国是一个历史悠久的文明古国,有着以孔子儒学及其"以伦理道德为本位的"教育理想为核心的深厚的文化底蕴的独特优势,近一个多世纪以来又经历了艰苦卓绝的民族解放和雄心勃勃的实现工业化、现代化的伟大进程,奠定了强大的物质和智力基础。我们坚信,再经过若干年的改革创新和艰苦奋斗,一个以"人文、理性、创新、和谐"为核心的当代中国大学人的精神家园必将屹立在世界的东方,我国大学必将为实现中国特色大学理想、全面建成小康社会和实现中华民族伟大复兴、推进人类文明进步事业做出自己应有的更大的贡献。

参考文献:

[1]云南大学 UIS 课题组著. 塑造大学之魂. 昆明:云南大学出版社,2000.

[2]张光强,牛宏泰. 中国大学精神论[J]. 高等农业教育,2009(2).

[3]李尚德主编. 凝聚中大精神——"中大精神与校园文化建设"大讨论文集[C]. 广州:中山大学出版社,2001.

[4]傅璇琮,李克主编. 四书五经[M]. 沈阳:万卷出版公司,2009.

[5]宋旭红,沈红. 20 世纪 20、30 年代中国大学的学术独立之路[J]. 现代大学教育,2006(6).

[6]陈平原著. 中国大学十讲[M]. 上海:复旦大学出版社,2002.

[7]约翰·S. 布鲁贝克. 高等教育哲学[M]. 王承绪主编,郑继伟等译. 杭州:浙江教育出版社,1987.

[8]德里克·博克. 走出"象牙塔":现代大学的社会责任[M]. 徐小洲、陈军译. 杭州:浙江教育出版社,2001.

[9]肖雪慧. 教育:必要的乌托邦[M].//李静. 中国问题. 北京:中国工人出版社,2002.

[10]杨东平. 大学精神[M]. 沈阳:辽海出版社,2000.

[11]张应强. 大学的文化精神与使命[M]. 合肥:安徽教育出版社,2008.

[12]眭依凡.大学的使命与责任[M].北京:教育科学出版社,2007.

[13]朱人求.儒家文化哲学研究[M].合肥:安徽人民出版社,2008.

[14]张祥云.大学教育回归人文之蕴[M].广州:中山大学出版社,2004.

[15]胡显章.序[M]∥王冀生.大学文化哲学——大学文化既是一种存在更是一种信仰.广州:中山大学出版社,2012.

[16]胡显章主编.自强不息厚德载物——清华精神巡礼[M].北京:清华大学出版社,2010.

[17]王冀生.现代大学文化学[M].北京:北京大学出版社,2002.

[18]王冀生.大学文化哲学——大学文化既是一种存在更是一种信仰[M].广州:中山大学出版社,2012.

[19]云杉.文化自觉文化自信文化自强——对繁荣发展中国特色社会主义文化的思考[J].红旗文摘,2010(15).

以高度文化自觉,开展大学精神研究与建设实践

——"当代中国大学精神研究"论证报告

胡显章

由北京大学、清华大学和高等教育出版社联合组建的大学文化研究中心计划向教育部申报"当代大学精神研究"课题,组织高校同仁开展研究。今天由我做论证报告,请大家讨论指正。

一、立题背景

2011 年对于中国高等学校的办学理念与文化建设有两个重大事件:一是胡锦涛总书记在清华百年庆典上对大学提出了文化传承创新和文化育人的要求;二是中共中央第 17 届 6 中全会做出重要决定,发出了提高文化自觉、文化自信,建设社会主义文化强国的号令。这两件相互关联的大事,预示着我国文化建设将迎来一个新高潮,大学文化建设将进入一个新阶段。大学人应该努力提升文化自觉,对此做出积极的响应。

所谓大学人的文化自觉,就是对文化在历史进步与学校发展中地位作用的深刻认识,对文化特别是大学文化发展规律的正确把握,对发展文化包括大学文化历史责任的主动担当。我们准备开展对中国当代大学精神的研究,就是基于对大学文化特别是作为其灵魂的大学精神作用的深入认识,就是为把握好其发展的规律,主动承担起有效地推进大学文化建设的责任。

二、大学精神的界定

首先需要明确大学精神文化的概念。大学的精神文化包括大学理念与大学

精神。两者既有联系又有区别,它们对大学的发展起着指导性的作用,发挥着全局性的影响。

"大学理念"主要回答大学是什么,办怎样的大学和怎样办大学等基本问题。

"大学精神"体现了一所大学师生员工共有的价值追求、理想信念、思维方式和行为规范。

大学理念与大学精神是大学精神文化的两个不可分割、相互联系的组成部分。本课题将研究的重点放在大学精神上,但是必定涉及大学理念。

三、当今大学精神应研究的主要问题

初步设想,本课题拟着重研究以下几个问题:

(一)以高度的文化自觉对大学精神进行历史回顾和梳理

大学精神是历史演化和积淀的结果,研究当代中国大学精神,必须对中外大学包括每所大学自身的精神特色进行历史的回顾与梳理。

一般认为,中国近现代大学是对西方近现代大学的移植。清华老校长梅贻琦曾说:"今日中国之大学教育,溯其源流,实自西洋移植而来,顾制度一事,而精神又一事。就制度言,中国教育史固不见有形式相似之组织,就精神言,则文明人类之经验大致相同,而事有可通者。"西方近现代大学之根可以追溯到公元前387年古希腊柏拉图创建的阿加德米(Academy)学园,它是欧洲第一所综合性学校,也是一个研究机构和政治咨询机构,学园由于坚持学术自由和关注社会的原则具有很强的生命力,一直持续了900年;而中国高等教育则可以追溯到战国时期齐国的稷下学宫,这是一所官办学府。稷下学宫实行"不任职而论国事"和"无官守,无言责"的方针,自由交流的学术氛围浓厚。稷下学宫在其兴盛时期,曾容纳了当时"诸子百家"的各个学派,汇集了天下贤士多达千人,包括孟子、荀子等,形成生动的"百家争鸣"的局面,学宫持续了近150年,有学者称,稷下学宫是世界历史上最早的学术自由、学派林立的高等学府。无论是阿加德米(Academy)学园,或是稷下学宫,它们所体现的学术自由,相互兼容的风范,正是当代大学精神宝贵的文化基因。同时,我们也看到,这个学园与学宫,都不是与当时社会隔离的象牙塔,学者及其弟子们都关注社会的热点问题,在研究、争论和咨询中发挥自身的影响力,提升自身的观察分析能力和服务社会的素养。从中可以找到现今大学教育认识

论和政治论哲学基础的最初源泉。正是这些早期的高等教育形态为人类开启了大学精神的神圣之门。哈佛大学"以柏拉图为友,以亚里士多德为友,更要以真理为友"的校训,正是对阿加德米(Academy)学园"吾爱吾师,吾更爱真理"的继承;而稷下学宫不同学派的兼容和争鸣,在中国后来的书院文化中得以继承弘扬,南宋时"鹅湖之会"是对稷下学宫会争鸣模式的继承,会讲中朱熹"理学"对"格物致知"的强调,陆九渊"心学"对"尊德性,养心神"的推崇,可称中国最早的"科玄之争",现代大学科学与人文的分离和融合可以由此找到哲学渊源;岳麓书院的"朱张会讲"所遵循自由讲学、互相讨论、求同存异的风范,体现的"疑误定要力争"的追求真理的精神,为当代大学学术精神树立了典范。2005年开启的湖南大学"明伦堂讲会",是由岳麓书院师生共同组织的学术活动,就是以"承朱张之绪,弘湖湘学统,沐书院清风,谈天下学术"的精神,通过学术交流与自由辩论,拓展学术视野,活跃学术气氛,促进理论创新。这是通过文化传承创新,对当代大学精神的一种积极的探索。

在人类历史长河中,处在文化高地的大学,以学术独立,思想自由的独特风格,实现对真理的探求,并常常以此为傲。同时,现当代大学越来越走向社会的中心,在取得社会支持并服务于社会中达致引领社会的目的,大学的命运和发展与所在的国家民族的命运密切相连,使得大学文化常常打上了鲜明的国家民族的印记。一个世纪前在哈佛大学担任了40年校长的艾略特提出美国的大学必须"从自己深厚的文化土壤中成长起来",在此后的一个世纪里,包括哈佛在内的美国著名高校力图通过加强通识教育使大学植根于美国的文化土壤。

中国现代大学诞生于中华民族灾难深重的19、20世纪之交,雪耻图强、爱国奉献成为许多大学共有的精神文化基因。一些大学校长在汲取西方大学精神文化精华的同时,不忘将大学植根于中华文化沃土。例如,梅贻琦在倡导"通识为本,而专识为末"的同时,强调要以中国大学之道"明明德,新民,止于至善"当作"学问之最后目的,最大精神"。在中国走上建设社会主义强国道路之后,一批大学在实现民族复兴的进程中,正在社会主义核心价值体系指引下,在继承借鉴中实现具有自身特点的适应时代要求的文化创新。

当前我们所开展的中国当代大学精神文化的研究,要求努力体现大学精神文化中与西、古与今、共性与个性、历史与现实的有机结合。

（二）进一步揭示我国大学精神衰微现象的突出表现及根源

大学精神文化的探讨和建设实践应当有清晰的现实针对性,深刻揭示当前世界性的特别是我国出现的大学精神衰微现象的突出表现、时代背景及其根源,这是一项刻不容缓的艰巨任务。经过前一个时期的初步研究,一些学者认为,这种大学精神衰微现象在我国的突出表现是教育活动本义的缺失、大学的创造力不足、短期功利主义和官僚化气息对大学的侵袭以及盲目攀比、缺乏特色等。它的出现不仅是受到当前在世界范围内出现的大学精神衰微现象的深刻影响,而且是由于近代以来我国文化革新进行得不够彻底,呈现了对优秀文化传统的失根现象和对现代理性精神文化的滞差,其哲学根源是由于人文主义和科学主义两种思潮的尖锐对立及其导致的工具理性偏离价值理性,更重要的是由于我国大学缺乏坚守自己应有的文化品位和崇高理想的高度文化自觉、文化自信和文化自强意识。时代强烈呼唤我国大学实现新的文化觉醒,振奋和创新当代中国大学精神。由此可见,在已经进行的初步研究的基础上,进一步从宏观与微观的结合上揭示我国大学精神衰微现象的突出表现及其出现的根源,是提高这项课题研究有效性的关键。

（三）积极探索当代中国大学精神的科学内涵和建设思路

我们认为应当着重研究以下几个问题:

（1）大学精神的本质及其发展规律

要确立当代中国大学精神,就要从哲学高度深入探讨育人为本与崇尚学术、学术自由与社会责任、人文精神与科学理性、工具理性与价值理性等的和谐共存、相互渗透、相互促进的关系。

（2）当代中国大学精神的科学内涵

从中国当代大学精神内涵来分析,最重要的是体现社会主义核心价值观与大学核心价值观念的融合。党的十七届六中全会提出:"社会主义核心价值体系是兴国之魂,是社会主义先进文化的精髓,决定着中国特色社会主义发展方向",强调必须把社会主义核心价值体系融入国民教育全过程。高校是现代社会进步的理论及思想策源地,在建设社会主义核心价值体系、增强社会主义意识形态的吸引力和凝聚力方面肩负着特殊历史使命。坚持以社会主义核心价值体系引领高校校园思想文化,是巩固主流意识形态、维护我国文化安全的迫切需要,更是培养社会主义建设者和接班人的迫切要求。要用社会主义核心价值体系引领高校思想文化,要力争在潜移默化之中使广大青年学生从内心接受社会主义核心价值体系的教育,培育有利于社会主义核心价值体系传播的健康校园文化。社会主义核心思想体系是一个宏大的系统,难以在此全面展开,只能突出几个要点:

坚持马克思主义的指导思想。马克思主义将社会理想与教育理念的核心确定为人的自由全面发展,所以在大学精神方面,要将此作为育人为本和文化育人的根本目标和大学精神的核心价值。

同时,正如英国著名教授特里·伊格尔顿新近在《马克思为什么是对的》一书中指出:马克思主义理论对于当今社会的重大意义不仅在于其对资本主义制度的全面彻底的揭露,还在于其辩证唯物主义和历史唯物主义的研究方法对于当今社会同样适用。在引导师生正确认识资本主义的全面危机,加深对马克思主义基本原理的体认的同时,引导把握马克思主义的方法论。中国许多大学的校训、学风、校风中不乏“求是”“求真”“务实”“实事求是”“行胜于言”“知行合一”等表述,与马克思主义方法论具有明显的一致性,应当作为大学精神的重要内涵得以弘扬。

坚持中国特色社会主义共同理想。将自身的奋斗历程与国家民族的前途命运紧密相连,是中国大学人走向成功的重要路径,也是中国大学精神的精华所在。当今中国特色社会主义道路经受了历史的考验,连美国著名学者“历史终结论”提出者福山当今也称:“西方自由民主可能并非人类历史进化的终点。随着中国崛起,所谓‘历史终结论’有待于进一步推敲和完善。”美国学者阿里夫·德里克说:“在后欧洲中心的全球现代性的诸多竞争性模式中,受到关注最大的是中国模式。①”我们在确立中国大学精神时,应当将强化大学人对中国特色社会主义理想的自信和愿意为完善发展这一模式做出有益于国民以至人类的贡献,当作中国大学人应有的文化自觉和自信,这是当代中国大学精神应该具有的历史观和责任感。

坚持以爱国主义为核心的民族精神和改革创新为核心的时代精神。

历史学家钱穆先生曾说:“只当一国之国民,尤其是自称知识在水平线以上之国民,对其本国以往历史文化有所了解,并带有温情与敬意,而不是抱一种偏激的

---

① [美]阿里夫·德里克. 中国模式理念——一个批判性的分析[J]. 国外理论动态, 2011(7).

虚无主义,其国家乃再有向前发展之希望。①"

对于大学人,爱国主义首先应该表现在对祖国优秀历史文化有所了解并带有温情与敬意。针对 20 世纪两次文化热,加上文化大革命所引发的民族文化失根现象,提升高层次人才对民族文化热爱的自觉与自信,显得格外重要。

同时,面对世界性的科技与文化的挑战和中国向创新型国家过渡的需要,要求以追求真理为本质责任的大学人大力倡扬创新文化,将发展人的精神生命的主动权作为人的自由全面发展的重要价值诉求,作为转变教育思想的重要目标,也作为国家向创新型转型的一个带有根本意义的前提与内涵,其核心是要最大限度地体现人在社会进步和自身发展中的主体地位和主动精神。

弘扬社会主义荣辱观。当前对于大学人最重要的是弘扬立人之本、执政之基的诚信理念,要通过继承学校的优秀传统,使党风、教风、学风得以纯洁化,努力把高校建成全社会的道德高地。

当代中国大学精神的建设思路:

建设当代中国大学精神是一项基础性、战略性和前瞻性的任务,既要有长期探索的思想准备,又要有紧迫感。大学精神的形成既是大学人受到潜移默化的过程,又是大学的组织者有计划地通过各种仪式、文化符号以及典范向组织成员持续传递本组织的理想、信念、价值观和行为准则并使之自觉体认的过程,在文化自觉基础上也是师生自我教育的过程。

要通过认真总结历史经验和开展当代大学精神大讨论,逐步明确当代中国大学精神的建设思路。清华大学 90 周年校庆期间,曾发动全校师生讨论"什么是清华精神? 怎样弘扬清华精神?"历时整整一年;在百年校庆活动年期间,又突出了文化性,开展了一个学年的"大学文化与清华精神"系列讲座,组织了"与大师同行"系列活动,还组织编写出版《自强不息 厚德载物 清华精神巡礼》《世纪清华 人文日新 清华大学文化研究》等系列大学文化丛书,以引导大学人进行理性思考,提升体认学校优秀精神文化的自觉。所以,对于每所大学精神建设的具体任务,可以通过学校范围的讨论和宣传,制定文化发展规划,具体落实。要提炼各自大学的使命陈述,以及校训和校风的表述,并通过各种沟通传播形式,使其深入人

---

① 钱穆. 国史大纲[M]. 北京:商务印书馆,2013.

心。要充分挖掘本校名师的嘉言懿行、杰出校友的突出事迹和精神风范,作为大学精神文化建设的生动教材。

四、研究方法

1. 坚持理论研究与建设实践相结合,从建设实践的客观需要出发,在广泛开展"当代中国大学精神"大讨论和着重进行理论研究的指导下进行建设实践,在建设实践的基础上深入进行理论研究。对于当代中国大学精神建设的共同主题,我们可以通过全国性的研讨,发现问题,厘清认识,达成共识。例如,大学精神文化的继承和创新问题;大学精神的现实性和超越性问题;人文精神与科学精神的融合问题;民族性与世界性问题;适应与引领的取向和选择问题等等。

关于理论研究,现在手头有两本书,可以发挥一定的启迪作用。一本是王冀生同志完成的《大学文化哲学》,这是一部从文化哲学高度探讨大学文化特别是精神文化的著作。文化哲学是对于文化现象和文化实践的理性思考,是对文化现象的哲学理解和历史阐释。由于哲学对人的文化行为具有价值规范和思维导向的功能,欲使文化行为具有高度自觉的意识,必须使之上升到哲学的高度。对于社会文化重要组成部分的大学文化,同样需要对以往和现实的文化现象和文化实践从哲学的视角进行思考,以提升大学文化建设理论的深刻性、批判性、历史超越性与前瞻性,这是大学文化自觉的体现,也是促使大学文化建设沿着理性方向前进的重要保障。特别是,文化哲学自身是将人对真善美的综合追求和人的全面自由的发展作为最高的价值目标,而马克思主义创始人正是将理想社会的实现与人的自由全面发展统一在一起,并将其作为教育的根本目的。而且,当代文化哲学的一个重要特点是突出了人在社会发展中的主体地位,并从人的生命存在方式的高度来界定文化,把握文化的意义与价值。文化哲学在教育上有着特殊重要的现实需求和突出针对性。因此,从大学文化哲学的视角,进行大学精神文化理论研究和建设实践有着特殊的重要性。

我们还注意到文化所具有的整体性特点越来越成为人们的关注点。"整体性是文化的精神血脉",实际上文化和价值具有不可分割性,特别是文化哲学作为人类文化追求整体性时代的哲学表现形式,对于文化整体性消解现象具有抵制和导引作用。王冀生同志在《大学文化哲学》中所涉及的诸多矛盾是对文化整体性的一种辩证思考与追求。

我们在这次会上,还得到了由东道主顾晓松书记和顾玉平教授所著的《求真育人——大学精神与现代大学发展》,表明他们已经走到本课题的前沿,特别值得我们认真研习的是,他们的研究突出了文化整体性原则,将大学精神置于大学文化的整体框架中研究,既突出了大学精神的核心与灵魂地位,又论述了精神文化对整体文化的引领作用;同时,着重研究了大学精神的哲学基础,特别是突出了马克思主义人本教育思想,提升了大学精神的研究的学理性;该书还围绕大学求真育人的根本使命,梳理了大学精神的发展历程,将大学置于时代文化特点的框架内阐述大学精神的演变。这部论著是应运而生,又是适时而至,与王冀生同志《大学文化哲学》一起,为"当代大学精神研究"课题的开展,发挥了开拓性作用。

理论研究是为了指导实践,我们在理论研究时,应该注重实证调查分析。可以结合大学学风建设、师德建设等日常工作主题,对大学学生、教师、管理者等大学文化的主体开展广泛的调查研究,诊断与分析大学精神文化缺失的症结所在,提出大学精神建设的目标、规划与实施方案。

2. 坚持综合研究与个案研究相结合,既要研究普遍意义上的"当代中国大学精神",又要从各校的实际情况出发,认真开展个案研究,以推动各校以大学精神建设为核心的大学文化建设,促进各校的教育改革和大学创新;

3. 坚持历史研究、比较研究与时代精神相结合,在回顾总结两千多年来,特别是近一个多世纪以来具有共性的大学文化和中国特色大学文化,特别是中国特色大学精神文化发展、变革历史进程和经验教训的基础上,走"中西融合,古今贯通,立足当代,面向未来,综合创新"的文化发展道路;

4. 坚持学校领导与学者、专家相结合,既要加强学校党委对课题研究的领导,组织有关部门积极参与,又要组织和充分发挥中、青年学者的积极作用,参加课题各校可以在学校党委领导下建立子课题组,密切合作,全面推进。

五、成果及其出版

期望出《当代中国大学精神研究》学术专著,由组长单位牵头,组织专门队伍负责进行,于2015年完成。

《当代中国大学精神文化建设研究文集》由秘书处负责积累、整理材料,2015年完成。

参加课题研究各校撰写的各具特色的《大学精神研究》由各校子课题组负责,最晚于2017年10月完成。

所有成果在确保质量的基础上,经过专家把关,《当代中国大学精神研究》学术专著和《当代中国大学精神研究文集》请高等教育出版社出版,各校子课题组研究成果和中、青年学者自拟学术专著可邀请专家严格把关后与有关出版社签订合同自行出版。

(注:"当代中国大学精神研究"由教育部社会科学司于2012年10月列为2012年度教育部哲学社会科学研究重大委托课题,胡显章为课题组组长)

大学精神之我见

王义遒

当下议论大学精神的文章很多。对于什么是大学精神,怎样建设大学精神,见仁见智,意见纷纭。这是件好事,对于构建现代大学,提高大学的教育水平与质量极有裨益,为此,我也谈点自己的看法,供大家批评讨论。

一、大学精神与文化

什么是大学精神?有些学者从大学的使命、任务,到管理与办出特色等大学要遵循的思想原则通统包罗进来,如教授治校,勤俭办学等,这就淡化了真正的精神。也有些把使命、职责、任务和功能等本身作为精神,比如,育人为本。这种把实体功能与形而上精神的混淆降低了精神的特殊重要性。本文认为,大学精神应当体现出大学实现其区别于其他机构的基本使命、职责、任务和功能等所需的核心价值观、指导思想、理想、气质和灵魂。

因此,要定义大学精神,必须明确大学的使命与职能,大学作为一个社会机构的属性。显然,大学属于文化机构,其基本职能是教育、育人。而教育是人类为了生存和发展,上一代人施加给下一代人的活动,是延续人类的最重要活动。教育有基础教育与高等教育之分,中小学与大学之分。从维系人类生存和发展的角度看,基础教育(中小学教育)主要职能是使新一代人能投入社会生活,保障社会正常运行,维持人类生存;而高等教育则不仅要维持人类生存,更负有发展的职责。所谓"人类发展"实质上就是"文化发展",因为在我看来,"文化"就是"人化",反映人类区别于其他生物的基本特征。所以教育又是人类继承与发展文化的活动。

而大学教育不仅肩负着培育青年人能投身于未来社会生活,维持其运行与繁荣,更寄托着使未来比今天更好、社会更文明的瞩望。这样,育人,延续和发展文化就成为大学的核心使命与职能,我们要从这里来探索大学精神。

"文化"的定义不下几百种,但我认为最贴切的就是"人化"。那么,人类区别于兽类的本质特征是哪些呢?参考了夸美纽斯的教育思想,我体会,从发展的角度,人的本质特征有三条:一是有坚定的信念,即核心价值观,虔诚的信仰,懂得人活着的意义和价值;二是人有知识,包括对自然和社会的认知,懂得事物存在、运动、变化和发展的规律,能按照客观规律行事,并有不断扩充知识的愿望;三是人有道德,知道人际关系、人与环境关系的准则和行事规范,以维持社会安定繁荣。这三条也可说是文化的基本元素,或文化要素。

这里,信仰是首要的。正像西班牙思想家奥尔加特·加塞特所说:"信仰体系就是时代的文化","信念是每个人生活的一个基本组成部分"。人的基本价值信仰应是:1. 人生而有权利享用大自然所赐予的资源;但同时又有义务来珍惜、爱护自然资源;2. 人生而有权利享用他人(社会)所提供的服务,但同时又有义务服务他人(社会)。这两条都是互相的:互动、互爱和互惠,它们决定了人生的意义和价值。这些价值观念象征和体现着"正义"。原则上,正义涵盖平等、公正、仁爱等观念,这里所谓"原则上",是就抽象和笼统意义说的,事实上,由于种种原因,在程度、范围等方面会有差别的。比如,天生残疾人就享受不了某些自然资源,像盲人感受不到天然美景;对某些危害人类的坏人不能施以仁爱等。人违反了正义原则,比如,滥用、挥霍、浪费自然资源,就是"罪过"、就是"恶行",就要受到惩罚。人需要建立坚定、虔敬的这种信仰,相信"善有善报,恶有恶报,不是不报,时候未到"。在人对自然和社会规律没有整体、全局和历史的认识以前,人们只能皈依宗教,虔信上帝或天命,认为这种因果报应是上帝有意安排的,怀有敬畏之心,所谓"天网恢恢疏而不漏"。当人对自然和社会的整体规律有了清晰认识后,就会在科学的基础上建立正义的人生信仰。然而,事实证明,这种信仰往往并非完全建立在严格的科学论证之上的,而是通过人类历史积淀的大量实证中领会和感悟得到的。大学的文化素质教育或通识教育,就是要通过古今中外先哲前贤对哲学、历史、文学、艺术、自然和社会等深刻思考和睿智体验,使学生建立起对人生意义和价值的信念,从而确立与其文化水准相应的做人做事的基本态度与准则。这种信仰是深入灵魂的、坚定的、虔诚的、敬畏的，是人一切实际行为的前提和出发点。

在这样的基础上，人为了生存必须拥有对生存环境的知识，即对自然和社会的正确认识。这包括对事物的存在、运动、变化、发展和事物之间的区别的辨认，建立概念、范畴和对因果关系和规律的认知，从而知道周围"有什么""是什么"和"为什么"。没有知识，人类就跟兽类一样，在地球上处于自发自在的状态，有了知识，人类就能够自觉自为、掌握自己命运，成为高等动物。人的绝大部分知识是依靠千万年来祖祖辈辈的积累，并通过教育传授下来的。多亏优胜劣汰的生物遗传进化规律，人生而具备好奇天性，永远不满足于已有知识，即使已有知识已足够应付日常的生存；人永远怀着好奇要探索未知，要进一步问还"有什么"、还"是什么"和还"为什么"，甚至还问我们"能什么"来探索人类认识的极限。光有对周遭自然事物及其规律的认识，人还不能掌握自己命运，不断提高生命的质量。人还需依靠这些知识、利用自然资源，来制造器物与工具，用以进行有规模的物质资料生产，从而极大地提升了生活质量，并不断增加社会财富，改善人类福利。这样，就出现了工程技术和生产工艺这一类应用学科的知识。不仅如此，还产生了分配资源和组织人员从事生产的学问，以及财富分配和消费的学问；进而还产生了把整个社会组织、管理起来的经济、政治、法律等社会科学和管理科学。所以，知识总是被不断修正、更新和扩增。这需要艰苦顽强的探索过程，这就是追求真理的科学研究。不过真正能做到对人类知识宝库做出新贡献的是少数先知，是精英、是发明家、科学家、思想家，甚至圣贤。培养这些使人类文明不断扩增、进化的人，是高等教育，特别是大学的责任。

随着人类知识总量的扩增，知识分化越来越细密，社会组织结构和人际关系也越来越复杂化；人的活动范围和所享受的福利是极大地扩展了，但约束却也繁琐地增加了。人只有在这样的前提下才是"自由"的：即他具有虔敬的正义价值观的信仰，熟悉相关的自然和社会知识，能够自觉地尊重与遵守与其身份相符的道德规范，约束自己的行为。在正义原则下，各种道德规范既有民族的、国家的、社区的、职业的，也有世界的，甚至宇宙的。因此，"自由"其实是不自由。人类文明越进步，知识越丰富，自觉约束越多，"自由"也越少。"初生之犊不怕虎""和尚打伞无法无天""天不怕地不怕"的"为所欲为"，看起来很"自由"，其实是无知的表现，拿生命开玩笑，是要受到惩罚、最没有自由的。以虔敬的信仰为基础，按照客观规律办事,自觉以道德规范来约束自己的行为,看来不"自由",实际上是实现了真正的自由。只有人类才知道用道德来节制自己的行为,这就是德行。这种德行保障了人类社会的安定,保障了人们的福利和进步。

所以,文化发展以建立正确的价值观为先决条件,通过探索未知、追求真理来扩展知识,通过自觉遵守相关的道德来增加福利。高等教育以追求人类发展为主旨,就要在提升文化上做文章,把教育落实在"文化育人"上,切实提高全体大学生的文化素质。从这个意义上说,大学精神就要在塑造学生价值信仰、获取知识和追求真理、尊重和恪守道德规范等方面提取与凝练完成这些使命所要遵循的核心价值、理念或灵魂。

二、大学观念的变迁和大学精神的演化

"文化育人"既作为教育的核心任务,那么,隐藏在它背后的精神或灵魂又是什么呢?显然,如果把虔诚的价值信仰作为文化要素的第一位,则人文精神应该是大学的首要精神。然而,当我们仔细考察世界各大学在表述大学精神的时候,却很少有直截了当把"人文精神"表述为本校首要精神的。这就说明,当我们为一个国家的大学,或一所具体大学确定精神时,把它仅仅看成是大学为完成其基本使命所体现的核心价值和指导思想还不够,还一定要联系实际,结合时代、民族或国家的形势、学校的定位特色、优势和弱点,凝练出有针对性的、有现实指导意义的、发人深省的语汇来表述。因此,大学精神是随着时代不同、国别有异的,是因校制宜、各放异彩的。这样,大学精神才真正能在办学和大学建设中发挥重要作用。

1088年世界上第一所大学——博洛尼亚大学在意大利成立,它是一个学生与教师的学术共同体,那里大家自由讨论学问,甚至教师和学生的界限都是不明晰的,谁有学问,就讲出来供大家研究讨论。开始以学习研究语法、修辞、逻辑等人文学科为主,以后又有法律、医学等。后来法国和英国也陆续建立了大学(巴黎大学和牛津大学等),宗教势力逐步渗透到大学,甚至主宰了大学生活。学者们不仅有深厚的人文根底,而且多是虔诚的教徒。对于他们来说,信仰已不成问题,大学一方面强调古典人文主义的独立人格塑造,另一方面也以扩增知识、追求真理为基本精神。进入工业社会之后,知识的重要性日益显露,大学开始把获取知识作为根本使命。牛津大学出身,后来担任了都柏林大学校长的纽曼(1801—1890)说过:"教育是一个崇高的字眼;教育就是为获得知识做准备","知识本身即为目的"。纽曼本人就曾是一位天主教红衣主教,他把信仰寄托于宗教,也并不过于强调道德,而是把"自由教育"作为大学的基本使命。这里的"自由教育"是指用"心智、理智和反思的操作活动";实际上,他指的是学习人类全部知识体系,它是不可割裂的,是整体的,并且只是可以"享受",却"不会带来任何结果"。他反对专业化,认为"它显然易于使心智变得狭窄",并说"实用知识是不足称道的。"纽曼所要培养的是"通才",是"绅士"。他说:大学教育的"目的在于提高社会理智的格调,培养大众的心智,净化民族的情趣"。他排斥科学研究作为大学的任务,认为"研究工作只为少数人,而不是为了多数人",并说"探索与教学是截然不同的两种功能"。"自由教育"观念是传统大学的一种重要精神。差不多与此同时,以洪堡(1767—1836)为代表的德国大学模式则与此不同,洪堡在19世纪初筹建柏林大学时提出了一系列大学基本观念,其中最重要的有:大学兼有探求科学和修养个性与道德的双重任务,"其根本目标则在于促进学生乃至民族的精神和道德修养";但他认为唯有通过科学探求活动才能达到"修养"的目的。和纽曼一样,这里所谓"科学"探求也不包括专业性和实用性的技艺,而是"纯科学"。然而,他强调的研究与教学统一的原则却与纽曼大相径庭。洪堡强调科学在大学的核心地位,教师和学生都必须从事科学研究,而"科学是尚未穷尽、且永远无法穷尽的事物",因而"始终处于探索之中"。从单纯传授知识到创造知识,并且在探索和创造中来完善人格,这是洪堡比纽曼的高明之处。此后,追求科学、探索真理成为所有大学的核心价值。从这个价值观出发,自由和寂寞就成为大学的组织原则。洪堡说:为了纯科学活动,"自由是必需的,寂寞是有益的";在大学的组织中,"寂寞和自由……为支配性原则"。正是从科学研究出发,要体现"寂寞"和"自由"原则,大学就必须独立于国家政府管理系统与社会经济生活,以保证科学探索按照其自身的内在规律与需要行事。于是,修养、科学、自由、寂寞成为德国古典大学的四大核心观念,它们对后世各国大学的发展产生了重要影响,基本上成为各国大学所共同遵守的大学理念。这些理念形成了传统大学的基本精神,特别是追求科学和真理的精神,并使大学享有"象牙塔"的美名。

美国大学充分吸收了欧洲古典大学的基本理念,但又做出了重要发展。这里大体上有两方面原因:一是实用主义哲学观,二是社会经济发展对大学的迫切诉求,特别是许多州立大学和"赠地大学"的出现,政府要求大学做出回报,对州的社会经济发展做出贡献。于是,应用科学在大学急剧发展,打破了欧洲大学的"纯科学"观念,传统大学"学"与"术"分开的现象结束了。大学与社会联系就密切起来,大学"象牙塔"的形象也破灭了。1930年,弗莱克斯纳(1866—1959)出版了一本《现代大学论——美英德大学研究》的书,提出了"现代大学"观念。他看到了大学随着社会进步所发生的深刻变化,纽曼时代大学为满足个人需要,培养"通才"的条件已经消失,而只有专家了。"现代大学"的基本思想认同"大学是民族灵魂的反映","应不断满足社会的需求"的理念;弗莱克斯纳"主张大学与现实世界保持接触,同时继续不承担责任"。尽管他一再强调大学研究的"作为科学之科学,是不关心功用和效果的",但又说"他们必须继续思考,在这方面他们的责任是最重要的"。他的"现代大学"观念被1952—1966年曾先后任加州伯克利大学校长和加州总校长的克拉克·克尔讥为"写书时很快就过时了"。那时,大学成天忙于各种庸俗化和机械化的事务,成了"大众服务站",出现了教学、研究和社会服务大学三项功能的说法。克尔把这样的大学叫作"多元化巨型大学"。这种大学已不是弗莱克斯纳所说的统一有机体"现代大学"了,而是有若干社群——本科生与研究生,人文学科、社会与自然科学,基础、专业学院与职业、技术学院,还有管理者,要与外部的议员、政府官员、实业家、农场主,等等不同性质的人员和校友打交道,他们之间有利益冲突,通行着不同原则,互相矛盾,却共存于一体,行政管理机构的作用凸显出来,校长成为既是引路人、领导者,又是调解者。20世纪早期哈佛大学学习德国洪堡的大学理念建立起来的3A原则(学术自由、学术自治和学术中立),到后来实际上已经无法坚持了,大学越来越世俗化,物质化。在1971—1991年任哈佛大学校长的博克写了一本名为《走出象牙塔——现代大学的社会责任》的书,生动叙述了"第二次世界大战"以后美国大学所发生的变化:大学与社会的联系越来越紧密,大学既依赖于社会,同时也为社会政治、经济和科技进步做出巨大贡献,大学从社会的边缘逐渐走进社会中心。到了知识经济和全球化时代,大学作为技术进步的孵化器、经济发展的发动机或动力源、决策咨询的思想库的声音十分高涨,不绝于耳。然而大学赖以贡献社会的基石,还在于知识的不断扩增和科学创新。因此大学的基本精神没有变,但社会责任凸显出来了。

由此可见,随着社会发展大学观念在不断变化,大学精神必须反映这些观念的核心价值,即有坚持保守,也有相应演化。近千年欧美大学发展的历史,特别是近二百多年以来的历史,为大学精神的演化展示了一条明确的线索:从开始强调提升个人修养和知识水准的人文主义精神,到注重为追求科学真理而强调的独立和自由精神,再到接触现实,服务社会,又高唱"现代大学的社会责任"。大学精神演变的这条线索,具体到各所大学,则会因它们的定位和情况不同而有不少微妙差别,这里难以赘述。但是它们总体上为我们当下思考中国大学精神的培育与塑造提供了宝贵的历史经验和理论依据。

三、当代中国的大学精神

尽管我国高等教育可以溯源于西周辟雍,但现代大学制度却不是土生土长的,是舶来品。因而它的办学理念和基本精神与上述西方大学的观念和精神应该是一致的。然而,中国设立大学的宗旨与背景和西方大学有巨大差别,这使中国大学的办学观念和大学精神与作为"老师"的西方大学相比,存在着不少差异,值得我们思考、研究与总结。

中国大学出现于 19 世纪末,是维新思潮和洋务运动的产物,是在国家遭受西方列强(包括日本)的侵略压迫,在民族沦丧的紧急关头作为一种救亡图存的措施而开办的。19 世纪后期中国的知识精英和清政府普遍接受了魏源"师夷之长技以制夷"的思想,通过学习西方的科学知识与先进技术来坚甲利兵,振兴实业,达到强军救国的目的。1862 年北京设立了同文馆,开始有了新式高等教育。不过只在 1894 年中日甲午海战惨败以后,才引起朝野震动,各地纷纷设立大学堂。其中1898 年成立的京师大学堂是第一所由政府创办的新式综合大学。那时候这些高等学堂的办学指导思想都是"中学为体,西学为用",即教育应仍以中国传统儒家的三纲五常为核心观念,而把西方的科学技术是用作为工具来学习的。因此,尽管以西方为师,在办学理念上与欧洲大学以塑造独立人格,追求知识为目的大相径庭。1902 年的《京师大学堂章程》明确其设置目的是"激发忠爱、开通智慧、振兴实业",并且要遵谕旨"端正趋向,造就通才"。为清政府服务、强国富民的主旨跃然纸上。

值得一提的是 1904 年京师大学堂首任"总监督"(相当于校长,此前京师大学堂的领导人称为"管学大臣",相当于教育部长兼京师大学堂堂长)张亨嘉就职典礼上对学生的八字训词"为国求学,努力自爱"很值得玩味。它说明学生的核心任务是"求学",这包含:获取知识、研究学问、探求真理和学会做人。其中需要特别珍视的有两点,一、学生求学目的是"为国",体现了爱国精神,这在当时实际是要学生做好臣民,与西方强调独立人格,以知识为唯一目标迥异;二、大学学习与中小学截然不同,大学生已经成人,不再是简单地"被教育"了,而要自觉主动地去接受和享用大学所提供的教育。这第一点成为中国高等教育独有的特色和精神。但同时也反映出中国高等教育从一开始就带有浓重的工具性。这是与西方大学的极不相同之处,既反映了中国大学的优点,导致了后来中国大学的某些问题。

　　辛亥革命后国家继续受凌辱的地位迫使中国知识精英认真反思"中体西用"的指导思想。1917年蔡元培先生执掌北大,几乎全盘引进了欧洲大学,特别是德国大学的观念。他首先指出"教育者,养成人格之事业也"。他还发表了一系列关于大学教育的言论,并照此实践。他说:"大学者,研究高深学问者也","大学者,囊括大典网罗众家之学府也"。他"循思想自由原则,采兼容并包主义",聘请各种不同学术流派、具有真才实学的学者来北大任教。他按照"纯科学"观点把"学"与"术"分开,"以学为基本,术为支干,治学者可谓之'大学',治术者可谓之'高等专门学校'",但他并不重"学"轻"术",认为"两者有性质之别,而不必有年限与程度之差,"只是分工不同。他要学生认识"大学为纯粹研究学问之机关,不可视为养成资格之所,亦不可视为贩卖知识之所。学者当有研究学问之兴趣,尤当养成学问家之人格","要自动研究学问,才能够发达个性,个性发达才有创造的能力"。他的这些思想既体现了"自由教育"观点,也是德国大学四大观念中国化的另一种说法。在这种新风气影响下,新文化运动"科学""民主"的大纛高高举起,"打倒孔家店"口号流行,这标志中国知识分子的觉醒,敢于与旧观念决裂,西方纯科学的精神也开始在中国得以传播。后来陈寅恪先生的"独立之精神,自由之思想"集中地概括了追求真理的科学精神。可以说,此后"科学"两字才在中国留下深刻痕迹。但是,由于中国知识分子根深蒂固的儒家传统,讲究"经世济国""修身齐家治国平天下"的实用主义,"纯科学"的科学精神至今并未在多数知识分子的内心深处扎根,为求真理所必要的独立、自由、寂寞、怀疑和批判等精神都远远没有真正在中国立足。不过从此科学精神还是在中国大学里埋下了种子。

　　与此同时,中国传统知识分子公大于私,以国家为重,"天下兴亡匹夫有责","先天下之忧而忧,后天下之乐而乐"的宽阔胸怀和担当精神从未泯灭。这一方面是传统使然,另一方面也是因为中国长期以来一直遭受到外国列强的欺侮凌辱,激发出知识分子强烈爱国心。这种以国家为重的精神在欧洲大学是缺乏的,欧洲古典人文主义和"自由教育"强调人格的培养,是以个人为中心的,由个人推及服务社会,正像爱因斯坦在"论教育"中所说:"学校的目标必须是培养能独立行动和思考的个人,而这些个人又把为社会服务视为最高的生活目的"。把国家放在独特的重要地位,大学与国家民族命运紧密相连的只有中国。这是中国大学的优点,有时也是许多问题的根源。优点,是大学成为救国、兴国和强国的重要手段,受到普遍重视,一直熏陶着中国知识分子以民族国家为重的担当精神;问题是大学成为依附、从属于政治、经济的工具,失去其独立品格。但不管怎样,爱国精神和担当精神应是中国大学的优秀传统和重要精神支柱之一。

　　进入改革开放新时代,随着科学技术的突飞猛进,信息社会和知识经济的出现,社会对大学在科技和思想创新中发挥作用的要求越来越急迫。这看来似乎会更加强化大学对政治和经济的依附,但实际上反而彰显大学独立精神和自由思想之重要。因为"有用"的创新必源于"无用"的创新,任何产品、工艺、材料的技术创新必源于思想、观念、知识的科学创新和文化创新,而科学,探求真理,必须依靠独立(寂寞)和自由。大学作为研究高深学问,传承和创新文化的机构,自然就必须发扬独立与自由之精神,并为此大声疾呼!

　　从研究高深学问、探求真理所必需的独立和自由精神衍生出来的还有包容性和深沉性,以及牺牲精神。既然是探究,就要允许各种不同意见、言论发表出来,进行争辩,从争辩中分清是非曲直。因此大学必然是"网罗众家"的,既容忍质疑和批判,也允许争论和辩驳。正像蔡元培所说,只要"言之有理,持之有故","虽彼此相反,而听其自由发展"。其实,英文大学(University)一词从词源来看,就包含"多元同一"的意思。因此包容精神成为大学的重要"亚精神"。深沉精神也是高深学问的必然要求。大学的一言一行必须经得起理性思维的严格审考,有理有据。大学绝不能容忍市井的浅薄与浮躁。因此他可能是孤独的,寂寞的。在当前社会浅薄浮躁风气甚嚣尘上情况下,这种精神特别珍贵。大学的牺牲精神也是为追求真理所要求的,真理是靠少数人深钻精研得来的,所以一开始总是在少数人手里,而不被多数人所理解。因此,坚持真理是要冒风险的,也会受到迫害的,轻则牺牲个人福利、声誉、地位,重则关乎性命。北大前校长马寅初提倡牺牲精神是"北大之精神",他以自己坚持人口论为榜样,实践了这种精神,表现了一个知识分子捍卫真理的崇高形象。不仅如此,探索本身就是一个冒险活动,成功的概率远低于失败的。为此,牺牲就成为探究科学所必需的精神准备。牺牲精神总是伴随着失败而与独立和自由的精神共生,并以此完善道德。

以育人为核心使命的大学,在当代,仅仅注重西方传统大学所追求的人格修养还不够,还必须强调"人的全面而自由的发展"。人是各式各样的,人与人之间是绝不全同的;人各有优势和弱点,只要每人都能把自己的优势和潜能发挥出来,做到"人尽其才",就一定可以建成"创新社会"。因此,尊重与培育独立人格,就要充分发挥人的天赋优势和潜力,使之贡献社会。大学要树立人才是多样化的、人人都能成才、成不同之才的观念;要充分尊重、珍惜、并学会识别人才,因材施教,为他们的成长创造条件、留下空间、搭建舞台。马克思说过:"每个人的自由发展是一切人的自由发展的条件"[12],这样,个人发展就会与社会和人类文化发展互动协调起来。这给大学的人文主义精神内涵增添了新的内容。

作为传承和发展文化的大学,要特别重视文化首要元素——虔敬信仰的培育。上面说过,欧美大学人文主义教育思想以虔诚信仰是前提,把追求知识和科学真理作为核心任务。他们认为信仰应该在基础教育和大学通识教育中完成,或学生中许多人本来就是虔诚的宗教徒,因而在大学理念中,信仰概念有时并不显现。这是当代中国社会一个严重问题,会阻碍社会稳定和前进。大学必须通过文化素质教育或通识教育,通过对哲学、历史、文学、艺术和自然科学等学习和对先哲前贤经典著作的深度研读,使学生深刻领悟人类历史发展的大势,笃信正义价值观,坚信正义事业的不可战胜,从而铸造人生的意义和价值。建立在正义观念上的虔敬信仰是当前中国大学人文精神的重心。

在经济全球化和文化国际化的时代,大学的爱国主义精神应有相应的新解释和新演进。我们应当摒弃狭隘的民族主义,因为它目光短浅,有悖于世界潮流。大势是:国际交往日益频繁普及,信息交流日益简捷畅通,文化日益多元化、多样化和多变化,地球日益变小了。大学是国际交流的重要平台,大学生必须学会从全球视野看问题,肩负把中华文化推向世界、为世界文明宝库增添珍藏、促进全球繁荣的使命。因此,爱国精神应该拓宽上升到全球精神,从建设和谐社会向实现和谐世界迈进。

这样,在继承中外大学精神基础上,当代中国的大学精神应该是:追求知识和真理的科学精神,其中主要是:独立和思想自由精神,也涵盖包容精神、深沉精神和牺牲精神;追求独立人格和人的发展的人文精神,其中重要的是要包括正义观念上的虔敬信仰和尊重人、珍惜人才的精神。大学精神应该体现科学精神和人文精神的完美融合。若用先哲的话来概括,那么,宋代思想家张载的"为天地立心,为生民立命,为往圣继绝学,为万世开太平"或许可以反映这种精神,不过这里我们或许需要违背本意,把"为天地立心"借来解释为自然社会万事万物的运行寻找规律。

以上概括是笼统的,一般化的;各大学应该根据自己的定位、历史和特色,寻找符合自己的,个性化的大学精神。这种精神可以用简洁、醒目的文字和语言表述在各自的校训、校歌或其他学校正式文件中。

四、结束语

本文从文化角度探讨和审视了大学精神。文化本质上就是人化。教育通过育人承载传承和发展文化的使命,其中高等教育更多地负担着发展文化的功能。文化的要素有:一、虔敬的价值信仰;二、对自然、社会的知识,及对知识应用的知识;三、建立在价值信仰和知识基础上的德行。在早期大学发展中,在古典人文主义影响下,信仰隐性地发挥着基础作用,大学教育强调独立人格的塑造和"通才"的培育。进入工业社会,扩增知识、发现真理作为发展文化的重任,其作用被凸显出来,因而科学精神成为大学的基本精神,这种精神的核心是独立和思想自由。但是,信仰和德行作为前提和基础,在不同国家和大学,或隐或显地表达在大学精神中。美国大学使大学发展进入一个新阶段,大学对社会科技、经济发展发挥了日益巨大的推动作用,出现了教学、研究和社会服务大学三大任务的提法,大学的社会责任成为新时期大学的重要精神内涵。然而以独立和自由为核心的科学精神仍是大学基本精神,不过,它是与信仰、人格、修养、德行和服务社会的人文精神完美融合的。

中国大学是借鉴西方而产生的,他们沿用和吸收了西方的大学精神。因此,以独立和自由为基本内容的科学精神与信仰、人格为基本内容的人文精神的完美融合也应该是中国大学的基本精神。然而,在特殊环境中诞生的、具有深厚民族文化底蕴的中国大学还应该具有自己独特的精神,这里涵盖:包容精神、牺牲精神,和尊重人才、因材施教精神,以及爱国精神、担当精神和全球精神等。每个大学可根据自己的具体情况表述自己特有的大学精神。

最后要说明,本文所说的"大学",特指本来意义上的研究型综合大学。

参考文献:

[1]夸美纽斯.大教学论[M].傅任敢,译.北京:人民教育出版社,1984:28.

[2]艾德勒.六大观念[M].郜庆华,译.北京:生活·读书·新知三联书店,1989:224.

[3]奥尔特加·加塞特.大学的使命.[M].徐小州,译.杭州:浙江教育出版社,2001:85.

[4]约·亨·纽曼.大学的理想[M].徐辉等,译.杭州:浙江教育出版社,2001:23.

[5]陈洪捷.德国古典大血管及其对中国大学的影响[M].北京:北京大学出版社,2002:37.

[6]亚·弗莱克斯纳.现代大学轮——美英德大学研究[M].徐辉等,译.杭州:浙江教育出版社,2001:2,17.

[7]克拉克·克尔.大学的功用[M].陈学飞等,译.南昌:江西教育出版社,1993:3,12.

[8]德里克·博克.走出象牙塔——现代大学的社会责任[M].徐小州等,译.杭州:浙江教育出版社,2001.

[9]本文蔡元培的言论均转引自:梁柱.蔡元培教育思想论析[M].北京:高等教育出版社,2006.

[10]爱因斯坦.爱因斯坦晚年文集[M].方在庆等,译.北京:北京大学出版社,2008.

[11]马寅初.北大之精神[M]//杨东平.大学精神.上海:文汇出版社,2003:15.

[12]马克思,恩格斯.共产党宣言[M]//马克思恩格斯选集:第一卷[M].北京:人民出版社,1972:273.

以大学精神涵育社会主义核心价值观

清华大学党委副书记　邓　卫*

摘　要：本文从文化视角探讨和审视了大学精神，认为大学精神应体现大学实现其基本使命和功能所需的核心价值观、指导思想和灵魂。从文化的三个要素：信仰、知识和德行考察了大学功能的发展，指出了大学精神的坚守与演化。文章认为大学的基本精神是科学精神和人文精神的完美融合，并结合大学发展对其具体内涵做出了分析，独立和思想自由，信仰和人格分别是科学精神和人文精神的主要内容。文章认为当代中国的大学精神应坚持上述大学基本精神，同时要发扬包容精神、牺牲精神，和尊重人才，以及爱国与担当精神。

关键词：高等教育；大学精神；文化；科学精神；人文精神

各位领导，各位学者，朋友们：

很高兴有机会参加这次交流研讨会。习近平总书记在北大"五四"座谈会上指出："人类社会发展的历史表明，对一个民族、一个国家来说，最持久、最深层的力量是全社会共同认可的核心价值观。"习近平同志这里所指的就是社会主义核心价值观。对于一所大学来说，最持久、最深层的力量就是全校师生认可并践行的大学精神。我们应该在社会主义核心价值观的指导下建设大学精神，并以积极的大学精神来涵育社会主义核心价值观。

清华大学已走过百年历史，通过历史积淀形成了宝贵的大学精神，实践告诉

---

* 作　者：北京大学教授，前常务副校长

我们,这些大学精神与当今全社会所奉行的社会主义核心价值观有着高度的相关性,并在新形势下不断得到弘扬和发展。

一、清华的大学精神体系

日前,经教育部核准,《清华大学章程》发布施行。《章程》的开篇序言鲜明指出:"本校秉持'自强不息、厚德载物'校训、'行胜于言'校风、'严谨、勤奋、求实、创新'学风,弘扬'爱国奉献、追求卓越'传统和'人文日新'精神,学术上倡导'独立之精神,自由之思想'。"从此清华大学精神文化的核心内涵,正式载入《章程》这一办学治校的根本性依据和纲领性文件之中。

清华校训"自强不息,厚德载物"缘起于梁启超先生1914年在学校的一次演讲,他以《周易》的两个象辞"天行健,君子以自强不息","地势坤,君子以厚德载物"激励学子努力成为"真君子",犹如天体的运行刚健不息,奋发图强;又如大地的气势厚实和顺,以博大之襟怀容载万物。梁启超的演讲深深打动了在场师生,后来"自强不息,厚德载物"被铸入校徽,高悬于清华大礼堂的上方,成为师生共同遵守的校训。

校风"行胜于言"是镌刻在大礼堂前草坪南端古典计时器日晷上的铭文,该日晷是庚申级(1920届)毕业生献给母校的纪念品。"行胜于言"既体现了清华人最为可贵的品行——以天下为己任,埋头苦干,务实进取,也体现了清华人的学习和工作作风——理论与实际相结合,勇于实践,不尚空谈。

学风"严谨、勤奋、求实、创新"八个字镌刻在清华大学第三教学楼的外墙3壁上,这是对清华学风的凝练和总结。20世纪80年代初期,清华大学正处于"文革"后拨乱反正、调整、改革、整顿、提高的阶段,学校励精图治,一个迫切的工作就是要恢复和弘扬清华的优良学风。时任副校长李传信同志总结了学校的办学传统,提出"严谨、勤奋、求实、创新"作为清华学风,成为清华人求学、治学的准绳。

"爱国奉献,追求卓越"的传统形成并践行于学校的发展历程之中。清华大学诞生于国家民族蒙耻受辱之际,历经百年沧桑,始终与祖国同甘苦、共患难。在国家革命、建设和改革的各个时期,一代代清华人满怀对祖国的忠诚和对事业的坚韧,表现出义无反顾的献身精神;同时,清华人要做就要做得最好,不随波逐流,不轻言放弃,始终坚持理想、追求完美,努力做出第一等的事业。

"人文日新"是清华精神的重要组成部分。1921年落成的清华大礼堂,南墙正上方悬挂一面1926级学子送给母校的"人文日新"牌匾。"人文日新"有三层含义:其一,自身的文明要与日俱新;其二,通过自身的人文过程促进学业与事业的不断发展和学校建设的日新;其三,要肩负起化民成俗,引领社会,建设国家的责任。

它影响并体现了清华人在求实的基础上,勇于求新、不断创新、终身维新的精神。"独立之精神、自由之思想"是清华师生所推崇的学术品格。这句话出自于国学研究院导师陈寅恪1929年为纪念国学大师王国维离世两周年所撰的纪念碑文上。其主旨是,学者读书治学,需精神独立,思想自由,"以脱心志于俗谛之桎梏,真理因得以发扬",为此,大学要为学者提供宽松的治学环境,尊重学术独立,鼓励自由探索;同时民主治校,尊重教授在治学中的主体作用,体现"学术本位"的管理模式。后来,这种理念被历代清华师生传承和发扬,逐渐成为了清华的传统精神之一。

以上这些在清华历史上积淀下来的优良传统和精神财富,充分体现了清华师生的文化自觉,深刻反映了时代风貌,高度凝聚了大学理想,启迪和陶冶了一代代清华师生,其传递的价值理念与中华民族优秀传统文化和时代精神高度契合,是学校涵育社会主义核心价值观的重要载体和宝贵资源。

二、主要做法和经验

一是深入挖掘大学精神内涵。自1959年成立校史编辑委员会,到后来成立单独建制的校史研究室,学校持续开展校史校情研究,陆续完成《清华大学一百年》《清华大学志》等重要出版物,为不断丰富大学精神文化提供了重要的史料支撑。组织专家编写《自强不息厚德载物——清华大学精神巡礼》《世纪清华人文日新4——清华大学文化研究》等,系统梳理阐发清华精神文化内涵。在"人文社科振兴基金"研究计划中,专门设立学校传统与文化专项研究课题,大力支持以研究传播清华精神文化为宗旨的紫苑学会等学生社团的建设。2013年,以纪念蒋南翔同志诞辰100周年为契机,组织纪念座谈会和9场分专题系列研讨会活动,再版《蒋南翔传》,出版《深切的怀念永恒的记忆——纪念蒋南翔诞辰100周年》,力求深刻领会蒋南翔的教育思想,并在新的办学实践中发扬光大。

二是不断促进大学精神传播。坚持价值塑造、能力培养与知识传授"三位一体",充分发挥课堂教学主渠道作用,将传播清华精神、培育社会主义核心价值观有机融入思想政治理论课、文化素质教育课和专业课程教学中。在学校主楼、清华学堂、图书馆等主要建筑和景点精心规划设置校训碑、校训石等标志性景观,将校训、校风、学风等纳入学校视觉形象设计中,使其固化为大学最鲜明、最具感召力的文化符号。发挥开学、毕业等仪式教育和校史展览的重要作用,常年面向师生开展"校史知识竞赛"、组织"校史讲坛",讲授百年清华历史,领悟清华精神。在校庆活动中体现"文化性",组织"什么是清华精神、怎样弘扬清华精神"的全校大讨论;针对近年来教师来源多样的特点,专门开设面向新入职青年教师的"大学精神与文化"研讨班。在清明节、"九一八"纪念日和烈士纪念日,组织师生在"祖国儿女,清华英烈"纪念碑前敬献鲜花、缅怀先烈,传承光荣革命传统。利用全媒体平台,常年开设"清华史苑"等专栏,使清华精神深入人心。与新闻媒体密切配合,向社会广泛传播清华精神的历史由来、文化底蕴和价值理念。

三是鲜活讲好清华故事。发挥榜样引领作用,多渠道选树宣传优秀师生典型。国家最高科技奖获得者吴良镛先生年逾九旬仍奋斗在教书育人第一线,我国首位爱明诺夫奖获得者施一公教授放弃国外优厚条件全职回国潜心教学科研,在清华做出了超越自己以往成就的世界一流成果,2013 中国大学生年度人物、航天航空学院博士生杨帆罹患脑瘤仍执着学术,发表了 10 多篇高水平国际期刊论文,这些师生们的事迹在校园中广为流传,感动了无数清华师生。注重挖掘杰出校友资源,讲述成功背后的为国奋斗故事。2003 年以来,每次学生毕业典礼都邀请杰出校友来校演讲,校训"自强不息,厚德载物"、校风"行胜于言"成为频度最高的关键词;万余名学生参与百年校庆"千名校友访谈"活动,面对面交流感悟清华传统;创作上演话剧《马兰花开》,展现清华校友邓稼先为祖国核武器事业忘我奋斗的不凡人生,已在校内外、全国各地进行近 30 场的演出,观众总人数超过 4 万人次。一批批爱国奉献、追求卓越的清华人的鲜活事迹,赋予大学精神新的时代元素,构建了社会主义核心价值观立足校园的精神坐标。

四是重在清华精神践行。持续开展师德建设,深入推进人事制度改革、教育教学改革,引导广大教师将践行大学精神落实到本职工作上,倾心育人、潜心治学,瞄准国际学术前沿和国家重大战略需求开展学术攻关,学校人才培养质量不断提高,科研成果连续 4 年获得国家技术发明一等奖。坚持开展"严谨为学、诚信为人"为主题的学风建设活动,大力弘扬学术道德、倡导学术诚信。不断加强和改进学生思想政治教育,将"拥护党、拥护社会主义;服务祖国、服务人民"作为学生思想政治的基本要求。不断完善学生社会实践体系,开展"我的中国梦"主题实践活动,2013 年组织 700 多支支队 8000 余名同学走进西部、农村、社区,寻中国梦、抒爱国情、立报国志。建立立足校园、辐射社区、面向社会的志愿公益服务体系,将每年 5 月定为"志愿文化月",目前全校已有注册紫荆志愿者 2 万余人,总服务时长超 41 万小时。2014 年清华研究生支教团获全国"最美乡村教师支教团体"荣誉称号。

注重发挥美育和体育的迁移价值。长期坚持开展纪念"一二·九"歌咏比赛,并注重将比赛与了解清华历史、学习清华精神相结合,同时大力扶持校园原创艺术活动,开展"高雅艺术进清华"等系列校园文艺活动;倡导与校训意蕴相通的"奋斗到底、绝不放弃"的清华体育精神,引导学生努力做到"体魄与人格并重",成为能"为祖国健康工作 50 年"的中国特色社会主义的合格建设者和可靠接班人。大力倡导"祖国至上、事业为先"的就业观,教育广大学生将践行清华精神落实到人生重要选择上,将个人发展与祖国命运紧密联系起来,迈好走向社会第一步,2014年八成毕业生赴国家重点行业和领域工作。

三、启示与思考

当下,全社会上下都在积极培育和践行社会主义核心价值观。大学作为精神高地,肩负引领社会风气之先的责任,在校的青年学子更是处在价值观形成和确立的关键时期,其价值取向决定着未来整个社会的价值取向,因此在高校培育和践行社会主义核心价值观具有极其重要战略意义。习近平总书记强调,要使核心价值观的影响像空气一样无所不在、无时不有。大学精神正具有潜移默化、深远持久的育人效果,要进一步探索大学精神与社会主义核心价值观教育的有机契合点,创新工作载体,加强校史、校情教育,开展丰富多彩的校园文化活动,广泛宣传新时期优秀清华人的先进事迹和精神品质,与时俱进传承和发展大学精神,让广大师生对大学 6 精神内涵有清晰认识,进而增强对社会主义核心价值观的归属感、认同感,做到身体力行、知行合一,毕业进入社会后,将大学精神辐射到生活和工作的各个领域,自觉做社会主义核心价值观的践行者、传播者。

今天,以"自强不息,厚德载物"校训为代表的清华精神已成为清华不竭的力量源泉,我们要倍加珍惜这一宝贵财富,不断传承发展学校文化,坚持"世界一流,中国特色,清华风格"的发展道路,将培育和践行社会主义核心价值观融入教育教学全过程,鼓舞激励广大清华人自觉投身于实现中国梦的历史洪流之中,做出更大的无愧于时代的业绩。

2014 年 11 月 4 日

大学文化的类型学研究述评

清华大学　王晓阳

对事物进行分类是为了降低事物的复杂性,使得对事物的认识变得容易把握一些。例如卡内基高等教育分类,把美国 4000 多所高校分成若干类,这样便于大致了解某所高校处于哪一类,是什么性质。同样,由于大学文化是一种十分复杂的文化现象,如果依据一些标准对大学文化进行分类,自然有助于逐步澄清对大学文化的认识。

以下我们回顾伯顿克拉克对于四种学术信念(文化)类型的概括,以及罗伯特·伯恩鲍姆论述的大学运行模式的四种类型与大学文化的关系。

一、伯顿克拉克论学术信念的基本类型

根据词典的解释,信念是一种确定的感觉,感到某种事物的存在、真实或美好。马克斯·韦伯认为:"信念的作用如同扳道工,有助于确定由利益所推动的活动的路线。①"伯顿克拉克指出,"要理解外部事件和内部运行之间的关系,就要了解由于信念的介入而使外部事件具有特定的方式和相关性的方式。②"

伯顿克拉克在其 1983 年出版的代表作《高等教育系统》的第三章中,集中讨论了四种学术信念(文化)类型,即:学科文化(The culture of discipline)、院校文化(The culture of enterprise)、学术专业文化(The culture of the profession)、高等教育系统文化(The culture of the system)等。

---

① 田虎伟. 记高等教育的学科理念[J]. 大连理工大学学报,2008,29(3)。
② 刘庚. 信念与信仰之间关系的心理学辨析[J]. 前沿,2008(9):137 – 138.

1. 学科文化。所谓学科,是指各种知识分支。伯顿克拉克认为,高等教育系统的学术活动是围绕着学科划分和组合及根据院校的划分和组合来进行的。依据独特的理智任务,各门学科都有一种知识传统,即思想范畴和相应的行为准则。例如我们可分辨出文学家的豪放和数学家的优雅、精确;物理学家更关心现实;人文社会科学的理论、方法的不统一,更易受到外部政治观点或世界观的影响,比起数理化来,也相对更开放。此外,还有医学院文化、法学院文化、工学院文化等等。这些差别是由学科的基本性质决定的。每门学科都垄断了一定的知识,各门学科的组织体系都标定了其特定的问题域和认识域,从而使学科成为联系专家、学者的纽带,学者正是以"学者共同体"的身份参与其中,从而实现了专门化。在各自独特的领域里,学者们分享有关理论、方法论、技术和问题的信念。

2. 院校文化。所谓院校文化,是指一所院校强烈而统一的自我信念,以及共同的象征物的意义,而这往往是历史斗争的结果。对院校价值的信念可以帮助院校度过困难时期。院校文化与组织的规模、组织的整合程度、组织的年龄、组织环境的竞争程度等有关。规模越小,整合程度越高,年龄越长,环境的竞争压力越大,院校文化强度越强、特色也可能越明显。成熟的院校文化也会带来一些危险和误区:院校分化而狭隘的使命,可能使院校丧失适应性;院校及其成员的自爱、故步自封可能使院校反应僵化;公立院校千校一面;系科结构的各自为政导致文化的各自为政等等。

3. 学术专业文化。学术专业包括从事学术活动的人,包括所有学者组成的共同体。虽然学者们有各自的学科,但他们也拥有一些共同的信念。学术专业信条的核心是自由观念(freedom)。涂尔干认为学术专业"把理性自主作为主要的教义;把自由探索学说作为主要的习俗"。"任何地方的专业文化都贬低所有的外部控制,强调个人自主和学院自治"。同时,"专业文化描绘了利他主义的使命,把创造知识、传递文化遗产和训练青年以发挥他们的最大潜力作为服务社会的高级形式"。

4. 高等教育系统文化。高等教育系统文化从各国之间比较能够看出其特色和差异。从高等教育系统人才培养组成要素来看,包括什么人可以入学,训练应当达到何种专门化程度,高等教育(毕业生)与什么职业相联系,高等教育是否应当以研究为中心等。也就是入学信念(The access belief)、专业信念(The speciali-

zation belief)、就业信念(The employment belief)、研究信念(The research belief)等,各国在这些方面存在很大的差异。例如普遍性入学(美国)选择性入学(英国),强调本科生涉及广泛的领域(美)或者专业领域(德国),就业面向政府(英国、法国)或者面向企业(美国、日本),研究与教学应当结合(德国、美国)或者应当分离(法国、俄罗斯)等。

以上四种文化中,学科文化、院校文化是比较微观一些的大学文化,而学术专业文化、高等教育系统文化,则是相对比较宏观一些的大学文化。我们一般讲的广义的大学文化,可以说涵盖以上四种类型文化。而比较狭义的大学组织文化,则相当于其中的院校文化。我们大家在研究大学文化时,应当清醒认识自己是指的其中哪种类型文化,如果说包括所有四种文化,则会太笼统。如果一会指学术专业文化,一会指院校文化,或其他两类文化,则会犯偷换概念的毛病。我们有些学者认为,大学文化的核心价值观是学术自由,而这个问题是实践问题,不是理论问题,因此在当前没有进一步研究的价值。但对比上述四种大学文化类型,笔者以为,学术自由只是学术专业文化的核心价值,因此且不论学术专业文化是否应该开展研究(笔者以为仍然应该研究,而且正因为实践中自由度不够,可能更应该研究),至少可以对其他三种类型大学文化开展研究。

二、罗伯特·伯恩鲍姆论述大学运行模式的四种类型

美国高等教育学家罗伯特·伯恩鲍姆(Robert Birnbaum)在其名著《大学运行模式》中对大学组织运行模式划分了四种类型:学院共同体模式(The collegial institution)、科层体制模式(bureaucratic institution)、权力资源竞争模式(political institution)、无秩序模式(anarchical institution)。

1. 学院共同体模式:在平等的社团中共同分享权力、拥有共同的价值观维持学院组织的共同体感受,需要其成员在诸如组织的一般目标、对集体的忠诚以及对学校特性的认同等问题上,有共同的情感和价值观,而无须书面文件做出硬性规定。

学院如果保持一种真正的共同体模式,必须具备一个重要的条件,这就是其规模应当比较小。伯恩鲍姆所设想的体现这种运行模式的是一所在校生人数为1150人的文理学院–赫里蒂奇学院。共同的背景,不断的相互影响和悠久的传统,形成了一种强大的充满凝聚力的学校文化,其表现形式包括各种不同的象征、礼仪和神话,例如茶会。规模的扩大和人员数量的增加必将导致分工,而分工将会造成成员之间相互沟通和相互作用机会的减少。

学院共同体不把等级结构看得很重,成员之间的互动都是非正式的。学院奉行平等和民主,管理人员和教学人员平等地看待对方。学院的决策基本上都是根据教师和管理人员达成的一致意见做出的,而不是通过行政命令做出的。

领导人不是任命的,而是通过选举产生的。尽管教师都希望院长能对学院所出现的一般问题做出决策,但是他们仍然只把他看作是代理人,而不是独立的行动者。领导人的存在会削弱其他各个成员个人的自主权,但是,院长的活动也包括了为团体提高声望和提供资源。他依靠专长(Expert)和威望(Referent)权力发挥自己的影响,奖励权和强制权是没有市场的,依靠法定权力就等于承认了自己的虚弱。他的领导是以相互影响为基础的,影响其他人的能力也必然依赖于他是否愿意接受其他人的影响。

2. 科层体制模式:使结构和决策合理化

一般来说,组织规模越大,组织最高领导和普通成员之间的职位层级就越多。随着组织的发展,子单位的数量就会增加,这些子单位日益专门化,管理结构也变得更为复杂。这种"通过系统地协调许多个体的工作以实现大面积的管理任务而设计的组织类型"被称为科层组织。伯恩鲍姆所设想的体现这种运行模式的是一所在校生人数为5700人的大众社区学院。

科层组织依据其组织层级的多少,称为"高耸型组织""扁平型组织"。高等教育组织一般都比规模相当的企业组织较为扁平。在较少层级的组织中,信息沟通较少出现失真现象。学院的结构对于各办公室之间如何相互作用和相互影响具有重要意义。在组织层次图中所处位置接近的人比那些相隔较远的人相互之间更可能发生相互作用。

科层组织的主要特征是照章办事,因此会显得不近人情。此外,还可能有等级森严、低效、僵化、浪费等缺点。一种组织结构会给组织带来某些好处,但是同时也使组织难以获得其他好处。因此,不存在一种十全十美的组织结构。在科层组织中,人们考虑问题时,有意识地把手段与结果、资源与目标,以及动机与活动联系起来考虑。理性是指在规定的限制范围内做出一致的、能够最大限度地实现某种价值的选择。管理人员提升的依据是工作绩效、技能,不是出身,不是个性特征或其他品质。官僚们都是由更内行的上级委任,而不是通过选举产生。

每个办公室的职责功能都体现在规章制度中,管理人员相互之间只能根据其职责而不是其个性采取行动。制度是科层组织协调其各种活动并保证各个办公室活动具有可接受的预测性的一种手段。书面规章制度看起来妨碍了师生的利益,但它的存在事实上也有限制管理人员的随意性的辅助功能。保证不受多变性的影响。马克斯韦伯指出,"单纯的科层组织是人类实行强制性控制的最合理的手段。其准确性、稳定性、纪律的严肃性以及可靠性等方面都要优于其他各种类型的组织"。

3. 权力资源竞争模式

在这种模式中,权力既非源自于习惯,也非源自制度,而是通过谈判获得。资源不再完全由少数几个管理人员控制,决策权也已经分散、下放。由于中央集权遭到削弱,所以人们对最佳目标的一致认同也已不复存在。组织被肢解成一个个特殊利益团体。各种各样、彼此利益相左的团体阻碍具有渗透性或一致性的组织文化的形成。伯恩鲍姆所设想的体现这种运行模式的是一所在校生人数为13500人的维吉勒州立大学。

这种模式中,内部组织存在不稳定性、不一致性以及相互冲突的特点。许多个人和团体有时完全自行其是,有时又保持一种相互依赖的关系。任何团体的权力都在一定程度上取决于它对社区所做贡献的价值以及社区从其他途径获得这种贡献的难度。

子团体都希望通过施加影响使自己的愿望在经费、声望、影响力等资源的分配中得到反映。有些团体比较强大,权力也较大,但是没有哪一个团体能够有足够的实力永远支配其他团体。那些希望获得某些结果的团体必须花时间建立自己的地位,与此同时,其地位还必须得到其他团体的支持。

从根本上说,资源分配决策是一个政治问题,它要决定的是谁能够得到什么以及什么时候、以什么方式得到。在一个民主、多元的组织中,政治手段是解决这类争端的恰当方法。该模式的一个主要优点就是:即使缺乏明确的目标,它们也能够使决策出台。另外一个重要优点是,其低效率有助于保持学校的稳定。其缺点则有:有些团体把信息看成是权力的一个来源,并试图通过控制信息达到自己的目的。权力资源竞争的组织系统是没有什么责任感的。此外,权力资源竞争的组织系统的联盟往往无视保护弱者的问题。

4. 无秩序模式:探寻由自主行为者组成的团体的意义

在这种模式中,组织环境中存在难以数计的要素,也难以确定这些要素中哪些是最重要的。因此,学校的管理过程在很大程度上是受直觉、愚蠢的先例和迟钝的反应支配。那种被用来描绘人人都能随心所欲的系统组织模式,被称为"有组织的无政府模式"(Organized Anarchy)。伯恩鲍姆所设想的体现这种运行模式的是一所在校生人数为 27500 人、排名全美前 25 位的研究型大学 – 弗莱西普大学。

无秩序模式表现出三大特征:目标的或然性、技术的不明确性和参与人员的流动性。这种模式的机构有其自身的组织,它由结构、职责和规章制度等要素构成,组织的地位与其影响相互关联。指导人们注意力的信息传输和沟通有其标准的程序,并且许多决策都是按照规定的程序做出。此外,学校拥有一套自己的文化,学校文化存在于一个更大的环境中——受到以教师的专业和专长权力为基础的国家英才教育标准的支配。

无秩序模式的动力不是来自蕴涵丰富的理性,而是来自许多个体和组织的子团体的自主活动。这些活动包括个体和子团体对所认识到的自身利益或对市场压力所做出的反应。每一个人所能够认识的都只是环境的一小部分,并且只能对所认识到的要素中的有限部分给予关注。

伯恩鲍姆指出,模式是现实的抽象化,模式如果十分完善,将有助于我们认识(有时预测)它所代表的能动系统的某些方面。但是,没有哪一种模式能够完全反映一个复杂的系统如学院或大学的运行规律。不存在任何时候都能阐明一切学校各个方面特征的模式,每一种模式都只能在一定的时候描述每一所学校某些方面的特征。

也就是说,这四种模式只能是抽象概括出来的理想类型。现实中的高校不可能完全属于某种类型。从大学文化的观点看,无疑只有学院共同体模式具有最强健的学校文化;而科层模式下面,会呈现出稳定、理性、效率、公正、奖优罚劣等看似很好的价值的弘扬,但这种模式下学术权力得不到彰显,不符合学术发展的要求,并且不能适应组织环境的变化。资源与权力竞争模式下面,各院系只关注小团体利益,罔顾学校整体利益,无疑不利于学校整体文化的形成和维持。无秩序模式下,个体和组织的子团体充分发挥自主性,但组织整体目标模糊,也不利于整体学校文化身份的形成,但学术专业文化、学科文化在这种组织模式下的学校中还是会十分强劲的。

三、初步结论

从以上有关大学文化类型学两种经典研究的回顾中我们可以得到关于大学文化的以下初步结论:

1. 大学文化有宏观、微观等多种类型或形态。比较宏观的类型或形态有学术专业文化、高等教育系统文化;比较微观的形态有院校文化、学科文化。我们的研究应当尽可能明确自己针对的是哪种类型的文化。

2. 从大学组织文化或院校文化的角度来看,院校历史越久,规模越小,经历历史斗争越坎坷,文化积淀会越深厚、越强健。相反,新建院校、规模巨大,历史中没有经历太多坎坷,院校文化的深度、强度、内在一致性程度都可能比较欠缺。

3. 相对比较民主、平等的学术共同体文化是符合学术组织特征要求的比较传统的和理想的大学组织文化类型。而"有组织的无政府"模式或"无秩序模式"则是符合巨型大学、特别是多元化巨型研究型大学实际状况的一种模式,虽然院校文化的一致性和强度有所削弱,但并不妨碍而正好是保护了其强健的学术文化和学科文化。

4. 科层模式在研究型学术组织往往会显得格格不入,因为这种模式追求的合理性不尽符合研究型组织的实际。研究型组织往往表现出目标的模糊性(例如很难对某个院系完成某个科研攻关目标给予确定的期限要求)、技术手段的不确定性,因此要求学术自由权力,这与科层模式的目标手段的一致性要求会产生根本性的矛盾冲突。这也是我国高校为什么要强调纠正过度行政化的弊端的重要原因。

"兴学强国"精神:中国现代大学精神的元始

——对于中国现代大学精神起源的探究

天津大学　王　杰

摘　要:中国的现代大学自清末以来走过了百年的发展道路,既表现出与传统教育的断裂,又与西方大学有很大的差异性,但是他又具有适应中国社会环境的生命力,在这种特殊的表象背后,左右其发展的是隐含在表现之内的元始精神的强大内在作用。与中国现代大学的创建同时诞生的元始精神是"兴学强国"精神,这是影响中国大学百年发展走势的根本原因。

关键词:中国现代大学;兴学强国;精神;起源;探究

近年来,许多学者尝试从文化的视角探析中国现代大学发展道路的特殊性。1. 有的学者从"模式的转换与文化的冲突"提出"'中体西用'观框架下的中国大学无法向现代转型的瓶颈"是"在观念层面,由于受'忠君''尊孔'思想的禁锢,'学术本位''大学自治''学术自由'等西方大学的经典理念,一直未能进入其办学视野。"2. 有的学者则提出多理念说:"中国现代的高等教育系受深重的国难与国耻的刺激而兴起,其所具有的第一个中心理念便是'培养救国的高级实用人才'"。3."'救国实用'的理念影响虽然深刻,流弊却也无穷。若非蔡元培先生于民国六年入主北大,郑重提出中国现代大学理念的第二个原型——以'研究高深的学问、纯粹的学理'为大学唯一的目标,则中国现代大学乃至文化的发展,恐怕都将变成极为现实而低俗"4. 以上观点以西方现代大学理念为标准来判断中国现代大学理念,其寻找的原因和判断的结论是否恰当,值得商榷。

一、断裂和新生:"兴学强国"精神的历史成因

中国的现代大学不以西方大学"科学理性"和"学术自由"作为精神追求,却树立"兴学强国"精神作为自己的精神元始,有着自己的历史渊源和特点。

教育学家潘懋元指出:"中国高等教育的近代化是一种'后发外生型'的近代化",这就是说,中国高等教育不是由中国封建教育继承、演进而来的,而是晚于(后发)西方高等教育,借鉴(外生型)西方高等教育经验而建立的。中国现代大学与古代大学之间表现出一种断裂的态势。但是,他却是"具有典型民族特征、符合中国文化土壤与实际需要的'中国特色'的教育"。潘懋元先生的深刻分析不但适用于中国的高等教育,同样也适用于中国的大学精神。

大学文化学者王冀生在《大学文化哲学》一书中提出:中国封建教育的核心是"人文化成"。中国古代教育的功能观首先表现为对人的影响,注重教育对于人的道德品质和文化素养的作用,这一点在汉朝举行殿试之前尤为突出。汉朝之后,随着学校教育与科举制度的紧密捆绑,对于学校教育的社会功能认识逐步深化,将"教化"与"治国"的社会功能结合在一起,康熙皇帝在《学校论》中提出:"治天下者,莫亟于正民心,厚风俗,其道在尚教化以先之。学校者,教化所从出,将以纳民于轨物者也。……教化者为治之本,学校者教化之原"。封建社会学校教育贯彻的是"人文化成"精神,其作用是"治"民。

清末,中国传统教育走向虚空,在西方"坚船利炮"面前表现出苍白无用。清政府几次将书院改学堂,放弃八股文提倡"经世致用"学问的变革都不成功。这证明中国传统教育不适应突变的社会转型,中国传统教育也变革不出新的教育形态。

确立适合中国社会需要的新的教育形态,是在中国近代的三次民族危机之后,经过近50年的时间,中国现代大学建立,"兴学强国"精神出现,这反映出中国知识分子和整个民族逐步觉醒的过程。

"第一次鸦片战争"之后,中华民族体会到来自西方的压迫,少数"睁眼看世界"的知识分子开始向西方探求强国的原因,林则徐、魏源将目光投向"夷之长技",看到工业发展带来的成功,对于学习西方有了器物层面的认识,但是,并没有认识到西方现代教育的作用。

第二次鸦片战争之后,王韬、李圭、薛福成通过长时间的考察欧美,进一步看到了"长技"背后的现代教育的作用,"学校之盛有如今日,此西洋诸国所以勃兴之根本"。洋务运动首领恭亲王奕䜣称:"夫中国之宜谋自强,至今日而已亟矣。识时务者,莫不以采西学、制洋器为自强之道。……设立艺局,选少年颖悟子弟,延聘洋人,教以语言、文字、算法、画法,以为将来制造轮船、机器之本。由此以观,是西学之不可不急为肄习也,固非臣等数人之私见矣。①"张之洞在《劝学篇·序》里说"世运之明晦、人才之盛衰,其表在政,其里在学。"开始认识到现代学校教育的功能,看到其与"谋自强"的相互关联。洋务派开始放弃对于旧学堂的改造,转而兴办"西文""西艺"的新式学校。随着洋务学校的建立,中国现代教育开始奠基。

直到1894年中日甲午战争失败,台湾被割让,国家危难、民族危亡,它不仅使中国的统治阶层和知识分子震惊和醒悟,更重要的是它"是中国近代民族觉醒的新起点",举国上下才有了强烈的"兴学强国"的诉求。教育家严复提出了著名的"西学救亡"论,提出"以中国民品之劣,民智之卑,即有改革,害于除于甲将现于乙,泯于丙者将发于丁。为今之计,惟急从教育上着手,庶几逐渐更新乎?",主张推行西式教育以救国。当时影响朝政的两派主要势力洋务派和维新派也都认为中国救亡之道应从改良教育入手。1895年5月,维新派代表康有为等人"公车上书"主张"废科举,兴学校",指出"泰西之强,由于人才,人才出于学校,欲任天下之事,开中国之新世界,莫亟于教育。"郑观应则深入分析了洋务运动以来的教育,深刻指出:"广方言馆、同文馆虽罗致英才,聘请教习,要亦不过只学语言文字,若天文、舆地、算学、化学只不过粗习皮毛而已。何得有杰出之士,成非常之人耶?"提议必须建立能够"强国"的新式教育。

在朝野共识的基础之上,站在承办洋务第一线的实践者盛宣怀,深入分析了日本的成功经验指出:"日本维新以来,提照西法,广开学堂书院,不特陆军海军将弁皆取材于学堂,即今日之外部出使诸员,亦皆取材于律例科矣,制造枪炮、采矿造路诸工亦皆取材于机器工程科、地学和化学矣,仅十余年,灿然大备②",而"中国智能之士,何地蔑有,但选将才于铸人广众之中,拔使才于诗文贴括之内,至于

---

① 吴洪成. 中国近代职业教育制度史研究[M]. 北京:知识产权出版社,2012.
② 张伶俐. 中国近代高等教育模式的演变[D]. 湘潭大学2006年硕士学位论文.

制造工艺皆取材于不通文理不解测算之匠徒,而欲与各国絜长较短,断乎不能①。"他在比较后深刻指出"自强首在储才,储才必先兴学"。他提议:"职道之愚,当赶紧设立头等二等学堂各一所,为继起者规式","头等学堂……此外国所谓大学堂也。"这个"大学堂"就是能够担当"兴学强国"使命的新式教育。

北洋大学是按照西方模式开办的大学,但是他的精神起点却是民族的、时代的。

"兴学强国"表达了自甲午战争失败、《马关条约》签订,中华民族处于历史谷底后奋发图强的内在精神。他虽然起源于我国第一所大学,但不是一所大学的个别属有,而是中国高等教育、中华民族的共同精神。自精神元始,延续、演进了百余年。我们在研究中国大学的文化精神时,不能够忽视和无视他对于中国高等教育的影响。相反,应该深刻的认识其影响的广度和深度,作为认识中国大学精神特色的一个切入点。

二、共识和践行——"兴学强国"精神的发展演进

今天,中国的大学文化丰富多彩,既"兼容并包"了西方大学文化的元素,又继承了中国传统教育"人文化成"思想,而且具有时代特点,但其精神元始是"兴学强国"。

查找关于文化一词的定义,我们可以理解文化与精神的关系。1982年我国出版的《简明社会科学词典》把文化界定为"人类在社会发展过程中所创造的物质财富和精神财富的总和"。据此,可以理解为:文化是人类的创造;文化创造于社会发展的过程中;文化是物质的,也是精神的;精神是人类在社会发展过程中所创造的财富之一。通过对于词条的解析,对照中国现代大学和大学精神我们可以理解为:中国现代大学文化是中国民众在百余年的办学实践中创造的大学(物质形态)和大学精神的总和。中国现代大学精神是中国民众在中国近代社会发展过程中所创造的财富。因此,要了解中国的现代大学、中国的现代大学精神,必须从中国现代大学建立的社会实践中去进行分析,寻找答案。

---

① 张伶俐. 中国近代高等教育模式的演变[D]. 湘潭大学2006年硕士学位论文.

1."兴学强国"精神：中国现代大学初创时期共同的精神诉求。

"兴学强国"精神是社会需要和实践的产物。它虽然由盛宣怀提出，由北洋大学开始，但他是中国大学初创时期高校的共同精神认同。

1895年10月，盛宣怀在创立中国第一所现代大学——北洋大学堂时提出"自强之道，以作育人才为本。求才之道，以设立学堂为先"的"兴学强国"的大学精神。

1898年管学大臣张百熙在《拟设京师大学堂的奏折》中提到"为富强致治之规，朝廷以更新故而求之人才，以求人才之故而本之学校"，也表明兴学乃强国之基础的观点。

1901年山东巡抚袁世凯奏办山东大学堂（山东大学前身），在其奏折中提出："臣伏维国势之强弱，视乎人才，人才之盛衰，源于学校。诚以人才者，立国之本，而学校者，又人才所从出之途也。以今日世变之殷，时艰之亟，将欲得人以佐治，必须兴学以培才"。浙江巡抚任道镕在申请开办浙江求是大学堂（浙江大学前身）的奏折中写道："伏维国势之强弱在乎人才，人才之兴替视乎学术。古昔盛时，州序党庠，莫不以学为重。近日中西各国，亦务广建学舍，以励群才。盖非预储于平时，必难收效于异日。方今急务，莫先于此。"虽各个大学堂的表述词语不同，但是所要表示的办学理念与北洋大学堂"兴学强国"精神是一致的。兴学强国精神是中国现代大学初创时期的共同精神诉求，是中国现代大学精神的元始起点。

2."兴学强国"精神：中国大学百年道路探索的精神根基。

兴学强国精神是中国现代大学精神的元始，从这点出发，中国大学进行了百年探索，探索的内容非常丰富，如学习日本的办学体制，学习德国的办学模式，学习法国的大学区制，学习苏联的专业设置和教学方法和学习美国的现代大学经验，等等。无论怎样学习和学习哪个国家的经验，归根结底是为发展我国的高等教育服务，是为国家富强、民族振兴服务，究其原点还是"兴学强国"。追求"兴学"以"强国"是中国现代大学不断进步发展的价值导向和精神动力，是中国大学百年道路探索的精神根基，而且通过百年的实践养成为中国大学的风骨。

3."兴学强国"精神：是现代大学精神不断拓展与存续的重要动力。

所谓精神是指人的内心世界现象，包括思维、意志、情感等有意识的方面，也包括其他心理活动和无意识的方面。"精神"具有更为显著的发散性与外生力。

"兴学强国"精神作为对民族、社会、国家的一种使命感,它不仅是现代大学精神的核心诉求之一,还是现代大学精神不断拓展与存续的重要动力,承担起不断从精神层面推动大学发展的使命。北大的"爱国、进步、民主"体现了爱国主义精神,对学术自由,学术自治的尊重。北大的爱国主义是兴学强国精神在新形势下的时代表征,"爱国"与"兴学强国"在本质和内涵上是一致的。清华大学校训"厚德载物,自强不息"来自《易经》,体现了中华传统文化的精髓,是海纳百川,自强爱国的优秀民族文化,是兴学强国在新时期内涵的深化和发展。兴学强国精神是中国现代大学的使命,在这一使命的驱动下,大学精神,随着时代的发展和社会的需要,不断被赋予新的内涵,大学精神吸收实践和发展着的新思想、新知识以及优秀成分和要素到自身之内,使其不断更新、升华,与新的时代精神并存共进。兴学强国精神与求真、包容、自由、批判等共同构成了大学精神的核心诉求,它在高等教育与社会的联系日益紧密的背景下,推动着大学精神的持续传承与不断萌发,乃至于对社会发展的影响。

中国的大学实实在在地存在了一百和民族的追求相一致。

三、坚守和创新——"兴学强国"精神的民族本质

1. 兴学强国精神是民族精神历史性与时代性的统一。

国外学者亚伯拉罕·弗莱克斯纳认为,"大学是时代的表现多年,而且走出了一条不断上升的曲线。这条曲线既表现为与传统教育的断裂又不与现代西方大学重合,而且具有"接地气"的旺盛生命力,其根本原因是它与中国社会的发展紧密联系,他的精神追求与国家,是对现在和未来都会产生影响的一种力量;大学精神是一种与政治和社会保持一定距离、同时又密切关注其演变趋势的探索精神。"

甲午之战后,面临着亡国灭种的危机,为了"救亡图存",中国现代大学应时代的强烈呼唤,以兴学强国为使命诞生。"兴学"主要是学习西方科学技术,"强国"就是使国家强大能够抵御外侵。这与当时国家和民族的诉求是一致的。"兴学强国"是在中国急速向半封建半殖民地转化的过程中产生的,把民族精神和时代的发展需要结合起来,体现了民族精神的历史性与时代性的统一。

"兴学强国"精神随着时代的发展进步而不断丰富和发展,并在民族传统精神与时代精神的衔接和融合之中形成了与时俱进的品质。从"兴学强国"开始,抗战

中的"教育救国",新中国成立后的"教育建国",改革开放后的"科教兴国",体现了大学精神吸纳每一历史阶段、历史时期的时代精神的精华,并形成自己新的内涵和在新时代的进步和追求。

2."兴学强国"精神确定了中国现代大学和国家的关系,与西方大学和国家关系有所区别。

欧洲大学成立之初,"大学自治、学术自由"是其核心理念,因此大学制度所体现的文化本质也是"自治"而非"国治"。西方大学教育的最终目的与国家意志是一致的,"就总体而言,国家决不能要求大学直接地和完全地为国家服务;而应当坚信,只要大学达到了自己的最终目标,它就实现了,而且是在更高层次上实现了国家的目标。①"欧美国家的大学制度反映了一种契约原则,协调了国家意志,组织意志和个体意志之间的利益关系。

王冀生先生认为"从本质上说大学是一种与社会的经济和政治机构鼎足而立的功能独特的文化机构。②"我国大学作为一种社会独立机构,在社会发展中始终承担着"独特"的功能。"兴学强国"也是中国现代大学功能的体现。我国第一所现代大学北洋大学为改变民族危亡的命运承载着"兴学强国"的使命而创建,建立之初就确定了大学的目的是为强盛国家而立。1898 年 6 月 11 日,光绪颁布《明定国是诏》,除了正式宣布推行新政外,还下达了第一项新政改革措施就是举办京师大学堂,京师大学堂被定性为国家最高教育管理机构及全国最高学府,体现了国家对于教育的管理权。从北洋大学堂创建的过程和京师大学堂被赋予的教育管理权来看,从国家对于大学的控制以及建立大学必须先由国家进行制度审批等做法得知,我国大学建立之初就是为国家服务的并受国家所管治的,这决定了中国大学与国家的关系是从属关系而非契约关系。

3."兴学强国"精神是我们分析中国大学精神的认识论源头与实践论归宿。

正如梅贻琦先生所言:"今日中国之大学教育,溯其源流,实自西洋移植而来,顾制度一事,而精神又一事。③"以兴学强国精神作为中国现代大学精神的元始,

---

① 陶东风. 拒绝有技术的野蛮人——致大学新生[J]. 民主与科学,2016(9).
② 刘牙明,侯凤萍. 记如何加强大学文化建设、培育社会主义新人[J]. 北京机械工业学院学报,2007,22(1).
③ 李立国. "以天下为己任"的教育传统与大学精神[N]. 光明日报,2017 - 1 - 17.

始终感召着中国的大学和大学人为民族的复兴和国家的崛起而求索,"兴学强国"精神存在着与大学的本质紧密相连的精神诉求。自高等教育在中国出现以来,尽管我们的大学经历了抗日战争期间的被迫迁徙、新中国成立初期向大三线的战略性转移、1951 年之后的院系多次调整,甚至于"文化大革命"的浩劫,但我们的大学却始终爱国心不散、凝聚力不减、求真欲不失,究其原因是兴学强国精神不断地感召着一代又一代的大学人在自身的坚忍之中,真实地担负起大学振兴中华、兴学强国的社会使命。

中国大学的兴学强国精神的强大生命力,在于它能根据时代的变化和民族的实践发展而发展,不断的自我充实、不断地向时代精神转化,以时代精神作为自己的变现形式。"兴学强国"是中国现代大学奠基性精神,其后的大学都在实践"兴学强国"精神不断发展进步。因此,研究中国现代大学精神和实践,必须从"兴学强国"这个精神元始切入,以此为主线,而不是按照西方大学精神去解读。

4. 兴学强国精神与中国梦的时代追求。

党的十八大报告中习近平总书记提出了"中国梦",他强调实现中华民族伟大复兴是中国最伟大的梦想。这个梦想凝聚了百年来几代中国人的共同凤愿,体现了中华民族和中国人民的整体利益。"中国梦"就是强国梦,强国思想是近代民族思想的主线。"落后就要挨打,发展才能自强。"170 多年前,洋务运动的"自强""求富"口号,道出了当时备受屈辱和压迫的中国人要强国富国的强国梦,120 年前甲午战败宣告了洋务运动的失败,中华民族提出了"兴学强国"的追求,今天我们又提出了伟大民族复兴的中国梦,这是"兴学强国"精神的时代升华和丰富,中国的大学再一次高举"兴学强国"的精神旗帜,面对全球化的发展机遇,努力建设世界一流水平的高等教育,使中国的高等教育在世界前沿有一席之地,为实现"中国梦"做出新的贡献。

民国学人的物质生活和文化生产

——以老清华为例(1925—1937)

清华大学 刘 超

众所周知,教育学术工作既在一定程度上有上层建筑的因素,又与经济基础密切相关。作为教育学术机构的高等院校,自然也与经济基础和上层建筑紧密相连。作为知识精英最密切的机构,其复杂性不言而喻。在整个社会系统中,这样的机构自然具有广泛的联系性和牵涉面。而就高校自身的内部体系来看,也有着复杂的构成,其文化系统中既有外围层次的物质文化,也有核心层的精神文化,同时亦有处于中间层的制度文化。尤其是在现代巨型大学中,这一问题显得更为复杂。

民国时期的大学虽然普遍规模较小,但其基本架构与二战后的"巨型大学"并无本质差异。麻雀虽小,五脏俱全。我们仅以抗战前的清华大学为例,对此进行一个具体的个案研究。

一、经济待遇:教学科研的基础条件

谈及清华学人的物质生活,首先需关注的是其收入水平。在 20 世纪 20 年代前期,清华学校教师月薪分三等,外籍教授一般为 250—500 圆,留过洋的中国教授200—400 圆,未留洋的中国教授 100—200 圆;工人月薪 7—9 圆(其每月伙食为 3 圆),技工最高也不过十几圆。——而当时北平的生活水准如何呢? 有资料表明,此间北京"四口之家,每月 12 圆伙食费,足可维持小康生活。"1920 年代初,当地 4 - 5 口人的劳动家庭每年伙食不过 132.4 圆。同为中国教授,梁启超 1925 年

到清华执教后,也感叹:清华生活成本低廉,"薪水还用不完"。

　　而此时美国的消费水平如何呢?据查,1914年在美国东海岸留学的赵元任,每月获得清华奖学金60美金,他必须花费其中大部分才能维持单身大学生的基本生活;1922年7月,闻一多赴芝加哥美术学院求学,此后,他月得清华奖学金80美金(此时1美金可兑银圆1.3圆)。芝加哥的消费在美国并非最高,但他一个大学生靠这笔奖学金大抵只能勉维生计,并不感到宽裕。从这可估算,美国一般大城市的四口之家,每月基本的衣食住行开销至少也在200美元上下。以一般美国名校教授的月薪,要在这样的大城市中维持四口之家,无论如何也不会特别宽裕。而当时国立北大的教授,每月薪资平均也有300圆(最低200圆左右,最高可达400圆),足可以让四五口之家过上极为优越的上等生活。一个教授几年的积蓄,也足够维持一个学子在美国常春藤名校的几年留学生活。准此,这一时期,清华园中的美国教授生活非常优越,远胜于其在美国的生活水准,也远胜于其在美国同行的生活品质。

　　1928年南京政府成立后,整顿全国教育界,之后随着教育经费的增长,教授的待遇进一步提高。整个1930年代中前期,一般大学教授的每月固定的基本薪资的300—400元(此外另有其他收入)。——而那时美国教授的收入水平如何呢?1933年,爱因斯坦主动与柏林断绝关系后,开始与普林斯顿高等研究院接洽赴美事宜,他提出的年薪是3000美金,这也差不多正是在当地一年的生活费。最后,几经"讨价还价",爱因斯坦接受了对方支付年薪1.6万美金的条件。当时,美国各地各类高校的教授薪资水平虽颇有差异,但在一般名校,普通教授的月薪最多不过是300多元。按照货币购买力平价算,仅仅相当于中国的二三百元国币。因此,其生活质量,绝不可能明显高于中国一般国立大学的教授。

　　所谓生活质量,无非是吃、穿、住、用、行等几个大项。当时美国一般家庭住的是大房子,开的是小轿车,因此,在住和行方面,美国教授显然要强于一般中国教授。但在吃穿用方面,未必有显著差距。更重要的是,美国的私家车自1890年代便开始进入寻常百姓家,此时早已大众化,私家车只不过是生活的必需品,绝不是奢侈品。这种所谓"有车有房"的生活,无非是极为大众化的普通中产阶层的生活,在美国的主流社会中并不算特别显眼出众,更与上流社会或高层精英大有差距。大部分从中国出去的华人学者,在美国所过的日子也与此大同小异。这样的生活,尚属殷实,但绝对算不上是"极为优越的生活"。

而中国的大学教授们(多为留学归国人员),以他正常的收入在中国就完全可以享受健康的饮食,而且有归属感,其生活质量较之美国一般的中产阶级并不逊色。更重要的还在于,一般教授、特别是名校教授,能够很轻易"出人头地",跻身上流社会,成为中国社会的"人上人"。对许多读书人而言,这样的境遇无疑有着不小的吸引力。无疑地,这其中最重要的动因之一,就是中国社会对国家文化人才的需求与尊重,而这种尊重,很自然地体现在经济待遇上,也体现在社会政治地位上。

1941年毕业于西南联大化工系,后于1944—1946年在MIT自费留学的汪家鼎院士,回国后曾先后在南开大学、天津大学和清华大学任教。汪先生在回忆往事时,专门谈到了国外待遇的问题,国外的待遇和中国相比,也不是那么了不起的。比如说"七七事变"以前,清华、北大的教授,最高可以拿到300块大洋,相当于100美金。这300块大洋,那时候在国内那些教授家里可以雇厨子、雇保姆,那是相当阔气的,300块钱绝对用不完。要来比较的话,比如说在美国在MIT做研究助理是175美金,做到副研究员就是200,那就是600大洋了,比国内的教授、副研究员、副教授当然多得多了,可是生活跟这差得太远了,100多、200多美金你在那儿哪里雇得起人? 有的人结婚都不敢结的。解放以前,清华教师住新林院一栋房子,到解放以后新林院的房子实在太大了,才改造了住两家,胜因院那个小楼就是一家一个,在美国谁住得起? 所以从生活上来说,不是说在美国的生活就是那么了不起,好像回来牺牲很大似的……那些留在美国的人的生活够呛啊,够艰苦的。

据当事人回忆,20世纪20年代末,首都南迁后,再加受到当时世界经济萧条的影响,北平所市面上比较冷清,当时真正维持市面的,正是那些中学和大学。有人还注意到,有些留学国外的教授还娶了外国夫人的,有的外国夫人自己也是教授,他们住的往往是有花园的房子。衣食住行都比她原来在外国时还舒服,不但能维持住外国的水准,而且常常是有过之无不及的。尤其是当时的日本女士,都爱嫁中国留学生,如果到中国能作教授夫人,那在名誉上,在生活优越上,都是令她们的同伴十分羡慕。

二、人居清华:学术研究的空间场域

清华有着优越的学术和生活环境,其中包括软性的环境和硬性的设备。校内的许多建筑物,不仅有实用功能,而且有特定的审美风格和文化意涵。建筑是一种特殊形式的"艺术",住所虽为大众"日用而不知",但却有着特殊的审美内涵和社会意蕴。例如,对于投标人和设计师的选择、建筑风格的取舍、建筑物的分配、使用和管理等问题,在每一个主要环节上,都不仅仅是"物"的问题,而是牵涉一系列"人"的问题、社会和文化的问题。如清华的建筑早期以西式居多,具有浓郁的西化色彩。这种建筑的风格,部分地折射了早期清华的学风和校风。事实上,此时清华在办学风格上也是有着浓厚的"美国化"的色彩,受到国人乃至西人(如罗素)的同声批评,学校治理结构上也是外籍教员具有压倒性优势(不仅地位高,而且所占比例也极高),职员地位高于教员。而随着国人民族意识的觉醒,其建筑风格也逐步呈现中国化倾向,为了矫正校内早期建筑过于西化的倾向,后来建筑中的中式建筑比例明显提升,而更多的新式建筑则体现出中西合璧的风格。这种建筑的风格与清华学人治学过程中的"中西融汇"的祈向是暗相吻合的。

老清华在不同时期建设了一系列建筑,逐步充实了清华园的环境。这种建筑不仅有自然景观,而且也是人文景观,有着特定的文化意涵。仅以住宅论,清华建校初期(1911—1920)的教职员住宅有工字厅和西花厅等。外加怡春院、古月堂等建筑,则构成了这一时期教职员活动于居住的主要场所。它们是清华学校国文教师的住宅。而北院住宅,则是为美国教师新建的西式别墅。此外,清华还有甲、乙、丙三所。

在大学奠基时期的教职员住宅(1920—1928),主要有南院(照澜园)和西院。其修建,是南院工程的继续。此后,在清华崛起的关键时期(1928—1937),学校有增建了新西院和新南院(新林院)。在以上建筑群中,清华北院在学校转型期间扮演了极为重要的角色,它承载着极为丰富的政治意涵和文化的、审美的意涵。其功能和布局、归属的变迁,就是中国学术独立的缩影。北院在初期被称为"洋人区",是由美籍奥地利建筑师艾米尔·斐士等几位美国建筑师设计,舜泰洋行承包施工,1911年落成。在此后多年间,这一地区一直为外籍教师所独占,中国教师无法问津。中美教师居住权不平等现实的背后,是20世纪初中美教育主权不平等、国家主权不独立的实质。这是中国半殖民地半封建的社会性质所决定的。为了争取平等的居住区,清华的中国教师进行了长期的斗争。清华学校草创之初,学校规模甚小,教职员数量亦寡,但随着规模的逐渐扩张,原有资源已被稀释,学校发展资源日显紧缺。1920 年代初,新选址的南院、西院先后建成住宅,清华教职员住宅紧张的矛盾渐告缓解。同时,从各方延聘的教授,以及学成归国的清华学子陆续回母校任教,中国教师开始逐步取代了美籍教师曾占据过的优势地位,在校务决策中逐步取得了更多的话语权,并最终主导了清华的发展。此时,专供美籍教师居住在北院亦转而成为本国教授的居所。1925 年以来,梁启超、叶企孙、萨本栋、叶公超、蒋廷黻、浦江清、朱自清、陈岱孙、施嘉炀等一批学术名流和建设清华的中坚,陆续成为北院的主人。这样一来,北院的性质、风格和功能,也自然发生了转变。

日本著名建筑师早川和男在其居住福利理论中指出,居住是贯穿人生一辈子的福利的基础,住宅福利乃社会福利之最,"一个普遍的安全、适用的住宅和居住环境是社会稳定的最基本条件。"他主张把住宅问题当成国家、社会的首要问题来看待。诚可谓"福利从住宅开始"。老清华由于有着得天独厚的条件,因此建造了大批公有住宅,为广大教职工提供了相对宽裕的住房。教职工们能够以很低的成本享受到上好的居住环境。这些城市住宅先进优良的建筑形式、优雅安适的居住环境、科学文明的生活方式和高效的住宅管理体系,隐然彰显着居住福利在近代中国高级知识阶层中的局部萌芽。而这与当时一般城乡居民艰难的居住环境,形成了鲜明反差。

民国时期,清华始终能为绝大部分教职员工提供住宿。而清华的宿舍条件之优,在国内首屈一指,设备好,租金廉,环境好,工作生活两相宜。1924 年 5 月,清华学校公布了"西园教职员住所第一次认租办法",其中规定:"住所分甲、乙、丙、丁四种,每种五所,每月租金如下:甲种 16 元乙种 19 元丙种 21 元丁种 25 元"。翌年 12 月,学校又公布之了清华教职员薪金之房租给予标准(1925—1930 年适用)。内云:

薪金在百元以下者,每月给月薪二成为房租金(事务员 90—120 元,5 年;助理员 60—90 元,5 年;书记 30—60 元,5 年);

薪金在百零一元与二百元之间者,每月给月薪一成五为房租金(副主任 120—200 元,7 年);

薪金在二百零一元以上者,每月给月薪一成为房租金(校长 600—800 元,7 年;主任 200/300—400,10 年至 7 年);

凡津贴教职员房租之举,无论住房一间或一所,均须照章缴纳租金。

在积贫积弱、民不聊生的近代中国,清华以其得天独厚的条件而为广大师生们提供了极为优越的学术环境,因之也成为当中国罕见的学术圣殿。此时,清华园自成一个独特清雅而名家云集的生活园区,同时也是一个文化社区(文化群落)。老清华时期,清华的住房虽曾一度紧张,但总体上还是较为宽裕的。20世纪二三十年代,学界素有"北大大,清华清"之誉。清华非常清净清雅的环境,的确吸引了不少学者。如梁启超正式来清华任教前,就于1914年来清华住工字厅西客厅闭门埋头著述,以极高的效率完成了《欧洲战役史论》一书,并将房子取名"还读轩"。1925年,梁启超受聘于清华国学院之后,也搬进清华园,北院1号、2号均由其居住。

著名的清华国学院在校内有独立的教学办公场地和师生住所。国学院是中国传统书院制度、牛津的导师制和美国的现代院系制度的结合体,有书院的融洽的气息。内中教师的生活也颇为宽裕。单身汉吴宓1925年春到清华任教后,正住在西客厅,他曾一度据有两套房子,其中一套题名"藤影荷声之舘"。笔者经常出入这套房子时,仍不时念及这位老前辈。1930年9月,吴宓赴欧学术休假。去国前夕,他对清华园恋恋不舍,在日记中写道:"今兹将行,对清华园风景之幽美,及西客厅生活之安逸,乃深恋恋也。①"临别清华园之际,他最后一次"回望久居安适之西客厅,不觉凄然②"。在欧游访学过程中,吴宓常不由自主地将欧洲各地的生活与清华园的生活相比,但始终觉得外间的生活不及清华之幽静、优越和安适。

北院7号原为中国教师张歆海的居所,但他在清华任教未久就南下。该地遂成为别的教师的居所。后来,单身汉叶企孙1929年加盟清华后,入住北院7号。当时北院有10多套房子,俱为平房。7号面向南,朝南3间,朝北2间,共4室主1厅。朝南的中间1间是客厅,大约20平方米。东边是书房和卧室,2间相连。书房朝南,约10平米。卧室朝北,约20平米……西边2间,1间朝南,1间朝北。2间相连,各约15平方米。房子的北面,即背后有厨房和工友的住房。当时一般教授家都请有佣人,不用过分为生活琐事分心。叶企孙终身未婚,一人吃饱全家不饿,自然生活质量更显上乘。也正是因着优渥的居住条件,他可以很方便地接待

---

① 吴宓. 吴宓日记. 北京:三联书店,1998.
② 吴宓. 吴宓日记. 北京:三联书店,1998.

宾客,提供食宿。在 20 世纪 20 年代后期,他请自己雇佣的厨师在住所的厨房办起小食堂,供留学归国的青年教授们共同进餐,并藉此机会讨论校政,擘画现代教育改革,抵制董事会的专权。特别是借此机会,讨论学校的发展方向,谋划现代教育改革,对于长期受政治干涉和政权控制的去校政,筹划以"教授治校"、民主行政取代董事会的专权。假以时日,这批学业专精的少壮派教授形成了一股新兴的势力,即著名的"北院七号饭团"。它以叶企孙为核心,还包括后来长期担任工学院院长的施嘉炀,经济学系教授陈岱孙,物理学系教授萨本栋,化学系教授萨本铁,哲学系教授金岳霖,政治学系教授张奚若、钱端升,外语系教授叶公超等。他们是推动清华大学实现教育独立、改革课程体系与教授方法、开创大学各专业现代教育的重要力量。曹云祥时代,把持校政的是"五凶",图书馆馆长戴志骞、教化学的杨光弼、赵学海,教生物的余振镛和教政治的余日宣。当时,教员以北院七号饭厅和工字厅(高级职员活动的场域)饭厅为中心,分成两派,一派是"五凶",聚集在工字厅饭厅,一派是叶企孙等自命为学者的一些人,这些少壮派和元老派尖锐对立,并最后主导了清华的发展方向,推动清华迅速跃升为世界级学府。

这批少壮派教授逐渐形成一个团体,经过斗争,逐步挫败了原把持校政的"五凶"并顺势成为清华的少壮派元老。日后,这批人物要么成了学术巨头,要么成为行政骨干,但更多的人成了学术与行政上的双料骨干,其中叶企孙、金岳霖(龙荪)、陈岱孙号称著名的"清华三孙",都是非常潇洒的单身汉,先后都当过院长,叶企孙时任理学院院长,陈岱孙法学院院长。金岳霖曾代理清华文学院院长。这一饭团成就了许多人。蒋廷黻后来曾代理清华文学院院长,并日后成为蒋介石政权的高官(行政院秘书长,驻联合国代表、"驻美大使"等职),施嘉炀曾任清华工学院院长,周培源则成为清华评议会成员,日后还成为新北大校长。

事实上,北院七号也确实成了缓解清华青年教师困难的家。1927 年,陈岱孙学成归国回到母校任教,但一时住所无着,叶企孙便邀其在北院七号留住,达 5 年之久。1947 年,钱学森回国探亲,在此地居住十余天。1949 年,曾在家中同时留宿钱三强和彭桓武两位弟子,二人在孙府留居颇多时日,但大家丝毫没有觉得不便。此外,叶企孙还曾邀青年教师何成钧、孙良方等同住,为青年提供多方帮助。这样的环境,使公共的文化场域和私密的家庭环境高度融合起来,有古典书院的某种风格,有一个书院制度的特点,也有家庭的氛围,有家的感觉,是极为重要的场域。叶企孙成为清华的第二号人物,是有现实基础的。在梅贻琦回清华主政后,很多会议也是在梅贻琦家里召开,无疑地,梅贻琦已成为清华学术场域的核心,如磁石吸铁般凝聚了一大批头等学人。梅贻琦、叶企孙成为清华学术共同体的中心地带。这是有其现实根据的。

在清华,其他教师的境遇和行止、创获,亦与此相醇。如萧公权所住的则是西南院的一所西式砖房,里面有一间宽大的书房,一间会客室,一间餐室,三间卧室,一间浴室。此外还有储藏室,厨房和厨役卧房各一间。电灯、冷热自来水,电话等设备,一概齐全。在生活上无后顾之忧,在学术上有诸多便利,才有工作上的顺心如意和不断丰收。清华五年的生活,就生活的便利和环境的安适说,几乎接近理想。同样从南开加盟到清华的同事蒋廷黻,也曾感慨清华五年是他最幸福的时光。曾先后在燕京大学、清华大学和北京大学任教的周一良教授后来也认为在清华的 5 年,住房问题解决得最好,房内日照充足,每天都沐浴在阳光中。如此住宿环境当然难得。清华园的整体环境也可想而知,难怪当时有时歌形容清华园的校景:"点点翠竹千般绿,几条小路尽文人。"

1933 年、1934 年,新西院和新南院(新林院)相继建成,极大地改善了清华学人的居住环境,也为清华学术团队发展和综合实力提升创造了极优的条件。校长梅贻琦长期在大学服务,自然深知教授群体的重要性,指导"大师"关乎"大学"之质量,因此他极力为教授们创造优裕的生活待遇。他给教授一人一栋房子。机械系教授李辑祥当时仅 30 出头,一家四口,有三个佣人侍候,住新林院整个一栋房子,月薪有 300 余元。当时工友最高为 8 元,技工最高月薪为 30 元。教授还可以五年出国休假一次,这在其他学校是没有的。

当时这批清华学人,除了生活好之外,还有一个普遍特点,就是孩子多,常常儿女成群。如朱自清和闻一多等都有多个孩子(那时教师们普遍地是孩子众多)——当然,这批名教授的子女的成材率也显著高于一般家庭的子女。其中,杨振宁、邓稼先、宗璞、熊秉明、王元化、朱乔森、梅祖彦、陈流求等许多清华子弟,日后也成为优秀人才,有的甚至成就卓越、蜚声世界。这批学人子女众多,固与当时的生育观念有关,但从一个侧面表明当时教授的生活压力没有大到令人难以承受的程度,不仅有经济收入的保证,更因学校已为教职工解决住房问题,使其工作和生活皆无后顾之忧,故其工作亦极富效率、极有成就,生活中亦颇为滋润。难怪许多清华学人都把抗战前的清华园称为"世外桃源",而自己经历的这段"天堂岁月",则是各自学术生涯的"黄金时期"。

当时清华所着意选聘的并非那些已有盛名但已停止上进的所谓名家,而主要是有成长性的少壮派学者,并给它们提供教授的平台,让它们更好地开展工作,为祖国的发展做出尽可能大的贡献。是以当时的清华凝聚了一大批大师,而这批第一代的头等人才,主要是依靠清华期间的努力实现的,他们都处于黄金工作期,又值清华的黄金岁月,其工作成效也就卓越了。这是一般名校所难以比肩的。

这种环境,体现出对学人的尊重。它们有安全感和认同感。学人于学校之间,已非一般意义上的所谓"利益相关者",而是有着特殊的情感上的联系。他们对这个学术共同体有着高度的亲近感、认同感。他们在晚年回首时,都认为清华几年是自己毕生学术生涯的"天堂岁月",也是它们此生最美好的一段时光。他们把自己最美好的年华与这所大学联系在一起,实现了"双赢"。

民国时期教师流动性很强的,长期在一所学校任教的教师、特别是大牌教授,是非常少的。但清华几乎是非常罕见的例外。联大时期,各校比较,清华的长期任教的教授是最多的,有20年收入连续任教20年以上,有的甚至达到30年。如马约翰终身为清华服务,心甘情愿地把自己的毕生心血献给一个学校,这绝非毫无缘由。

应当说,在当时中国高教界,像清华这样对教职工的住宿辞去"包下来"政策的高校并不多见,在北平,北大、师大、平大、辅仁等校都是采取社会化的方式来解决,任由教职工在社会上租房子住(其他地区的名校也基本如此)。与清华类似的,在北平,恐怕只有燕京大学,燕京大学也同在海甸。那时北京城大约只有80万人口,主城区也非常之小,往西走,一出西直门,几乎是荒野之地。这时的海甸是非常偏僻的地方,学校难以将教职工的住房等后勤"社会化",干脆"包下来"了事。一则有必要性,二则两校都财力雄厚,也有之有可能性。其结果,也就是清华教师大都工作效率极高,而且学术产出也明显高于其他学校,特别是理工学科的教授,在国际上发表的成果数量远远高于其他兄弟院校。但无论如何,民国抗战前一般大学教员的生活不仅极为安稳,而且颇为优裕,多数教授家庭都有佣人,而且足以拥有院落;有四合院的名教授也并不罕见。抗战前北平各大学的教师们生活颇为优裕,名教授的生活堪称阔绰,仅从许多学者动辄上万的藏书就可以见出其经济实力。不仅大牌教授藏书甚丰,一般青年教师也常常是旧书市场、古玩市场的常客和大买家。燕京大学毕业后在清华大学任讲师的谭其骧,在抗战前就常遇到许多书商主动上门兜售各种优质的图书资料——倘若这位青年教师没有相当的财力,这些精明是书商们又怎能如此主动地上门送服务呢?

这一房子问题,体现出对知识精英的重视和礼遇。在当时的学界中,私人藏书万册甚至几万册的名人学者,比比皆是。

即便老清华成为历史后,许多经历过那个时代的清华学人,仍对抗战前清华的生活念念不忘。陈寅恪、冯友兰、蒋廷黻、萧公权、杨武之、浦薛凤、吴宓、浦江清、吴有训、叶企孙等许多名家,暮年回首平生时都不约而同地认为抗战前的清华岁月,是自己此生生活最安适、学术创造力最强的时期。客观地说,也正是他们这一阶段持续、高效而优质的创造性工作,成就了他们作为一代巨擘的学术地位。在此意义上,清华园中的“物质生活”,其实有着直接的“文化内涵”,因为它为清华学人的学术创造提供着须臾不可或缺的物质载体,也直接关乎清华学术共同体的“文化产出”和学术水准。

一个大学的待遇并不仅仅体现在明面收入上、甚至也不仅仅体现在经济待遇上。最起码,老清华教师与其他国立大学教师在经济收入上的差异微乎其微。但是,一流的生源、较少的授课钟点、极优的居住生活环境、五年一度的学术休假,使清华在当时中国大学界鹤立鸡群,吸引了大批有事业心、有成长性的学术巨子。他们中的许多人放弃大学校长、学院院长、系主任甚至党政要职,纷纷加盟清华。他们的这种“放弃”,的确是有理由的。

以上所谈主要是老清华的情况;至于其他高校,教师待遇虽不及清华,但仍颇为优厚。至少,在1928—1937年这“黄金十年”期间,一般高校教授的待遇已大幅超过普通的小康人家,更为绝大部分下层民众所远难企及。住房问题,集中地反映了经济处境;而经济上的状况,又直接地关乎其社会境遇。可以说,这“黄金十年”期间,绝大部分大学教授的经济状况是极殷实极安适的,其社会境遇也是非常优厚的。

三、文化群落的学术创获

所谓环境,不仅包括自然环境,还包括社会环境,特别是文化环境。前者是显性的、硬性环境,后者则是隐性的软性的环境。前者更为刚性,后者更为柔性。与这种物质环境密切相关的,则是文化环境。物质环境、文化环境和制度环境,三者共同构成了清华这一独特的学术共同体或文化场域。成为当时中国知识精英荟萃之地和中国首屈一指的文化重镇。

在这样优异的物质环境下,清华学人无后顾之忧。在教学、治学和治校、服务社会等方面,都有卓越成就。尤其是参与公共生活方面,也并不逊色。

高校的办学成就,无非是"出人"和"出活"两方面,而"出活"又包括科研、服务和国际交流等方面。这一点,在各院系均有突出表现,尤以文理两学院最突出。理学院以物理系最突出。在叶企孙和吴有训的联手经营之下,清华物理系不仅硕果累累,而人才辈出。对整个二十世纪中国科技发展做出了惊人的贡献。第一届学生 4 人中,王淦昌、周同庆 2 位院士,另有中央大学物理系主任施士元;第二届学生共 3 人,其中龚祖同、冯秉铨当选院士;第五届学生 8 人,其中王竹溪、赵九章、傅承义当选院士,第六届学生,其中有张宗燧、翁文波 2 位未来的院士,第七届学生 10 人,其中有钱伟长、彭桓武 2 位未来的院士,第十届毕业生 10 人,其中有钱三强、王大珩、何泽慧、郁钟正(于光远) 3 位未来的院士,第十届毕业生 16 人,其中有葛庭燧、秦馨菱、林家翘等、戴振铎 4 位未来的中外院士。在抗战前毕业的 9 届 50 余名学生中,还有胡宁、陆学善、赫崇本、周长宁、王遵明、刘庆龄、戴振铎、李正武等一大批国际知名的物理学界。这批学子中,有三分之一以上的人日后当选为院士,这种成就,在全球任何顶级名校、大学都是极为惊人的成就。在新中国科学院的第一届数理化学部委员中,清华的毕业生占一半多,其中多数又毕业于清华理学院。这其中,叶企孙的贡献和付出的心血无疑是不言而喻的。从 1925 年叶企孙创建清华物理系,到 1929 年成立理学院,从这里走出来的清华毕业生日后构建了共和国尖端科学应用与研发的脊梁。在 23 位"两弹一星"功臣之中,有 9 人是他的学生,2 人是他的学生的学生,还有 2 人的事业与他有着密切的关系。

北院七号的主任叶企孙,还邀请了诸多学者来华讲学、交流,其中有维纳、哈达玛、如朗之万、狄拉克、华敦德、冯卡门、波尔等顶级学者。可以说,20 世纪 30 年代来华讲学顶级科学家,大部分都是由清华理学院出面邀请的。自然地,这一系列努力,活跃了中国的教育学术工作,并对人才培养也起了显著的推动作用。

文学院以蒋廷黻执掌的历史系和外文系最突出。蒋廷黻在此间,完成了他在学术上和教育上的主要工作,不仅成为中国首屈一指的近代史学者,亦成为中国最具影响力的新史学教育家,他还完成了主要的学术积累(日后正是在此基础上,才有著名的《中国近代史》问世)。其在此期间文化产出甚高,发表了数十篇论文和几部著作,此外他参与校内及学界的公共服务,并积极论政,在《独立评论》上的发表了大量作品,达四五十篇之巨,在数量上仅次于胡适、丁文江,居第三。史学系教授陈寅恪这几年期间,发表了四十多篇论文,奠定了他作为一代大师的地位。

在这样的优越环境下,清华学人在教学、科研和社会服务等方面均有卓异表现。此间,清华学人在教书、治学之余,也积极参与公共生活,或从政或议政,涌现出一大批有社会担当的公众人物,其中就有翁文灏、蒋廷黻、陈之迈、钱端升等。清华不是独有的,在文教重镇、教育学术中心的北平,是较普遍的。正是在此基础上,当时的北平出现了学术上的蓬勃生机和高度繁荣。正如时在北大任教的钱穆所说:当时北平许多学人"皆学有专长,意有专情。世局虽艰,而安和黾勉,各自埋首,著述有成,权威无倦。"经无数学人的艰苦经营,当时中国已经形成一个很有活力、有张力的新兴的学术共同体(在人事上和制度上),并已形成"客观的标准",若"战祸不起,积之岁月,中国学术界终必有一番新风貌出现。"

四、源自北院的制度文化生成

学术空气的、环境的发展,有具体物质依托和制度支撑。清华这个文化场域,迅速跃升当时国际能见度的成绩殊非偶然,而是在背后有一系列的制度因素。大致说来,这些制度主要包括以下若干方面:

第一,高薪养教制度。这不仅能使教师们教安心教学治学,而且有可能办刊论政,甚至藉以从政。值得注意的是这种"高薪"不仅仅体现在明面收入,也体现在隐性福利,特别是帮教职工解决住房问题和子女入学问题。在某种意义上,后者甚至更为关键,因为这是其他绝大部分兄弟院校所难以比肩的,事实上它也成为吸引头等学者加盟的重要的因素之一(周一良教授等人便是其典型)。

第二,研究导向制度,即重视研究的制度。在当时中国并没有形成普遍的研究空气,稀薄得不得了,连清华学生也一度抱怨不已。绝大部分高校的主要工作仍是而且也只可能是教学,培养初级或中档的实用性人才。清华则开风气之先,首创中国本土的研究型大学,集中有限资源,注重培养高端的研究型人才。

第三,学术休假制度。这一制度有基本的学术依据和考量。它在清华很早就有,但直到 20 世纪 20 年代后起才开始贯彻,在抗战期间还能基本维持(但这一时期的休假,主要是在国内,很难有机会到国外进修,只有在抗战末期、法西斯势力基本败局已定,美国即将胜出而且国力日渐强盛的时候,才有吴大猷、华罗庚、冯友兰等人被邀请赴美讲学或合作研究)。这是借鉴了欧美的许多名校的措施。很多学者从中受益。这一制度吸引了很多人。很多人因此对清华的学术环境产生了深深的留恋之意。

在清华的所有制度体系中,居于核心地位的可能还是教授治校制度。按照冯友兰和陈岱孙等人的回忆,在梅贻琦时期,清华的教授治校制度得到"比较完整的形式",易言之,这以制度得到了进一步发展和巩固。但期萌芽和成型,则是在曹云祥时期,而其核心成员,大都是叶企孙的身边,易言之,正是叶企孙在北院七号的饭团,形塑了后来清华大学时期的权力核心,而且这一核心,一旦形成,就非常稳固,并没有随着校长人事的更替而改变。在罗家伦时期如此,在吴南轩时期如此,直到梅贻琦时期,仍是基本稳定的。也正因此,清华能够在风云变幻的学潮和政潮之间保持相对超然和稳定,以强健的制度设计来推动学术建设、人才培养和社会服务。在当时的时代环境中,设若没有这样优良的经济基础和强健的制度设计,是不可能持续地推动国际水准点高质量的已经工作的,"中西融汇、古今贯通、文类渗透"的学术胜境实现与否,固然与学者个人的天分有关,但若没有相对安稳的环境便于其长时间地沉潜于学术,潜心向学,推动研究工作,也是绝难企及的。当时清华园中的学者普遍能达此境界,成为国内头等学者甚至国际一线学者,这是与极为优越的小环境分不开的。

北院七号是一个教授的居家住所,是个人家庭之所在,有沙龙的风格(在此,人们可能很自然地会联想到林徽因的"太太的客厅",正因此而推动了京派文学的苗壮发展壮大)。这种场合具有很强的私密性、家常性(日常性)和稳定性,私人色彩较浓重,而且有一定的人情的因素。学者和学生们通过这样环境开展工作,巧妙地介入公共生活,使得其主张有较大的张力和生命力。从而以隐秘而强韧的方式持续影响着清华的校务运作。这样,私密性和公共性发生了交合与共鸣。最终对学校的教授治校体制产生了决定性作用(自然也对全国教育学术界产生了影响)。可以说,正在 1925—1931 年这几年的酝酿,形成了教授治校的胚胎和雏形,为日后梅贻琦治校扫清了道路。

这初步形成了清华的权力核心,即评议会。在曹云祥时期,清华评议会中的教授代表是吴宓、杨光弼、赵元任、陈福田、朱君毅、赵学海。在罗家伦时期,清华评议会中,高级职员(教务长、秘书长和各院长)主要是杨振声、吴之椿、叶企孙、陈岱孙、冯友兰等。的教师代表则是叶企孙、张子高、王文显、张子高、吴宓、熊庆来、蒋廷黻等等。在梅贻琦时期,这一核心又增加了朱自清、浦薛凤、陈达、施嘉炀、吴有训、萨本栋、萧蘧等等。在当时的清华,评议会由高级职员(主要是系主任)和大牌教授组成,理论上说,前者代表着行政权,而后者代表着学术权力。但事实上,这批高级职员本身往往就是大牌教授,而这些没有担任系主任的名教授,本身也有很强的行政能力(办事能力)。因此,在这样的评议会制度下,实现了行政权和学术权的有机结合。

在当时的北平高教界,清华的教授治校与北大的"校长治校"形成了鲜明的对比。在清华,这一制度训练了他们的行政能力,而且基本上模塑了清华的教授治校的雏形。对日后清华的校务领导体制几乎有决定性影响。而且这批人,日后不仅成为清华的骨干,还成为中国高教界、学术界的中流砥柱。它们在清华期间所得到的学术积累和学术行政的训练,对它们日后的成长和国家学术发展有深切的影响。详后:

	国内教育	留学背景	在清华服务时间	任职	日后去向
叶企孙	清华学校	哈佛大学博士	1925.9—1952.9	清华大学代理校务,中研院总干事	北京大学教授、中科院兼职研究员
萨本铁	清华学校	威斯康星大学博士	1929—1937	化学系教授	去国赴美
萨本栋	清华学校	斯坦福大学学士、伍斯特工学院博士	1928—1937	清华大学评议员	厦门大学校长,中研院总干事
周培源	清华学校	加州理工学院博士	1929—1952	清华大学评议员	北京大学校长,全国政协副主席

	国内教育	留学背景	在清华服务时间	任职	日后去向
蒋廷黻		哥伦比亚大学博士	1929—1935	史学系主任,文学院代院长	行政院政务处长,"台湾当局""驻美大使"
施嘉炀	清华学校	康乃尔大学硕士、麻省理工学院硕士	1928—2001	清华大学工学院院长	
陈岱孙	清华学校	哈佛大学博士	1926—1952	法学院院长	北京大学
金岳霖	清华学校	哥伦比亚大学博士、伦敦政治经济学院旁听	1926—1952	文学院院长	中国科学院,后当选为学部委员
吴有训	南京高师	芝加哥大学博士	1928—1945	物理系教授、主任,理学院院长	中央大学校长,上海交大校务委员会主任,国科学院副院长
张奚若		哥伦比亚大学硕士	1928—1952	政治学系主任	教育部部长

资料来源:齐家莹编纂、孙敦恒审校《清华人文学科年谱》,清华大学出版社 1999 年版;清华大学校史研究室编《清华人物志》,清华大学出版社 2003 年版;方惠坚、张思敬主编《清华大学志》,清华大学出版社 2001 年版;清华大学校史研究室编《清华大学九十年》,清华大学出版社 2001 年版;清华大学校史研究室编《清华大学一百年》,清华大学出版社 2011 年版;等等。

这批几乎是清一色的海归派,而且主要是在美国名校留学,获得高级学位,他们不仅熟悉美国高校的教学科研工作,而且对其职校体制也有不同程度的体察。他们大都在1925—1928 年清华向近代化大学急剧转型的关键期来到了清华,并从此扎根于清华,在清华连续任教的时间相当长,对清华的学术发展和治理结构影响极大。

所谓"教授治校",要从一种理念变成一种制度,从一个构想变成为现实,需要具体的环境,特别是一批有智慧、有公心、富有影响力的人的联合推动。在当时的清华,这批留美归国的少壮派教授,共同促成了这一构想的实现,它们把当时美国先进的大学治理模式引入中国,并在清华率先得到实现。当时清华的"中西融合、古今贯通、文理渗透",与其制度文化密切相关,而制度文化中的核心,又是教授治校及学术自由,体现为对学术、学人的尊重,按教育规律办教育。而当时北院七号,叶企孙的住所这无疑提供了一个重要的场域,为其制度文化提供了重要的平台。

五、小结

在 20 世纪二三十年代,作为一个独特的学术共同体,清华学人群已形成了一个文化群落。他们拥有着较好的经济基础,更有着上好的生活环境,这种环境中既有物质的层面,也有精神的元素,而且形成了一系列优良的近代化的制度体系。

当时学人优越的生活环境,使其生活无后顾之忧,可以潜心教研,从事第一线的开创性的学术工作,幽谧的环境有助于提升其工作效率和学术产出。其优裕的居住环境,使得师生便于在教授居所中进行课堂外的互动,甚至直接在居所中"小班授课",极大地提高了人才培养质量;而且这样的教学工作客观上有着古典书院制和现代导师制的某些优点,这些柔性的办学风格与刚性的管理制度(包括现代的系科专业制度)有机结合,使得人才培养宽严并济,颇具法度。再者,此种学术互动方式具有浓厚的人情味和生活气息,也有利于学统的传承和学生人格的熏陶和形塑。学生从教师处所获得的不仅仅是具体知识和治学的方法,而且有为人处世的风格和智慧。无疑地,这种教育方式对学生的培养是全方位的,也是极为高效、卓有实绩的。因此,这样的学术环境,不仅仅是优良的物质的、空间的条件,而且体现尊师重教的文化理念、教育理念,而且也意味着高薪养教、大学自治的制度设计,更因此而萌生、培育出了"教授治校"的制度体系。正是这一系列有利条件,使清华在 20 世纪二三十年代后来居上,迅速完成近代化转型,成为全国名校并赢得了相当的国际声誉。

故此,在这个学术共同体(或曰文化社区/群落)中,物质、精神和制度得到了切实统一和交融,而其中"人"则是桥梁是枢纽和灵魂。大学文化的建设,在这个学术共同体中取得了丰硕的成就,并对中国的学术发展和民族进步产生了深远的推动作用。这一独特的个案,虽已成历史,但"读史明智",鉴往知来,历史的经验仍可为我们今日的大学建设、大学文化培养提供值得参考的镜鉴。

谈我国精英大学内部的文化共识

清华大学　孙海涛

摘　要:大学的精神文化对于一流大学建设至关重要。但是,它不能仅停留在口号和总结上面,需要体现在大学人的思想和行为中。近20年来,我国精英大学迅速崛起,在硬实力上迅速缩小了与世界顶尖大学的差距,目标和路径共识成为凝聚师生的重要力量,但是在软实力——文化建设还存在很多不足,远远没有跟上发展速度。随着目标和路径共识的凝聚作用的弱化,大学内部文化冲突的增多,各个群体之间的文化认同感越来越难建立,文化共识建设急需加强。

关键词:一流大学;文化共识

五十年前,美国著名高等教育家克拉克·克尔梳理大学理念发展时有一个生动的比喻:

"大学的理念是把大学当作一个村庄,有着一批教士。现代大学理念是把大学当作一个城镇——一个单一工业的城镇,有着一批知识寡头。'巨型大学的理念'是把大学当作一个变化无穷的城市。有人在城市迷失,有的在城市中高升,大多数人使自己的生活适应城市许许多多亚文化的一种。①"

21世纪的今天,我国的大学迅速"城镇化",一批大学还在朝着"超大城市""世界城市"迈进。这无疑是一种进步,是一种实力提升的体现,也给我们带来了声誉。特别是"985工程"的实施、大众化进程的推进和并校潮的兴起合力将我国大学推到了一个新的发展境界,大学实实在在体会到从边缘走向中心的喜悦,也

---

① 孙海涛. 谈我国精英大学内部的文化共识[J]. 北京教育(高教),2014(6).

开始有着诸多成长的烦恼。本文试图讨论的是大学内部的烦恼,也是克拉克·克尔在比喻中提到的文化。当把大学当作一个变化无穷的城市时,大学内部的文化认同变得越来越困难,正如城市中同住在一栋楼房的人们邻屋而住却互不相识一样,大学内部群体之间,甚至是同一学科群体之间也变得疏离,沟通开始成为一个新的问题,除了时间、制度设计等因素外,这背后深层次原因之一就是缺乏文化共识。这种共识上的危机尤其集中体现在近来我国快速发展的精英大学身上。

一、目标共识:凝聚和弱化

伯恩鲍姆认为文化的功能就在于"把社会组织黏结到一起。它表明了组织成员达到共识的价值或社会理想与信念"。近年来,我国精英大学更多的共识体现在发展目标上,是它将大学中各个群体紧密地凝聚在一起。

"世界一流大学"是我国精英大学近20年来最强烈的目标共识,特别是1998年建设世界一流大学上升为国家行为后,大学自身目标和国家目标的一致性更加强化了这种共识。从某种程度上,我国高校强烈的意愿和实践也塑造了"世界一流大学"这个词本身,同时引发了世界大学的新一轮竞争,日本、韩国、德国和法国先后开始实施新的一流大学建设计划。

目标共识与国家动员的结合无疑加速了我国精英高校整体的快速发展,短时期的提升是令世界瞩目的。世界大学排名可以提供一个侧面的参照(见表1)。

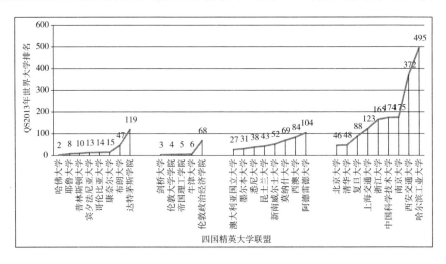

表1　美英澳中四国精英大学联盟的排名表现

但是,随着距离奋斗目标越来越近,那种快速变化给校内师生员工带来的动力如边际效益一样越来越弱。我国精英大学在前一阶段主要还是在求同,我们有一个学习的模板,就是美国大学的发展模式,教育部也曾倡导我国各高校选取AAU中高校作为自身发展的参照对象。如果说原来我们看待美国大学更多是看到一致性,现在随着学习的深入,我们更多地看到了美国精英大学的不同,它们的各具特色。这也使得目标本身也变得多样化,我国精英大学开始探索求异的路径,现实中就由原来的"跟随者"逐渐向"自我导航者"转变,有的甚至提出"领跑者"的目标。从某种程度上说,一流大学目标的凝聚作用已在弱化,加之社会甚至学界对其批评从未停止,也部分地消解了其发展动力。这就给内部留下了共识上的空白,大学要用什么把校内师生员工更紧密地凝聚在一起? 文化共同体建设逐渐提到日程,这是一切变化的土壤。

二、路径共识:差异和危机

从我国精英大学的发展路径来看,有九个字特别受精英大学欢迎:"综合性、研究型、开放式"(见表2),或者把开放式替换为国际化,总之这几个词会频繁出现在各个学校的定位和发展思路之中,这说明对这种路径各个大学也形成了基本共识。如同目标一样,它在大学内部也起到了凝聚作用,有了这样的共识,很多大学的改革能够顺利进行。但是,就"综合性、研究型、开放式"路径本身而言却带来了文化共识上的问题。

表2 我国部分高校的发展路径

学校名称	发展路径
清华大学	综合性、研究型、开放式
浙江大学	综合型、研究型、创新型
上海交通大学	综合性、研究型、国际化
南京大学	综合性、研究型、国际化
哈尔滨工业大学	研究型、国际化
中国科技大学	研究型
西安交通大学	研究型

续表

学校名称	发展路径
复旦大学	综合性、研究型
天津大学	综合性 研究型 开放式 国际化
武汉大学	综合性、研究型、国际化
同济大学	综合性、研究型、国际化

首先谈综合性。我国精英大学的综合性建设大都针对学科而言的,无非有两条道路,一是靠自身建设,二是靠合并。像清华大学开始恢复建立文理科,合并了中央工艺美术学院。北京大学建立了工学院,合并了北京医科大学。按照综合性的原则,缺什么补什么,新建或合并的都是自身原来没有的学科,而学科的差异直接会导致文化上的差异,这种文化差异非常难以弥合。有过清华、北大两校求学工作经历的任彦申认为北大思想解放、思路活跃、务虚能力较强,喜欢坐而论道,往往想法多、办法少,醒得早、起得晚。清华则严谨务实,虽然想法不如北大多,但办法比北大多,想得到也能办得成。如果能把北大的'想法'和清华的'办法'结合起来,势必如虎添翼。这种差异背后有着强烈的学科属性,文中北大的特点与文科的重思想、重过程、追求独特性密切联系,清华的特点则和工科的重实践、重结果、讲操作有很大关系。这种学科差异性对于建立文化认同会造成障碍,后建立的学科会受到大学里面原有学科文化的侵扰,特别是原有学科文化已经上升为大学文化后,更是如此。斯诺在 1959 年谈两种文化,主要指的是"文学知识分子的文化"和自然科学家的文化,现在大学里面显然已经不只是两种文化,而是多种文化。学科教授之间理想的情况是保持距离、相互欣赏,比较糟糕的情况是相互蔑视甚至攻击,中间情况是互不理睬、没有交集。但这对大学整体文化建设而言却难说是好事。从学科自身而言,呈现出高度分化和高度综合的发展趋势,伯顿·克拉克认为:"知识的膨胀和随之而来的学科急剧发展,以及学科又发展成为学科分支,这也许是近年来最重要但经常被忽略的影响高等教育的因素,它增加了高等教育系统的复杂性,事实证明其影响比大众化和市场化更为有力。"学科的快速分化使得同一学科内部同质性也在变弱,教师各自在自己的小领域耕耘,虽不能说老死不相往来,但是完全可以做到各安其事。虽然说学科内部认同感的削弱对大学文化认同的建立不完全是坏事,但是个体化的生产方式会对整体文化建设

带来不利的影响。

第二是研究型。研究型大学最普遍的矛盾之一就是教学和科研的平衡问题。教学文化和科研文化存在着根本的区别,许美德用一个文化冲突的世纪来描述中国大学百年发展:如果说课程改革的自由是重新确立中国大学地位的一个重要条件,将科研重新引入大学则是另一个重要条件,随之而来的是改变对知识的看法和态度,不再将知识看作是一成不变的教条和绝对的真理,对此只需毫不怀疑地去接受,而是将知识看作是暂时的、相对的,要不断受到验证和修正。教师对于科研的投入,不仅仅是受制于学校评价指标的杠杆,更多的是因为创造性的行为给予自身的动力。有的学校管理者将教学和科研比喻为"上山"和"下坡",在研究型大学中,教学如上山一样需要有外力推动做功才能做好,但是相对比而言,科研更多的是自发行为,需要的只是引导。所以在大学里面形成这样一种局面,学校管理层面通常要强调大学要以人才培养为根本,采取各种措施推动教师投入教学,使得教学成为政策层面上的赢家,但是实际上校内的运行逻辑仍然是科研的逻辑,因为教师在学科内的声誉主要还是依赖科研成就。这种政策逻辑和实际运行逻辑的夹角使得教师在文化认同上也出现困难,会造成一定程度上的分裂。

第三是开放式。对于开放式有两种理解,一种等同于国际化,一种是包括国际化,还有一层意思是对社会开放。因为世界学术中心仍在欧美,现代大学也诞生于西方,国际化是我国精英大学的必然选择,特别是和美国的国际合作和交流日益增多,一段时间内,言必称美国是我国高等教育界很平常的事情。学习先进无可厚非,也是最快的途径。但是,经过几十年的学习和自身的快速成长,我国精英大学和美国大学的差距在不断缩小,学习的内容也在深化,从先进的知识、技术开始转向制度和文化,但后两者是深植于本国文化和传统之中的,高等教育界中心-边缘理论的倡导者菲利普·G·阿特巴赫特别强调,"大学是一个具有坚固民族根基的国际机构"。现在,我国精英大学面临着不单单是学习问题,而是文化选择和文化重建的问题,余英时教授在《试论中国文化的重建问题》一文中引用美国著名人类学家克拉孔(Clyde Kluckhohn)的话,"一个社会要想从它以往的文化中完全解放出来是根本不可想象的事。离开文化传统的基础而求变求新,其结果必然导致悲剧。"我国精英大学不但要对自己的文化传统做梳理总结,而且也要对西方大学的文化传统做筛选,并试图将两者融合在一起,这必将是一个艰难的过程,也是想实现超越而必须做的事情。开放的另一层含义是对社会开放,走出象牙塔。我国精英大学都是公立大学,现在很多的改革是在试图摆脱行政化影响,寻求更多办学自主权,这当然也包括摆脱行政文化给大学带来的不利影响。随着对社会开放程度的深入,还会给大学带来重要影响的是商业文化。现在,办一所研究型大学变得越来越昂贵,政府拨款在大学运行经费中的比例越来越低,大学很多时候需要去社会中去寻求资金支持,比如说获取捐赠金,这里面有潜在的文化风险,就是大学对于捐赠方的回馈问题,一方面对方投资教育可以获取社会效益,还可以获得一定的税收减免,但是捐赠方的要求往往并不止于此,还希望在大学留下印记,比如捐赠者或者捐赠公司的名字。作为一个个案考虑,这个要求其实并不过分。但是,推演开来,当你进入一所大学,发现大学的楼宇上到处都是公司的商标时,相信你会疑惑,这还是大学吗?更深层次上,公司企业赞助的科研项目的获利问题,大学为社会之"公器"的地位也会受到影响。成熟的学术文化尚在构建之中,已有的行政文化依然强大,后来进入的商业文化正在积极寻求位置。这就是开放给大学文化建设带来的新困境。

三、文化共识:自觉和创新

目标共识的弱化给推动文化建设带来机会,路径共识的强化却给文化共识带来新的问题。不管怎样,文化始终是一种长久的力量,是大学可以不断从中汲取力量的家园。香港科技大学教授丁学良曾谈到,"领先大学靠什么?必须有两个力量,一个是硬的,一个是软的。在这个时代,软的力量,如知识、观念、心态、态度、信息才是最好的力量。硬的力量,像技术等创造有形财富的那些工艺过程,主要从伟大的大学里产生,因为伟大的大学对知识创新的边界几乎是无限的。英语中有个概念是 sustained creativity and academic innovation,就是可持续的创造力和可持续的学术创新。一次创新并不是太难,难的是持续创新,难的是从来不被自己过去的创新所束缚,始终面向未来。"这种可持续创造力和学术创新必须植根于创新文化之中,而文化要发挥作用,则必须有共识,有其忠实的承载者。

让我们回到克拉克·克尔比喻中的城市,也就是他创造出来的名词"多元巨型大学":

"纽曼的'大学的理念'仍然有它的热心坚持者——主要是人文学者和通才主

义者以及本科生。弗莱克斯纳的'现代大学的理念'仍有其支持者——主要是科学家、专家以及研究生。'巨型大学的理念'有它的实行者——主要是现在的大学教职员之中那些为数众多的行政管理人员以及社会上的领导集团。"

每一种理念和文化都有其支持者,但是共存于大学之中,冲突似乎难以避免。研究者提供了不同的解决途径,一种就是把目光投向历史,在历史的脉络中把大学精神提炼出来,用来指引大学的发展,民国时期大学或者西南联大的传奇一度成为很多人心目中理想的大学,并把它当作是新"村庄"建设的途径。但是现实中的大学已经回不到百余教师、千余学生的规模上去了,结构也变得更加复杂,各种学科林立。

还有一条路径就是视差异为自然,兼容并包,各安其事,任其自由发展。但是这种路径很容易带来利益上的纷争,正如伯恩鲍姆在《大学运行模式》中提到的政党组织模式的例子——维吉勒州立大学:"大家都赞成教学、服务和科研是学校的重要任务。但是,抽象地赞同掩盖了这样一个事实,即人们对究竟哪些计划最为重要有着不同的看法。在学校资源充足、能够满足每个人的需要时,这种模糊性和分歧不会引起问题。不过,当资源匮乏时,在具体分配资源的问题上就会出现激烈的竞争。"利益一旦成为主导,而马克斯·韦伯所说的利益轨道扳道工的思想或理念没有成长起来或者不够强大的话,我们就会像哈佛大学哈瑞·刘易斯教授所担忧的那样,大学的优异会发展成为一种"失去灵魂的卓越"。

最难的一条路径是试图在林立的学科之间、群体之间打造一条文化上的通道,为大学中的人文主义者、科学家和管理者所共同拥有。当年詹姆士(现译皮尔斯)在谈实用主义时,引用了意大利哲学家巴比尼的比喻:"实用主义在我们的各种理论中就像旅馆的一条走廊,许多房间的门都和它通着。在一间房里,你会看见一个人在写一本无神论著作;在隔壁的一间房里,另外一个人在跪着祈求信仰与力量;在第三间房里,一个化学家在考查物体的特性;在第四间房里,有人在思索唯心主义形而上学的体系;在第五间房里,有人在证明形而上学的不可能性。但是那条走廊却是属于他们大家的,如果他们要找一个进出各人房间的可行的通道的话,那就非经过那条走廊不可。"这样既可保持各自的文化特色,又具备共同的价值观念,使多样性和统一性得到兼顾。就最后一条路径而言,尝试提出几点建议:

管理者高度的文化自觉。管理者是最容易从宏观视角来看待大学的人,应该对文化有着高度的敏感性,也应成为共同通道建设的组织者。多样文化环境下共识总是很难建立,但是也不是全无途径,关键是有文化自觉,如费孝通先生所说,对自己的文化有自知之明,并对其发展历程和未来有充分的认识。同时,还要抓住有利时机有组织地推动。清华大学的校训"自强不息、厚德载物"现在为师生所共识,但是原来一直被称作老校训,曾有一段时间学校并不提及,所以有些学生也不知道。20世纪90年代以后,校长王大中敏锐地注意到这个问题,通过有组织的校内宣传,借助90年校庆的清华精神大讨论,使得校训及校风、学风恢复并固定下来,这显然不是自然发生的,是学校管理者有意识的行为。

跨学科的交流。大学教师是学科人,学科之间的偏见很容易发生。钱钟书先生在其《围城》中曾写道:"在大学里,理科学生瞧不起文科学生,外国语文系学生瞧不起中国文学系学生,中国文学系学生瞧不起哲学系学生,哲学系学生瞧不起社会学系学生,社会学系学生瞧不起教育系学生,教育系学生没有谁可以给他们瞧不起了,只能瞧不起本系的先生。①"这种偏见和缺乏沟通有很大关系。大学要有意识加强跨学科交流平台的建设,为形成文化共识创造条件。比如鼓励跨学科科研机构的创建,举办不同学科教师参与的学术沙龙活动,还包括一些非正式交流平台的建设。笔者曾在2012年访问加州大学圣芭芭拉分校时,在其教师餐厅用餐,餐厅环境优雅,餐厅旁边是一个美丽的湖泊,很多教授在这里共同用餐和交流,这种非正式的沟通途径往往更加轻松,更容易增进相互的理解。

通识教育模式的架构。通识教育本质上是要使学生对知识体系有一个整体的认知,培养有教养的人,而不是近偏安一隅。这是对于学生的要求,要实现这个目的,各个学科的教师要共同组织起来开设课程,共同育人而努力,因此通识教育本身也是一个文化建设的平台。

"育人为本"和"文化育人"理念的强化。育人是大学的根本,无论大学职能如何拓展,都要紧紧围绕如何培养人这个主题,这个共同任务和话题可以吸引各个学科的目光,凝聚各个群体的力量,也是建设文化共同体的重要抓手。文化育人是一个润物细无声的过程,是长期的、缓慢的,需要大家共同努力。因此,要强化这两种理念,使之成为教职员工的共识并体现在教育教学全过程。

---

① 钱钟书.围城[M].上海:上海晨光出版公司,1947.

大学精神与中国精神

邱小云*

（赣南师范学院，江西 赣州 341000）

摘　要:大学精神是大学办学育人的血脉和灵魂,是大学传承弘扬民族精神和时代精神的重要标识;中国精神是凝心聚力的兴国强国之魂,赋予大学精神爱国主义基因和改革创新气质,两者是社会主义先进文化的统一体。大学应秉承民族传统,担当时代使命,积极培育和践行富有中国精神特质的当代大学精神,激励和引领高等教育内涵式发展,在实现"中国梦"的宏图伟业中谱写立德树人的"大学篇章"。

关键词:大学精神;中国精神;先进文化;内涵式发展;立德树人

习近平总书记在第十二届全国人民代表大会第一次会议上的讲话中指出,"实现中国梦必须弘扬中国精神。这就是以爱国主义为核心的民族精神,以改革创新为核心的时代精神。①"这一重要论断,高度概括了中国精神的本质内涵,深刻揭示了中国精神的时代价值,升华了我们党的执政理念,是当今中国的高昂旋律和精神旗帜。作为人类文明的殿堂和社会的精神高地,大学如何在深化中国精神的宣传教育中发挥高端引领作用,是一个值得探讨的学术理论问题,也是一个富有时代意义的新课题。我国大学应当立足时代和实践的新发展,科学把握大学

　＊　作者简介:邱小云(1965—),男,赣南师范学院党委委员、副院长,教授。

　①　习近平．在第十二届全国人民代表大会第一次会议上的讲话[N]．人民日报,2013－3－18.

精神与中国精神的本质内涵及其关系,积极培育和践行富有中国精神特质的当代大学精神,并把这种精神内化为师生员工的独特气质和卓越品格,外化于办学育人的行为准则和价值追求。

一、大学精神与中国精神是社会主义先进文化的统一体

大学精神与中国精神同属于精神文化的范畴,其内涵丰富深刻,表现形式多样。两者在本质内涵和价值取向等方面具有高度的契合性。培育和塑造当代中国大学精神,首先必须探究其本质内涵,把握其鲜明特征,增强对大学精神与中国精神的认知与认同。

（一）何为"大学精神"

近年来,大学精神日益成为学界研究探讨的一个热点问题。但对于什么是大学精神,却是仁者见仁、智者见智,其内涵还未达成公认的"范式"。笔者认为,大学精神是大学在长期的历史演变中对各种文化要素进行选择、抽象、积淀而成的一种核心价值观和办学理念体系,主要指学校成员的世界观、人生观、价值观、道德观及文化涵养、心理素质、思维方式、行为规范等方面的哲学概括和文化构建。大学精神是大学文化的核心和灵魂,是大学赖以生存发展的支柱和血脉。我国著名教育家、国学大师汤用彤先生曾说过:"大学之大,在于精神之大,大学精神之于大学,犹如人之灵魂之于身体。①"美国学者亚伯拉罕·弗莱克斯纳在其名著《现代大学论》中断言:"总的来说,在保障大学的高水准方面,大学精神比任何设施、任何组织都更有效。②"作为一种"隐形"文化,大学精神既不独立存在,而又无处不在,能够释放出巨大的文化"正能量",使大学具有一种"润物细无声"的真理力量和人格力量,集中体现了大学的个性魅力与核心竞争力,体现了大学之所以为大学的本质特征和价值追求。

大学精神是"仰望星空"与"脚踏实地"的统一体。现代大学承载着人才培养、科学研究、社会服务、文化传承创新的"四大职能"。作为社会的"亚文化"机构,一方面,大学要追求崇高的学术理想,总结传承人类先进的文明成果,培养造

---

① 李培根. 论大学精神与文化[J]. 国家教育行政学院学报,2015(1).
② [美]弗莱克斯纳. 现代大学论:美英德大学研究. 徐辉,陈晓菲,译. 杭州:浙江教育出版社,2001.

就各方面优秀人才,引领和推动社会发展;另一方面,它又要积极适应时代变革,直面各种现实问题,不断探究新的知识和技能,以更好地服务于社会需求。大学这种对现时和未来的"趋同性"和"超越性",使大学精神既有"仰望星空"的理想主义色彩,又具"脚踏实地"的现实主义特征。

大学精神是"科学之光"与"人文之韵"的统一体。大学既是以立德树人为根本任务的教育场所,也是以发展学术为重要职能的文化机构,两者是密切关联的统一体。五四运动将"德先生"和"赛先生"馈赠给了中国的大学,不仅直接推动着大学自身的改造与进步,更激励了一代代大学人为民族独立和国家建设贡献智慧和力量。特别是进入新时期以来,大学精神以其特有的"科学之光"和"人文之韵",在改革开放的时代洪流中发挥着弘文励教的作用,科学与人文的有机融合,日益成为大学焕发生命力、凝聚力和创造力的不竭源泉。

大学精神是"普世价值"与"个性表达"的统一体。大学精神不是千人一面、僵化统一的标准答案,而是建立在遵循教育本质和办学规律等普遍共性基础上又自成风格、独树一帜的个性表达。从普遍意义上讲,学术至上、理性批判、追求真理、和谐自由是大学所共有的文化精神。从个性追求来看,由于历史积淀、地域环境、办学基础、发展条件等的不同,每一所大学的精神都各具特色,异彩纷呈,体现在教学、科研、管理和校风、教风、学风等各个方面,成为激励大学发展的思想引擎和精神瑰宝,也是大学间相互区别的重要标识和文化"名片"。

大学精神是"历史足音"与"当代语境"的统一体。大学精神是在不同的历史时期和社会情境中经由历届师生奋斗、创造、积累而形成的一种"动态"的精神资源。它既反映国家、民族和学校的优良传统,同时也应紧贴时代发展趋势和社会现实需求,兼具厚重的历史感和鲜活的时代感。时代在发展,社会在进步,大学必须因"时"而变,随"事"而制,坚持民族性与时代性相统一,不断丰富和拓展大学精神的内涵,积极培育和塑造历史底蕴深厚、时代气息浓郁、价值导向明确、精神品质卓越的文化精神,以更好地培育大学的精神家园。

大学精神是"本土情怀"与"国际视野"的统一体。综观我国近代大学的发展史,大学精神并非"西方模式"的简单翻版和照搬。在塑造与培育中国大学精神方面,他们自觉根植于中华民族优秀传统文化的土壤之上,同时兼及大学的世界性和民族性,兼及大学的"知性取向"和"德性取向"。在世界范围内各种思想文化交流交融交锋更加频繁的今天,我国大学既要有"开眼看世界"的国际视野,也要有"低头思故乡"的本土情怀,更加自觉地植根于中华民族优秀文化的沃土,同时不断汲取世界文明的精华,形成中国特色,彰显中国气派。

(二)何为"中国精神"

关于中国精神,比较有代表性的说法是,指生发于中华文明传统、积蕴于现代中华民族复兴历程,特别是在近些年中国的快速崛起中迸发出来的具有很强的国族集聚、动员与感召效应的精神及其气象,是中国文化软实力的重要显示。中国精神与今日全球时代中国应有的国家利益、国家责任以及国家荣誉相匹配,并有益于且在很大程度上代表着人类发展的健康方向。从本质上讲,中国精神就是以爱国主义为核心的民族精神和以改革创新为核心的时代精神。这种精神是凝心聚力的兴国之魂、强国之魂,是当代中国的主流精神。民族精神与时代精神既一脉相承,又相互交融,共同统一于中国精神之中,使其具有厚重的历史感和鲜活的时代感。

以爱国主义为核心的民族精神是凝心聚力的光辉"旗帜"。"爱国主义始终是把中华民族坚强团结在一起的精神力量。"回首过去,中华民族之所以能够历经五千多年风雨而不倒,归根结底是因为有民族精神的支撑维系。千百年来,以爱国主义为核心的民族精神薪火相传、越燃越旺。特别是我们党在革命、建设和改革的进程中,培育形成的红船精神、井冈山精神、苏区精神、长征精神、延安精神、西柏坡精神以及大庆精神、雷锋精神、"两弹一星"精神、载人航天精神、九八抗洪精神、抗击非典精神、抗震救灾精神、北京奥运精神等一系列伟大的"革命精神",使民族精神的宝库放射出璀璨光芒。历史告诉我们,不管是民族危亡关头的同仇敌忾,还是改革发展时期的众志成城,凝聚在爱国主义这面光辉的旗帜下,个人命运才会与国家和民族的命运紧密相连,滴水之微才能汇聚成战无不胜的磅礴力量。在当代中国,爱国主义最鲜明的主题就是坚持和发展中国特色社会主义,在改革开放中加快推进社会主义现代化,全面建成小康社会,实现中华民族伟大复兴的"中国梦"。弘扬民族精神,关键要把宝贵的爱国热情转化为苦练内功、恪尽职守的实际行动,更加自觉地理性爱国、精忠报国、奋力强国、团结兴国,在筑梦、追梦、圆梦的征程中,不断创造出巨龙腾飞的"中国奇迹"。

以改革创新为核心的时代精神是攻坚克难的锐利"武器"。"改革创新始终是鞭策我们在改革开放中与时俱进的精神力量。"以改革创新为核心的时代精神是中华民族开拓进取的思想品格、马克思主义与时俱进的理论品格与改革开放和社会主义现代化建设实践熔铸而成的"动力引擎",为中华巨龙插上了腾飞的翅膀、注入了不竭的源泉。30多年来,改革创新的春风吹拂神州大地,我们在经济建设中创造的"中国奇迹",金融危机中显示的"中国信心",改善民生中呈现的"中国特色",国际事务中树立的"中国形象",改革开放中开辟的"中国道路",克难奋进中铸就的"中国精神"……可以说是"独树一帜、不可复制",彰显了中国特色社会主义的巨大优越性和强大生命力。"改革开放只有进行时没有完成时"。站在新的起点,无论是冲破思想观念障碍,还是打破利益固化藩篱,无论是打造中国经济的升级版,还是释放改革的最大红利,无论是把坚持和发展中国特色社会主义这篇大文章写下去,还是实现中华民族伟大复兴的"中国梦",都需要我们继续手持改革创新这一锐利的思想武器,以"逢山开路、遇河架桥"的勇气和"踏石留印、抓铁有痕"的劲头,战胜前进道路上的一切艰难险阻,让"中华号巨轮"乘着改革创新的强劲东风"直挂云帆济沧海"。

(三)大学精神与中国精神在本质上具有高度的契合性

大学精神与中国精神有着天然的联系。大学精神不仅是一所大学的力量源泉和精神象征,更是国家愿景、民族传承、社会意识和本土文化的融合体,是时代精神的表征和先进文化的集中体现,它不仅关乎大学自身的前途和命运,更关乎社会的进步与国家的兴盛。中国精神积淀着中华民族最深层的精神追求,包含着中华民族最根本的精神基因,代表着中华民族最独特的精神标识,为当代中国大学精神提供了生生不息的文化滋养和源源不断的动力引擎。

大学精神具有与中国精神相契合的爱国主义基因。中国精神的根基和血脉是爱国主义精神。这种精神,是中华民族赖以生存和发展的精神支撑,是中华文化中最本质、最集中、最持久的精神力量,也是激励一代又一代知识分子投身革命、建设和改革的一面光辉旗帜。大学精神本身具有与中国精神相契合的"爱国主义基因"。我国最早的儒家经典之一《大学》开篇即言:"大学之道,在明明德,在亲民,在止于至善"。宋代大儒张载将中国传统文人的理想归结为"为天地立心,为生民立命,为往圣继绝学,为万世开太平",奏响了中国古代大学服务于国家社稷的最强音。近代以来,中国人民争取民族解放、摆脱奴役压迫,在党的领导下从革命走向现代化的发展历程,也正是我们的大学孜孜探求教育救国、教育强国的历程。这就使得大学精神蕴含着许多特质:一是拥有强烈的爱国意识和报国情操,自觉担当社会责任;二是格外珍惜被历史和实践证明正确的马克思主义立场、观点和方法,并把学习、研究和阐释马克思主义作为本职;三是对中国特色社会主义高度认同。这些特质,使当代中国的大学精神焕发出绚丽的爱国主义光彩。

大学精神具有与中国精神相契合的改革创新气质。改革创新是当代中国人的精神追求、思想观念、价值取向和行为方式的最集中体现,是"意气风发走进新时代"最激动人心的主旋律,是"高举旗帜开创未来"的时代最强音。大学素有"开风气之先"的光荣传统,肩负着"传授已知、更新旧知、开掘新知、探索未知"的重要使命。它在最大限度地汇集、宣扬和传承前人的文明成果、精神资源的同时,又在不断地发展人类认识,探求新的真理,解决新的问题,培养社会需要的创新创造创业人才。作为优秀文化传承的重要载体和思想文化创新的重要源泉,大学理所当然地要高扬改革创新的精神旗帜,遵循教育规律,紧贴社会需求,解放思想,更新观念,在校园里营造一种"尊重劳动、尊重知识、尊重人才、尊重创造"的浓厚氛围,让一切创新想法得到尊重、创新激情得到迸发、创新活动得到支持、创新才能得到发挥、创新成果得到褒奖,从而引导广大师生员工冲破一切不合时宜的观念,破除教条主义和主观主义的束缚,使改革创新精神成为响彻大学校园的主旋律和最强音,成为涵养大学精神、积聚团结奋进正能量的不竭源泉。

二、积极培育和践行富有中国精神特质的当代大学精神

大学精神与中国精神,重在培育,贵在践行。大学应本着"不忘本来、吸收外来、着眼将来"的原则,正确处理好大学精神"实然"和"应然"这对矛盾,坚守先进的文化理想,高扬中国精神的旗帜,传承爱国主义的基因,彰显改革创新的气质,积极培育和践行富有中国精神特质的当代大学精神,在追求民族性与时代性相统一的过程中,不断获得坚持坚守的从容,焕发创新创造的活力,实现新的文化建构和精神超越。

(一)回顾历史,传承弘扬中国精神是近代大学精神的鲜明特征和显著优势

1898 年,近代中国第一所国立大学——京师大学堂在"睁眼看世界"的震惊中做出了救亡图存的自觉选择。此后,"教育救国"的努力和尝试就一直没有终止。"十月革命"一声炮响,给中国送来了马克思主义。启封建之蒙的新文化运动

和以"爱国、进步、民主、科学"为内核的五四运动,拉开了中国新民主主义革命的序幕,爱国主义由此成为革命年代我国大学精神最鲜明的主题。期间,蔡元培先生主政北大,对内倡导"思想自由、兼容并包",对外强调"择善""消化""能保我性""更进之发明",确立了大学之所以为"大"的基本准则和文化精神。开创清华"黄金时代"的梅贻琦校长也曾指出,"今日中国之大学教育,溯其源流,实自西洋移植而来,顾制度为一事,而精神又为一事。"这表明,制度移植的合理性并不意味着大学精神也可以模仿、照搬;同时,也暗含了我国大学精神并非来源于西方,从而为大学精神的中国化探索了一条新路。在全民族抵御外侮的八年抗战中,西南联大所形成的独特文化精神,使其成为现代中国科学、人文巨匠的摇篮,其成就至今堪称后无来者。新中国成立后特别是改革开放以来,我国大学文化精神呈现出新的特征:一是文化基调由理想主义转向现实主义;二是由注重政治文化建设转向注重道德文化建设;三是把校园文化建设与学生素质教育有机地联系起来,培养学生的"社会责任感、创新精神和实践能力"成为大学办学育人的最强音、"创新创业教育"成为大学文化建设一道亮丽的风景线。综观近代以来我国大学的发展史,充分展示了大学在不同背景文化的选择、融合、批判过程中,对中国精神的自觉传承与弘扬。也正是有了这样高度的"文化自觉",大学才始终保持着旺盛的生机与活力,走在引领时代发展与进步的前列。

(二)放眼世界,培育和壮大本民族的主流文化精神是国外大学的一贯做法

在世界文明发展史上,大学扮演着重要角色。欧洲文艺复兴运动将国外大学从中世纪教会的附庸下解放出来,真正意义上的现代大学得以诞生。正是从那时起,追求真理、尊重理性的科学主义精神和倡导平等、大胆怀疑的人文主义精神便深深植根于以传播知识、探究学问、传扬文化为使命的大学核心价值之中。大学教育因此显现出民族性和时代性特征。近代以来,虽然西方国家各种各样的文化表达和文化思潮不断涌现,但许多大学都有鲜明的国家理念。如,普林斯顿大学的校训是"为国家服务,为世界服务",哈佛大学也明确提出"为国家服务"的办学理念,注重保护和弘扬本民族的文化特性始终占据西方大学精神的主导。当今世界多元文化激荡交融,在此背景下,西方国家的大学对建设自己的主流文化更加重视和自觉。如美国的大学就强调用他们的价值观作为大学校园文化建设的根本内容,以此来打造"美国梦"、强化"美国精神"。曾担任哈佛大学校长的查尔

斯·艾略特曾明确表示："一所名副其实的大学必须从本国深厚的文化土壤中成长起来。美国的大学应该植根于美国的社会和政治传统,而不能从英国、法国或者德国移植过来。①"德国学者赫尔穆特·施密特指出:"应当在全球泛滥的伪文化的压力面前捍卫自己的文化特性,大学应该成为这方面的主要源泉……不能把本民族的伟大文化和价值继承抛进受忽略的角落。②"正是凭借这种新旧结合的变革性和稳定性,哈佛等世界一流大学散发着独特的精神魅力。可见,培育和壮大主流文化、倡导和宣扬国家理念,是国外大学一贯的做法,给人以深刻启迪。我们必须从中汲取教益,坚持以社会主义核心价值体系来统领我国大学精神的建设,不断巩固和壮大社会主义主流文化,牢牢掌握校园意识形态工作的领导权和主导权。

（三）面向未来,大学精神应在固本清源与革故鼎新中高扬中国精神的旗帜

历史和现实都表明,大学的发展总是与国家和民族的前途命运紧密联系在一起的,总是以改革和创新为己任的。大学精神归根结底是中国精神的有机组成部分,而且是中国精神中最有先进文化导向、最具激励引领作用的重要组成部分,是继承和弘扬民族精神的重要载体,是倡导和践行时代精神的前沿阵地。把中国精神体现和贯穿到大学精神建设的全过程,大学的发展就有了灵魂、就有了精神的"钙质"。党的十八大报告提出,要"大力弘扬民族精神和时代精神,深入开展爱国主义、集体主义、社会主义教育,丰富人民精神世界,增强人民精神力量"。对大学来说,最根本的就是要全面贯彻党的教育方针,坚持社会主义先进文化的前进方向,树立高度的文化自觉和文化自信,以科学理论为根本指导,以提高质量为根本原则,以立德树人为根本任务,以改革创新为根本动力,以党的建设为根本保障,筑牢坚持社会主义办学方向的"自强之魂",走好推动高等教育内涵式发展的"自强之路",夯实培养德智体美全面发展的社会主义建设者和接班人的"自强之本",激活建设中国特色现代大学制度的"自强之源",积聚投身"太阳底下最光辉的事业"的"自强之力",不断丰富大学精神的"中国特色",使大学真正成为社会主义核心价值观的忠实坚守者,社会主义先进文化的积极创造者,民族振兴和社会进步的有力推动者,更好地担负起人才培养、科学研究、社会服务、文化传承创新的

---

① 马天帅.没根的文化,注定是水中浮萍[N].新闻晨报,2010-6-9.
② 牛力.论我国世界一流大学建设的"中国特色"[J].淮海工学院学报(人文社会科学版),2014,12(11).

重任。与此同时,大学还要坚持面向现代化、面向世界、面向未来,用民族的科学的大众的社会主义先进文化办学育人,将对祖国的深厚情感、对民族的深切自豪转化为改革的魄力、创新的勇气,在植根传统的基础上与时俱进,在积极变革的过程中坚持自己的操守,使大学精神不仅具有中国特色,而且更加能和世界接轨,更加凸显开放包容,更加富有时代气息,更加充满生机活力。

参考文献:

[1]胡锦涛.坚定不移沿着中国特色社会主义道路前进,为全面建成小康社会而奋斗——在中国共产党第十八次全国代表大会上的报告[N].人民日报,2012 - 11 - 18.

[2]习近平.在第十二届全国人民代表大会第一次会议上的讲话[N].人民日报,2013 - 3 - 18.

[3]刘云山.推动形成实现中国梦的强大精神力量[N].人民日报,2013 - 4 - 9.

[4]云杉.文化自觉 文化自信 文化自强——对繁荣发展中国特色社会主义文化的思考[J].红旗文稿,2010(15)(16)(17).

[5]刘延东.深化高等教育改革,走以提高质量为核心的内涵式发展道路[J].求是,2012(10).

[6]任理轩.论中国共产党的伟大精神——写在中国共产党成立90周年之际[N].人民日报,2011 - 6 - 16.

[7]胡显章.推进大学文化建设的几点思考[J].中国高等教育,2010(18).

[8]张华.大学精神与中国精神[N].中国教育报,2012 - 4 - 16.

[9]薛进文.培育中国特色大学精神[N].光明日报,2012 - 11 - 13.

[10]邹诗鹏.中国精神的历史生成及其时代呈现[N].光明日报,2012 - 11 - 20.

[11]郝立新.大学使命与文化强国[N].光明日报,2012 - 12 - 26.

[12]沈壮海,王军.为实现中国梦汇聚强大正能量[N].中国教育报,2013 - 4 - 17.

高职教育高深学问的精神追求刍议

顺德职业技术学院　夏　伟　刘金玉[*]

摘　要:高等教育的类型主要由知识类型决定,而不是因教师或学生的不同造成的。学问的圣殿里有许多特色各异的厅堂,高职教育的高深学问决定了自己的类型和特色。致力于技术和知识应用的高职教育主要侧重于专业方面的实用高深学问。这种学问与纯研究或纯学术方面的高深学问大异其趣。与之相比,高职教育高深学问在卓越、高贵、美丽等方面的精神追求明显凸显自己的特色,比较突出地体现在技术和知识应用方面的哲学自觉、人文关怀、政治与伦理担当。

关键词:哲学自觉;人文关怀;政治与伦理担当

一、高深学问与高深知识

在大学近千年的历史发展中,大学的内容和形式发生了巨大变化,但在追求知识和探寻真理中培养人才这一主题作为大学的立身之本,从未发生任何根本改变。在论述高等教育发展的动因和内在逻辑时,高深学问与高深知识是重要焦点,但它们常常被人们当作等同的概念使用。为更准确地解释高等教育中高深知识及围绕它们开展的活动,我们认为最好还是区别使用这两个概念。高深学问,是更为上位的概念,可以英译为 higher learning,包括高深知识(higher knowledge)

　* 作者简介:夏伟,男,工学博士,教授,博士生导师。现任顺德职业技术学院院长,国务院政府特殊津贴专家。广东省职业技术教育学会副会长,广东省机械工程学会副理事长顺德职业技术学院院长。
　刘金玉,男,顺德职业技术学院,副教授,主要研究高等职业教育。

和高深的方法(advanced technique),也包括研究、保存、传递、提炼和完善高深知识与方法等学术活动。其中,高深知识与方法是高深学问的核心和根基,学术活动是学术人进行的高深知识生产、保存、提炼、传播、完善等过程。所以,高深学问有三个基本要素:高深知识与方法、学术活动、学术人。

中文的"学术"一词分为"学"与"术",直到20世纪初才作为一个独立用语使用。蔡元培认为,"学即学理,术即应用;学与术之间是有区别的,必须并进才好;……'学'必借'术'以应用;'术'必以'学'为基本,两者并进始可。"严复认为,"盖学与术异,学者考自然之理,立必然之例;术者据既知之理,求可求之功。学主知,术主行。"梁启超1919年在《学与术》一文中指出"学者术之体,术者学之用","夫学也者,观察事物而发明真理者也;术也者,取所发明之真理而致用也。"高职教育同样离不开学术,并注重"学""术"结合,但更侧重于术,侧重于行。根据时代发展的实际,美国学者欧内斯特·博耶提出了新的学术范式,赋予"学术"新的含义,将学术分为发现的学术、综合的学术、应用的学术和教学的学术四种类型。中文世界的学术概念和西方新的学术定义,能够更好地解释和揭示高深学问的发展变迁和新兴高等教育勃兴的规律。

作为认识成果的高深知识与方法,大体可以区分为如下三种情形:一是高级的知识(advanced knowledge),相对于初级(primary)和中级(intermediate)知识而言的;二是深奥知识(profound konwledge),难度较大,相对于浅显的知识而言的;三是未知的、秘密的知识(esoteric knowledge),相对于已知的知识而言的。

我国研究者通过历史考查发现,"几乎在所有的社会中,知识都可以划分为"普通知识"与"高深知识",而且两种知识的划分在从古到今的教育思想中均能找到依据。"①

在古希腊,教养(paideia)属于普通知识,而哲学则被视为高深知识。柏拉图在《理想国》指出,音乐、体操、算术、几何、代数、天文学、和声学只是辩证法学习的"前奏",是预奋性的科目。在亚里士多德那里,"哲学"是形而上学的,保留给少数人的,而paideia则是大众化的。在古罗马,西塞罗将知识分成基础修养(puerilia institutio)和高级修养(politior hamanitas)两大层次。在中世纪,七种自由学

---

① 钦文.普通知识与高深知识[J].北京大学教育评论,2007(2):80.

科(the seven liberal arts)被视为通往更高智慧（神学、哲学）的预备科目。十九世纪的英国教育家马充·帕蒂森指出，在所有的学习科目中都基础(elementary)和高深(higher)之别。基础的部分与高深部分的形式和教学方法也有明显区别，一旦进入高等教育的高深知识领域，"你就进入了一个薄雾弥漫、模糊不清的地域，在这里，基础的知识已经被超越，所有的一切都是朦胧的，无法定义的。一切都是猜测，而且这些猜测只能为那些从未涉足此地的人所思考"。① 英国历史学家柏克(P. Burke)在《知识社会史——从古腾堡到狄德罗》一书对"学术性"知识和通俗或日常知识进行了区分，认为学术性知识是"经由深思熟虑的、处理过的或系统化的"知识。伯克所论的学术性知识就是高深知识。

高等教育系统内的高深知识一方面分为不同部类，另一方面又可以分为高、低层次，正如伯顿·克拉克所指出的"在高等教育内，甚至'软'学科，对学生来讲也存在着初等的工作、中等的工作和高等工作的不同。因此，课程层次也存在低层和高层、第一阶段和第二阶段之分。"②受美国高等教育的影响，目前世界高等教育发展的趋势，第一个层次，即大学四年制的本科层次，主要从事通识教育，第一级学位，即学士学位，并不证明特定的专业能力；第二、第三层次是专门化教育，由研究生院和专业学院两种形式，"它们只向完成或至少读过几年层次学业的人开放。"③因此，人们只有获得第二、第三层次的学位才能进入高级专业领域。

二、高职教育与高深学问

"在任何社会里，学术工作都是围绕着特殊的理智材料组织起来的。"④教育系统是一个国家的知识中心，"我们无论讨论哪一个层次的教育，都离不开知识这一核心概念。"⑤相对于其他事业，知识或学问是教育的核心；相对于初等、中等教育，高深学问是高等教育的核心。因此，美国高等教育哲学家布鲁贝克的经典

① 钦文. 普通知识与高深知识[J]. 北京大学教育评论,2007(2):80.
② [美]伯顿·克拉克. 高等教育系统——学术组织的跨国研究[M]. 杭州:杭州大学出版社,1994:53.
③ [美]伯顿·克拉克. 高等教育系统——学术组织的跨国研究[M]. 杭州:杭州大学出版社,1994:12.
④ [美]约翰·S. 布鲁贝克. 高等教育哲学[M]. 杭州:浙江教育出版社,2002:17.
⑤ [美]约翰·S. 布鲁贝克. 高等教育哲学[M]. 杭州:浙江教育出版社,2002:17.

著作《高等教育哲学》第一章专门论述高深学问,全书以之为主旋律,并指出"凡是需要人们进行理智分析、鉴别、阐述或关注的地方,那里就会有大学。"①"每一个较大规模的现代社会,无论它的政治、经济或宗教制度是什么类型的,都需要建立一个机构来传递深奥的知识,分析、批判先存的知识,并探索新的学问领域。"②揭示了高等教育机构产生与发展的动因。美国高等教育著名学者伯顿·克拉克(B. R. Clark)历时15年研究与写作的呕心沥血之作《高等教育系统》一书的第一章专门论述了知识问题,认为高深知识是高等教育系统的核心所在。伯顿·克拉克说"只要高等教育仍然是正规的组织,它就是控制高深知识和方法的社会机构。它的基本材料在很大程度上构成了各民族中比较深奥的那部分文化的高深思想和有关技能。"③"高等教育的任务是以知识为中心","教授们保存、提炼和传授的"不是普通知识,"而是他们以专家见长的特定知识体系。""任务和工作者围绕许多知识群类而结合","这一原则适用于研究性大学、师范学院、理工大学、社区学院或任何类型的中等后教育机构。"当然也适用我国方兴未艾的高等职业教育(即简称高职教育)院校。

北京大学陈洪捷教授也强调高深知识是所有高等教育的前提,他指出:"高深知识是任何高等教育活动的基本前提,无论是教学、培养,还是研究,这些都离不开高深知识,都必须借助于高深知识。所教授的是高深的知识,所培养的是掌握高深知识的人才,所研究的更是高深的知识。换句话说,离开了高深知识,高等教育便无法进行。"④并富有卓见地判断:"一种新的高等教育机构的产生往往是高深知识活动繁荣的结果","从历史发展的角度看,高深知识本身的发展通常会推动新的高等教育机构的产生和发展"。⑤

---

① [美]伯顿·克拉克. 高等教育系统——学术组织的跨国研究[M]. 杭州:杭州大学出版社,1994:12.
② [美]伯顿·克拉克. 高等教育系统——学术组织的跨国研究[M]. 杭州:杭州大学出版社,1994:11.
③ 陈洪捷. 论高深知识与高等教育[J]. 北京:北京大学教育评论,2006(4):2-8.
  陈洪捷. 论高深知识与高等教育[J]. 北京:北京大学教育评论,2006(4):2-8.
④ [美]伯顿·克拉克. 高等教育系统——学术组织的跨国研究[M]. 杭州:杭州大学出版社,1994:16.
⑤ [美]伯顿·克拉克. 高等教育系统——学术组织的跨国研究[M]. 杭州:杭州大学出版社,1994:16.

　　高等教育的类型大体由高深学问的类型决定的。行动的务实的新型实用高深学问是高职教育的核心,决定了高职教育作为高等教育新类型的本质特征。从世界高等教育发展进程来看,高职教育既是应经济社会发展的新要求而生,更是伴随着知识转型而来。我国高职教育发展的重要背景,一方面是 20 世纪 80 年代以来,特别是 90 年代末以来经济社会的迅猛发展,另一方面则是世界范围内的知识生产模式的深刻变革。归根结底,经济社会迅猛发展过程蕴含的知识变革,尤其是知识在社会经济发展中的作用越来越大,是诱发高职教育的更为直接的根本动因。伯顿·克拉克早就发现了社会经济领域的高深知识进入高等教育的规律,他指出"在社会的所有劳动分工中,什么行业的训练内容是在高等教育中进行的,什么行业及其相关的思想和方法体系就被确立为先进的。因此,实用高深知识也必需进入学术系统"。① 其实,反之亦然,什么行业的知识越来越复杂和高深,那么什么行业的思想和方法体系也就必然会进入高等教育殿堂,或者推动相应的新型高等教育的产生。正由于这样,高职教育应运而生。

　　从高职教育的产生与发展动因来看,高职教育必然要求职业性与高等性的协同发展,既是职业教育性质的高等教育,又是高等教育性质的职业教育。从高等性看,这种高等教育主要旨在发展实用高深学问和培养这种学问的后继者。从职业性看,这种职业教育注重培养专业性专门职业人才,超越了一般的职业教育,可以英译为 profession education(中文常译为"专业教育")。在英文中,occupation,vocation,profession 都有职业的意思,但有微妙的差别。Occupation 指具体的工作类型;vocation 泛指行业;profession 主要指有高深学问的专门职业,即专业性职业。Profession 的原始意义是声明或宣誓,意味着从业者对某些事务拥有更多的知识与权力,也是对其职业范围的界定。根据帕森斯(Talcott Parsons)的分析,专业性职业(profession)又可以分为学术性职业(academic profession)和应用性职业两个部分。拥有高深专业性知识的学术人员如果不把知识服务于社会,那么,他只是一个有知识的、饱学的学者。只有学者把知识用于服务社会并获取报酬时,他所从事的才是专业性职业 profession。

　　一般职业(occupation)和专业性职业(profession)既有联系又有区别。专业性

---

① ［美］伯顿·克拉克. 高等教育系统——学术组织的跨国研究［M］. 杭州:杭州大学出版社,1994:11.

职业是职业的一种特殊类型,仍具有职业的一般特征,即都要就业,并通过工作获得经济报酬或经济利益。区别在于,一般职业以经济利益为第一目的,而专业性职业更重视专业荣誉和社会利益;一般职业的工作对象和工作场所没有专门知识的限制,可以涉及社会各个领域,而专业性职业的工作对象是基于高深知识的应用与服务,高深知识的专门化严格区分知识人的分工部门和工作场所。因高深学问的程度差别,专业性职业必然会有许多层次,也必然相应有不同层次的高等教育来培养相应的人才。但所有要就业,要应用知识服务社会,要通过工作获取经济利益的都是职业,所以从我国当前的高等教育体系发展的实际情况来看,无论是"985"一流大学、"211"重点大学、一般本科院校,还是高职院校;无论是公办院校,还是民办院校,最大的比重都是举办各种高职教育,一方面大量培养应用性职业人才,一方面少部分培养学术性职业人才,只是水平、层次、风格、特色有别而已;而培养纯学术型学者的高等教育所占比例很小,并呈现越来越小的发展趋势。掌握一定的可用于服务社会的知识,成为专业性职业人才,期望在一定领域获得丰厚报酬的就业,是千年大学发展史中大多数大学生的追求目标。从这个方向看,到中世纪时很多大学都将成为职业性学校①。

三、高职高深学问的精神追求

(一)哲学自觉

现代世界因"祛魅"而日益世俗化、功利化,离"神圣"愈益遥远。表现在高深学问领域,就是专业分支越来越多,各门具体科学离普遍知识的哲学母体越来越远,学问越来越世俗和功利,大学越来越像公司而非神圣的殿堂。但是艾伦·布鲁姆坚持认为大学这些殿堂"被赋予了先知与圣人的精神","因而有别于其他的处所。"②我国新兴的高职院校这类新大学也不应例外。因为西方历史学家哈罗德. 珀金认为,"大学的含义和目的可以说是因时而异、因地而异,它依靠改变自己的形式和职能以适应当时当地的社会政治环境,同时通过保持自身的连贯性及

---

① [美]伯顿·克拉克. 高等教育系统——学术组织的跨国研究[M]. 杭州:杭州大学出版社,1994:16.

② [美]艾伦·布鲁姆. 走向封闭的美国精神[M]. 缪青等,译,北京:中国社会科学出版社,1994:291. 3

使自己名实相符来保持自己的活力。"①，高职院校也只有接续大学一脉相承的精神，才能保证应有的高等教育的生命与力量。

高职教育在培养人才中追求"就业导向""能力本位""校企合作""产学结合""工学结合""产学研结合"等开放办学实践，比较注重解决实际问题，崇尚务实、行动，容易停滞于事实和技术层面，而缺乏进一步的理论提升，更遑论哲学探索和理想追求。但正如雅斯贝尔斯所说，"如果大学里面只有文献考据而没有哲学探索，只有技术而没有理念，只有目不暇接的事实而没有理念的指引，大学就岌岌可危了。"②任何学术，从山脚下攀登而走向山峰之时，都会走向哲学，这是学术追求卓越的宿命。解决实际问题的知识应用、技术实践等实用高深学问的学术也不例外。钱学森的"集大成，得智慧"教育思想就卓有见地指出，目前所有的十个科学部门都有自己的哲学，也必须走向哲学。科学技术只有提升到哲学的高度才算达到本科学部门的应有水平和高度。高职高深学问应有哲学自觉，才会走出技术操作层面的简单重复和经验层面的肤浅，而走向高深和繁荣等应有的境界，也才能无愧于高等教育，无愧于自身的"高等性"。

（二）人文关怀

大学的学术人，作为"知识者"（men of knowledge），除了专业身份之外，还应该是体现着真理标准、道德价值和审美批判三种精神的知识分子。作为高等教育的新类型，高职教育的实用高深知识，不局限于个人的闲逸好奇，可能会造成的严重社会后果，客观地要求其学术人更应该具有知识分子的社会批判意识和社会良知。知识分子的典型人格特征是高度的人文关怀，表现为"我的心为人类的痛苦所充盈"。知识分子是精神性的，而非职业性和经济的。成为知识分子，意味着超越对自身所属专业或所属艺术门类的局部性关怀，不是只追求自己的职业目标，而是通过独立批判指向更广阔更深远的社会关怀。随着高等教育大众的不断深化和普及化即将到来，工人、农民知识分子化的理想即将变成现实，但纯技术知识分子的兴趣基本上是"技术性"的，只有胸怀人文精神的知识分子，方才能成为社会的良知，成为真正的知识分子。对个体来说，如果在技术应用和知识使用的生

---

① ［美］伯顿·克拉克. 高等教育新论：多学科的研究［M］. 杭州：浙江教育出版社，2001：24.

② ［德］雅斯贝尔斯. 大学之理念［M］. 上海：上海人民出版社，2007：22.

产实践与社会实践中,仅仅注重专业能力,局部看可以把事情做得很好,知识技能可以提高,但容易为经验所闭,为物欲所昏,走向物化。这种情况下,无论怎样提高知识技能,无论怎样发展创造,都难以改变无文化、缺人文关怀的状态。文是人之文,人是文之人。孟子说的人与禽兽的几希之别,就在于人文。而个人的文化气质,人文修养,与知识技能体系不是一个层面,必须有一个向上攀登的过程。根据使用高深学问的内在特点,高职教育在培养务实的实践能力之外,亟待深厚的文化涵养,追求博厚的人文关怀。

(三)政治与伦理担当

高职的实用高深知识是在应用语境中生产、传播的,在经济社会中一定会产生相应的实际后果,要么增进人类福祉,要么带来危害,高职的学术人(教师和学生)必然要对这种后果负责。也正由于这样,高职的高深学问并非完全根基于认识论的合法性,自由地由闲逸好奇所驱使,必须要追求政治上的正义和道德上的良善。这种情形,正如美国高等教育哲学家布鲁贝克所指出的:"高等教育越卷入社会事务中就越必要用政治观点来看待它。就像战争意义太大,不能完全交给将军们决定一样,高等教育也相当重要,不能完全留给教授们决定。"①政治简单地说就是追求正义和良善,包括伦理。早在古希腊人们就认识到,政治事务完全是灵魂内在结构的结果,因为一切政治行动都起源于人的内在心灵。为了保障造福人类,在技术应用和知识使用的实践中必须追求正效益,追求正义和良善,这是高职高深学问的必要政治与伦理担当。

---

① [美]约翰·S. 布鲁贝克. 高等教育哲学[M]. 杭州:浙江教育出版社,2002:32.

当代中国大学精神的机遇、挑战与对策

顺德职业技术学院 齐振彪* 刘金玉

摘 要：改革开放30多年来,我国社会发生了重大转型。在转型过程中出现的,诸如全球化问题、市场化问题、行政化问题、网络化问题,等等,导致社会一定程度的价值迷失和民族精神的失落,对当代中国大学精神提出了诸多新的时代挑战。但社会主义核心价值观的倡导为当代中国大学精神建设创造了难得的战略机遇。为抓住机遇,应对挑战,开创当代中国大学精神建设新局面,各类大学都必须全面弘扬社会主义核心价值观,强化中华传统文化的自觉与自信,接续中华传统文脉,重振和复兴人文精神,回归学术本位、育人本位和文化本位。

关键词：大学精神；学术本位；育人本位；文化本位

大学首要的是要获得一种精神。历史和实践证明,由精神主导办学与发展的大学,才有生命,才有灵魂。这是大学成功的秘诀。因为大学既是一个学术机构,也是一个教育机构,而从更本源的意义上看则是一个文化机构。作为文化机构,大学不同于一般意义上的文化机构,而是社会的大脑,是国家或区域的文化中心,是民族价值世界的守护者,是新知识、新思想、新方法的发源地,是知识人的精神家园。只有大学精神的富有和高尚才能使大学达到应有的高度。同时,大学应该引领而不是追逐社会,大学风气应该是理想主义的、精神的、形而上的,恰好对社会风气世俗的、物质的、形而下的状况可予以矫正。

---

* 作者简介:齐振彪(1957—),男,安徽合肥人,博士,顺德职业技术学院党委副书记、教授。

但是改革开放后,全球化问题、市场化问题,以及整个社会一定程度上的价值迷失问题,大学组织系统自身一直就有的行政化问题,新技术带来的网络化问题,等等,都在干扰甚至混乱大学的方向,诱使大学跟随社会的脚步而起舞,偏离大学之道。不过,党的十八大提出"倡导富强、民主、文明、和谐,倡导自由、平等、公正、法治,倡导爱国、敬业、诚信、友善,积极培育和践行社会主义核心价值观。"正在全局性地推动我国新型的文化转型和精神文明重建,为大学精神建设带来了新的契机。本文拟分析当代中国大学精神面临的良好战略机遇、新的时代挑战及其对策。

一、当代中国大学精神迎来的战略机遇

社会主义核心价值观给当代中国大学精神建设创造了前所未有的良好战略机遇。培育和践行社会主义核心价值观,实质上是国家新时期一项重要的文化建设与精神文明战略,会极大地从正面推动当代中国大学精神的培育、坚守和弘扬,创造巨大的正能量。首先,培育、践行和弘扬社会主义核心价值观,作为凝魂聚气、强基固本的基础工程。习近平强调,要通过教育引导、舆论宣传、文化熏陶、实践养成、制度保障等,使社会主义核心价值观内化为人们的精神追求,外化为人们的自觉行动。有利于继承和发扬中华优秀传统文化和传统美德,培养和弘扬积极进取的民族精神,铸造中国自强不息的国魂。民族精神和国魂是一个国家大学精神的源泉。

如果整个国家的国魂和民族精神迷失或疲弱,大学也不能幸免,那么何谈坚守、培育和弘扬大学精神呢。培育、践行和弘扬社会主义核心价值观,正好为当代中国大学精神可以营造一个积极进取、自强不息的时代精神氛围,可以凝聚和积蓄强大的社会精神推动力量。其次,社会主义核心价值观贯穿于社会生活方方面面,培育、践行和弘扬社会主义核心价值观,作为文化软实力建设的重点,有利于全面深入地推动文化建设和文化繁荣,与当代中国大学精神的培育、坚守与发扬的根本宗旨非常吻合,有利于当代中国大学精神立足中华优秀传统文化,接续中华文化源远流长的文脉和传统学术与教育的精神命脉,挖掘中华民族最深层的精神追求,寻求丰厚的民族文化滋养。第三,培育、践行和弘扬社会主义核心价值观,复兴中华文明,有利于推动全社会,尤其是大学探索中华优秀传统文化的历史渊源、发展脉络、基本走向,寻绎中华文化的独特创造、价值理念、鲜明特色,增强文化自信和价值观自信,为当代中国大学精神建设开辟源头活水。

二、当代中国大学精神面临的时代挑战

(一)全球化的挑战

全球化的经济社会发展格局及其导致的多元文化的交流与冲突,对当代中国大学精神带来了独特的时代挑战。

全球化主要是经济全球化。经济全球化是全球资本推动的一个客观现象,它客观地有利于资源和生产要素在全球的合理配置,有利于资本和商品在全球性流动,一定意义上确实也有利于科技在全球性的扩张,有利于促进不发达地区经济的发展。但当前的经济全球化现状是,以发达国家为主导,以谋求资本的最大利润为目标,进一步使发展中国家的血管被切开。同时,随着全球化,欧美发达国家市场盛行的新自由主义成了新的世界主流思潮,亦大有文化新殖民主义全球横行之势,对民族国家和民族文化,尤其是第三世界国家和民族文化造成了巨大冲击。

比如,随着西方文化的涌入,我国社会的价值观念、生活方式日益西方化,造成了严重的精神空虚和思绪混乱,对民族精神形成了前所未有的挑战。民族精神是一个国家大学精神的源泉。在整个国家或民族的精神大幅迷失的情况下,大学也不能幸免,何谈坚守和培育大学精神呢?改革开放,国门打开,随着西方先进技术和大量资金的引入,西方一些腐朽的思想观念、生活方式、价值取向也乘机进入,并大行其道。在全球化背景下,西方国家利用资本的流动性悄然将文化渗透进我国,在商品的消费渠道巧妙地进行文化渗透,如借助可口可乐、麦当劳、肯德基、CNN(美国有线新闻)、好莱坞大片等等商品使美国的思想、信仰、价值观、生活方式风靡中国大江南北。

面对全球化和西方的冲击,今天中国大学都在追求时髦的所谓"国际性""国际化",其实就是西方性,西方化,大多数时候或许就是英语性和美国性,或英语化与美国化,带有很强的文化与精神殖民意味。在这种情况下,有相当多的中国大学人惟洋是从,丧失文化主体性。连中国学界普遍盛行的学术论文格式都是西式的,以各专业期刊和各大学学报为代表。西式论文成为学界主流,可能是学术量化管理所致格式化的恶果,但最根本的或许是学术自信不足,丧失主体性,惟西是

从而削足适履的恶果。这种被殖民化的状况对当代中国大学精神如何从中华文明中吸取养分,坚守大学的中国魂,提出了极其严峻的挑战。

(二)市场化的挑战

改革开放以来,以经济建设为中心,尤其实施市场化改革之后,固然带动了经济社会的迅猛发展,但由于过分追求经济利益,在很大程度上忽视了精神文明建设,利益最大化的经济原则大行其道,相当程度上动摇了人们的传统信仰和伦理道德,带来了诸多追名逐利的不良社会现象,社会发生了重大转型。文化转型乃是社会转型的内核。改革开放以来,社会迅猛发展,表面看来最突出的是经济的繁荣,GDP 的增长,但其背后的文化转型,社会的思想观念和精神状况的转变才是最为根本的。

由于社会主义市场经济尚不完善,没有很好地对市场进行合理的规制,结果市场刺激的单纯的物欲追求导致了许多社会问题:环境污染、资源枯竭、食品危害、信仰缺失、道德沦丧。在经济向市场转型过程中,重科技轻人文、重物质轻精神的情况也愈演愈烈。虽然今天的世界经济发展模式,市场经济已然成为绝对的主导形态,但市场经济毕竟是以个人利益为主要驱力的,不可避免地会带来拜金主义和损人利己行为的泛滥。由于物质被时间和空间所局限与人的欲望可以无限膨胀的固有矛盾,因此人们对物质生活的欲望是永无止境的,加上各种各样的诱惑与刺激,形形色色的奢靡消费导向,很容易造成物欲横流的社会风气,以及与之相伴随的贪腐横行等社会病态。不受合理规制的市场经济,必然会导致重科技轻人文、重物质轻精神的短视功利主义的进一步恶性泛滥,会导致整个社会伦理的堕落乃至人性的泯灭。由于不受规制的市场因素刺激,信仰缺失,道德沦丧、享乐至上、物欲横流、贪腐盛行、社会弊端丛生、人文精神凋零,如此种种事实上已经在我国开始出现,并大有蔓延之势,大学亦难免市场化之负面影响。近年来,我国大学制度与生态日趋类似于市场经济下的企业,学术自由的原则大有被资本之运行逻辑所取代,"学术资本主义"将大学的科研逐渐异化为企业的生产活动。学术资本主义固然可以造就学术利益共同体,固然更有利于激发科研积极性,从而提高知识生产效率,但它泯灭了大学精神的人文关怀和批判精神,且迫使神圣的学术活动蜕变成冷冰冰的利益计算与分配。

以经济建设为中心的功利主义,不断地在迫使大学培养精致的利己主义者,使大学的精神面貌日趋贫乏。随着实用主义与功利主义弥漫整个社会,生计的追求超过了求知的志向,大学教育俨然日益沦落为职业培训,大学沦落为职业培训的场所。市场导向、就业导向的风潮盛行,开口是工作,闭口是就业,大学俨然如职业养成所,如职介所,如劳动力大卖场。即使此类职业教育是 professional education 而非 vocational education,即高端专业人才的训育,也未能改变这种实用与功利追求对大学精神的戕害。

(三)行政化的挑战

高校行政化对当代中国大学精神也带来了不小的挑战。行政化日益阻碍了教学科研的发展,严重破坏了学术的生态环境,败坏了学风,已经在一定程度上窒息了大学的生机与活力。

大学这一学术与教育合一的独特组织,随着规模不断扩大,为了提高工作效率,日益官僚化或行政化,也是难免的宿命。19世纪的社会学家马克斯·韦伯就敏锐地看到了这种不可避免的发展趋势。但任由这种行政化的泛滥,必然会损害大学的学术本性和教育本性,戕害大学精神。

长期以来,我国高校是严密行政体制下的一个下级机构,为适应此体制,学校内部之组织架构也严密科层化。大学的校长、书记产生于自上而下的权力运作,他们更多地对任命他们的上级负责,可以不对大学负责,大学对他们基本上也没有多少约束力。学校内部的行政机构也不断膨胀,行政管理人员亦日趋官员化。在此情形下,大学的主体之一——教师自然成了该套"管理"体系下的"员工",类似当前语境下的就业打工的教书匠。

另外,大学校内流行的行政管理,为了提高效率,日益数字化、智能化、定量化,为提高管理效率,使教师们绑在了条文、表格、检查、评估、绩效考核的琐碎与繁难之中,大有形成日益兴盛的教育行政管理运动之势,并喧宾夺主,正在日益湮没教师纯粹求知的动力和探索真理的主体意志。大学过多地负载着与学术格格不入,甚至相冲突的意识形态和管理主义,对大学精神的戕害最大,严重破坏了学校的学术生态,挤压学术生存空间,窒息了良好学风。比如,可能会导致动辄得咎的恐惧或顾忌而来的心灵窒碍,怎么可能还会获得学术活动所需要的心无旁骛的专注与热情呢。

就教育的本质而言,"育人"恰恰是其精髓所在,比传授知识重要得多,也困难得多,也可以说"育人"是教育的真精神。离开了"育人",教师的教学就可能沦为徒然的知识贩卖,或者难免迎合学生的口味而哗众取宠,或者不负责任地教材搬家式的照本宣科。现在大学教师很不愿意"育人",原因可能很多,其中最重要原因很可能是教师自身主体丧失,因而其"人师"的自觉和意识随之丧失之故。大学教师的主体性为何会丧失呢?其中主要原因乃在于学校官僚化或曰行政化之后,教师被置于卑微屈从地位,不再有为人师表的自信了。作为一个需要时刻接受管理、监督、检查的人,教师作为教育者之主体性必荡然无存,教育信心被击垮殆尽,而学子又业已被校方当局视为教育服务消费之上帝。可怜的教师们已经精神垮了,脊梁断了,还怎么可能凛然秉具"教士"般担当精神面对学子,完成育人任务呢?

学术腐败盛行,也正在严重损害大学精神。学术腐败的危害不仅在于教授造假或者学生抄袭,行政僭篡学术,政治凌驾思想才是全局性、根本性的腐败,祸莫大焉。大而言之,凭藉权力独揽"真理"标准或学术标准,建立扭曲学术良知的错乱评价体系,从各方面干涉学校办学;行政部门对于科研经费划拨和学术荣誉之颁授的垄断,等等。小而言之,官员捞取学位与教职,利用权力在学术论著上署名,获取项目,而后交给打工的教授炮制,等等。

(四)网络化的挑战

网络技术发展之迅猛,其带来的生活方式和学习方式改变之巨大,始料未及,猝不及防。以网络技术为核心的当代技术革新对当代中国大学精神带来了意想不到的巨大挑战。

人们通常认为技术是中性的工具,它本身无所谓善恶,是价值中立的。技术所带来的后果的好坏全赖于使用工具的人,好人可用之为善,坏人则用它为恶。海德格尔却认为这是很肤浅的看法,没有看到技术的本质,他认为技术并不只是一种工具,它更是一种"座架"。技术也并不是价值中立的,现代技术有很强的价值导向作用,渗透人类生活的各个方面,以其特有的功能和效用,无时不对人们的行为选择和价值取向施加巨大压力,并塑造使用技术的习性和新的生活方式。譬如现代的机器文明蚕食花园文明,技术革新意味着要求抛弃旧模式,抛弃传统生活方式。由于现代技术的突飞猛进和对世界的巨大改造,现代人崇尚技术,技术在现代价值谱系中占据着极其显赫的地位。现代技术已经创造一个无法规避的人工世界,使人越来越无法亲近大自然。技术本身也已成为现代人最重视的价值之一,崇尚能紧跟技术进步的步伐。

但恰如我国科技哲学家吴国盛教授所论,技术所展开的每一种可能性空间,都必然同时遮蔽和遗忘其他更多的可能性,使丰富的可能性扁平化、单一化。譬如网络时代,新技术给人们带来了信息获取的便利,同时也在关闭传统阅读的可能空间,大学普遍患上了"阅读缺乏症"。在信息海量增长的大数据时代,瞬息万变,快速浏览的浅读、读图盛行。与思想交流,与经典对话的传统读书行为日渐被淘汰出局。在大数据里,在网络世界,似乎可以获取想要的任何海量信息,教师知道学生不知道、教师先知学生后知、教师知之较多学生知之较少的教学生态状况已经不再稳靠。在这些信息的诱惑和教导下,很难寻觅到一个正确的方向,学生的精神或灵魂犹如大海漂流的一叶孤舟,不知道要停靠的港湾在哪里。当代大学校园里似乎什么都不缺,唯独缺少静静阅读的氛围,缺少独自徘徊徜徉在图书馆前的"书呆子"。当代大学生以上网为乐,以不读书为乐,随着手机智能化之后,这种情况更为严重,给当代大学文化和精神建设带来了极其严峻的挑战。

三、当代中国大学精神建设的对策

(一)弘扬核心价值观,确立大学精神的方向

社会主义核心价值观对当代中国的统一、富强、文明及中华文明的伟大复兴,具有深远的历史意义。一个社会的本质、特征和理想追求表现为该社会的核心价值观。一个民族或者国家的核心价值观,就是寻求国家的价值内核,实现社会的共同理想,构建国民的精神家园。历史证明,一个国家或民族,贫弱落后固然可怕,但更可怕的是精神的缺失。没有核心价值观,再丰裕的物质生活也难免让国家社会迷失。一个国家的进步,离不开精神的支撑,一个国家的强盛,有赖于文明的成长。

改革开放带来的巨大社会转型,社会多元化甚至于碎片化导致了社会的共同理想泯灭,国家的价值内核模糊,作为文化中心的大学多年来也迷失了方向,丧失了主体性,社会主义核心价值观可以说给当代中国大学大学精神带来了定海神针。当代中国大学精神应当以社会主义核心价值观为大学的中国魂之根基,确立大学精神的社会主义时代方向。首先,在培育、践行和弘扬社会主义核心价值观

的过程中,各类大学应该要发挥文化引领和精神示范的作用。因为大学是社会的大脑、国家或区域的文化,拥有无可替代的独特学术地位与文化优势。其次,要把社会主义核心价值观作为重要教育精神,渗透到学校育人、科研、管理、服务等各项工作的所有环节,发挥其独特的凝神聚气作用,提升大学整体的精、气、神。第三,以社会主义核心价值观作为抓手,全面深入开展中华传统文化的研究与教育,塑造当代中国大学的中华文明性格,铸造大学特色社会主义的中国魂。

(二)探索国际化发展,培育大学的世界精神

为应对全球化的挑战,一方面,大学开放办学,主动探索国际化发展,积极参与国际竞争,学习世界一切先进学术与文化,促进学问与学者之间的交流与互访,拓展大学的国际视野与国际发展空间,培养一种学术没有疆界的世界精神及较强的参与国际竞争的能力。另一方面,要主动提防和抵制文化殖民,并积极向世界输出中华优秀文化,为世界的文化进步做出主体性贡献。而应对西方新自由主义为主要思潮的文化殖民化的挑战,关键在于提高大学的文化自觉与自信,提高传统人文学术的自信与自觉。一是正确对待中国传统文化在社会主义国家核心价值体系中的地位;二是要避免近代以来的中西文化的体用之争、西化论与本位论之争;三是既超越西方文化,又要超越中国传统文化,择善而从,兼容并包,根据现实生活与未来社会发展需要构建新的价值体系;四是提高文化自信,积极参与世界价值体系的重建与人类文明的重构。在当今及未来世界价值体系与人类文明的重构或重建中,中国的大学与学者不要被当前西方所谓的普世价值束缚和捆绑,而要当仁不让,应该让中华文明的优秀成果在其中做出重要贡献,发出重要声音,掌握话语权。

(三)大学回归教育本位,重振和复兴人文精神

要应对市场化挑战,关键在于大学回归教育,回归育人,避免成为跟着市场走的奴隶而被异化。生活大于职业,人生大于事业。各类大学都应认识到这点,将教育重心回归到育人,不能本末倒置。钱穆说,"中国教育,实亦可谓是一种宗教事业。"

中国传统,特别是儒家,一直在教人如何做人,如何具有人之为人的品格、精神,这种以文教之的传统,一直致力于传道,希圣希贤,确实具有一种类似于超越世俗迈向神圣的宗教精神,所以中国传统的人文修养,可以给人一种文雅、高贵乃

至崇高的精神。

对抗市场化冲击的根本因应之策在于人文精神的重振与复兴,为市场经济确立方向与做好引路。一个民族或者一个国家,如果丧失了人文精神,必定会丧失未来。大学是国家的人文精神重镇,更要主动承担挽救社会信仰,振兴人文精神的重任。人类有信仰,才会有价值关怀和终极追求,不会被市场之功利的短视所俘获,世界也才有希望。

人的生活意义在于人的内心世界的精神的高贵性,能过一种有情趣、有深度、有品味的精神生活,给予生命以崇高的价值与意义。人要过一种优美而高尚的生活,就需要内心有丰厚的人文修养。德国诗人海涅曾告诫人们:"千万不要轻视闭门苦思的哲学家,因为他们可以产生出雷霆万钧的力量。①"马克思说:"真正的哲学都是自己时代精神的精华……它是文明活的灵魂。②"艺术的直觉、哲学的智慧、科学的方法,是所有学术不可或缺的精神。艺术是情趣的活动,哲学是智慧的活动,科学是认识事实,解决问题的活动。但在人文修养中,哲学居于核心,更为根本。所以各类大学都要尽力办出哲学气象,加强哲学教育。哲学对个体人生的核心意义是,为我们的内心世界灌注一种独与天地精神往来并享受孤独的精神气质,铸造我们一种"仰望星空与俯察大地"的高贵感。

(四)大学回归学问本位,弘扬学术独立与自由精神

中国当代高等教育最主要与最迫切的问题是,如何"使高校成为大学",回归学术与教育。回归学术,主要致力于促进专业化程度的提高,坚守和培育科学探索精神,发展高深学问。回归教育,主要是突出学术传承,但根本在育人,尤其是文化育人。学术繁荣端赖于科学探索精神的勃发,学术传承则有赖于以人化人精神的昌盛,二者相辅相成,缺一则不完整。

就今日中国而言,要抑制行政化的负面影响。首先,知识界必须具备自尊人格,以庄敬自强自立。其次,整个社会对于知识与知识者的独立人格、思想自由予以应有之尊重,政治权力不干涉学术,将大学归还给大学。"恺撒的归恺撒,上帝的归上帝"。大学是相对于世俗社会和政治力量的知识中心和精神堡垒,其主体

---

① ［美］布莱恩·麦基. 思想家——当代哲学的创造者们［M］. 周穗明,翁寒松,译. 北京:三联书店 1987.

② 马克思,恩格斯. 马克思恩格斯全集:第 1 卷［M］. 北京:人民出版社,1995.

性的丧失,其人格与精神的侏儒化,其创造热情的苍白疲弱,必然导致社会腐败侵害学术。第三,大学的重心回归学术。大学生应当在创造性和学术性非常浓厚的气氛中被熏陶出来的,才不枉上大学一回。大学是教育与科研结合的基地,教师既在科研中教学,也在教学中科研,二者是二而一的事情,不能人为割裂。钱伟长先生特别强调,大学教师既要进行教学活动,还要全力进行科学研究和学术创新,并提出科研是源,教学是流的重要命题。

(五)回归经典阅读,接续经典文化的精神命脉

重新回归经典,阅读经典,为学生精神生命导航,是应对当前网络化挑战的重要可行对策之一。阅读是精神生命的过程,可以使学生超越网络的浮泛与肤浅而深潜下去。阅读于精神的丰富与提升有神奇功效。比如我们人生只有一辈子,通过阅读可以获得几个一辈子。通过阅读,可以体验孔子的一辈子,孟子的一辈子,屈原的一辈子,李白的一辈子,等等。阅读可以给我们打开一个个丰富多彩的精神世界,给我们非常丰满的想象力。阅读最神奇之处就是能让我们的精神伴随着想象力飞翔,让我们发现和体验美妙。世界最美的东西总是存在于想象之中的。在一个被物质所局限、被劳苦重担所困扰的现实人生中,我们靠什么才能让自己得到释放、安慰与安宁,靠什么才能使整个精神昂扬和提升? 靠阅读,尤其是阅读好书,阅读大书,才能够有甘甜沁人心脾之感。物质对人的安慰和满足是极其有限的,尤其是当代这种被过度人工化的技术所造成的物质时代,它的消费周期非常短,因此给人带来的物质满足凋谢得也意外地快。能够让人长久满足的,只有精神的饱满、精神的鼓励、精神的灌溉,而只有阅读,只有书籍,才能让人徜徉在丰富的精神世界里。当人阅读,心灵就有光,生命就有高贵和优雅。正如林语堂说的"读书本是一种心灵的活动,向来算为清高。说破读书本质,'心灵'而已。"惟其如此,"万般皆下品,唯有读书高"蕴含新意。这是就读书为雅事乐事而言的。故读书的主旨,尤其是阅读人文经典大书的主旨,在于摆脱俗气,进入超越的精神世界,领略圣贤气象。

二、02

| 大学精神与大学发展 |

释读天津大学百年办学精神和文化性格

天津大学　李义丹*

摘　要:大学之间最根本的区别在于其内在的文化底蕴和精神传承,这是一所学校的生命和灵魂。本文试图通过释读天津大学百年办学精神和文化性格,对于其"兴学强国"的办学精神,"实事求是"的办学理念,"严谨治学""求真笃实"的文化性格,从历史的视角给以清晰与合理的阐释。

关键词:天津大学;精神;文化;释读

大学精神和大学文化是大学质量提升的关键因素之一。当前,中国大学的发展正处在一个规模扩张后质量亟待提升的时期,如何弘扬大学精神、建设大学文化是大学建设中普遍面临的重大实际问题。天津大学(北洋大学)是中国近代最早建立的大学,至今已有百余年的历史。经过百余年积淀而形成的办学精神和文化,以其无限的生命力支撑着这所学校虽历经沧桑,却始终鼎立于我国重点高校之林,其精神、文化给予我们许多借鉴和启迪。

一、天津大学文化的精神内核

今天,世界上大学林立,大学之间最根本的区别在于其内在的文化底蕴和精神传承,这是一所学校的生命和灵魂。大学精神、文化的形成,主要来源于两个方面,一是时代的影响,二是长期办学实践的积淀。

＊ 作者简介:李义丹,男,教授、天津大学党委副书记。

现代大学不是自生、自为之物，他是社会发展的产物。因此，时代的影响成为其办学精神和文化性格的起点。这一特征在中国的大学身上表现得尤为鲜明。

天津大学的前身是北洋大学，是中国近代建立的最早的大学之一，他的建立鲜明的反映了时代的要求。1894 年，中国在甲午战争中失败，中华民族笼罩在危机之中。"四万万人齐下泪，天涯何处是神州？"谭嗣同喊出了四亿国人的悲愤。为了救亡强国，光绪皇帝开始变法维新，发出《强国诏》，"当此创巨痛深之日"，"图自强而弭隐患"，[1] 面向朝野征求"自强""求治"之策。一时间，朝野上下总结失败教训，筹划救国之计，成为了头等急务。响应光绪皇帝的诏旨，时任天津海关道的盛宣怀草拟了兴办新式大学的奏折上报朝廷。奏折中提出："自强首在储才，储才必先兴学"，"伏查自强之道，以作育人才为本；求才之道，尤宜以设立学堂为先。"[2] 这一"兴学强国"的主张。奏折于 1895 年 9 月 30 日，"四百里马递发"快报朝廷，光绪皇帝于 10 月 2 日迅速批准立案。至此，肩负"兴学强国"历史使命的中国近代第一所大学诞生。由此我们可以看到，中国近代的大学精神和中国的近代大学是同时诞生的，大学精神伴随着大学的创建而诞生。从而，"兴学强国"既是创办北洋大学的目的，也是北洋大学始终坚持的办学理念，更是北洋大学追求的精神目标。

"兴学强国"为北洋大学的躯体注入了灵魂，北洋大学又在长期办学实践中传承和发扬了这一精神，使其成为了支撑学校百年薪火传承的精神脊梁。北洋大学开办不久，便遭罹难。1900 年英法等八国联军入侵京津，强占北洋大学堂为兵营，学堂被迫停办。但是北洋大学没有就此消亡，经过顽强努力，1903 年 4 月 27 日，北洋大学又在天津武库新校舍复课。1937 年 7 月卢沟桥事变爆发，北洋大学再次被日军侵占，全校师生被迫西迁入陕，与北平大学、北平师范大学等合组西北联合大学。随后改为西北工学院。抗战期间又先后组建了泰顺北洋工学院、北洋工学院西京分院等多所高校。北洋大学抗战西迁在艰难困苦中顽强拼搏，弦歌不断，承担起维系中华民族文化血脉的重任，谱写了抗日战争中我国高等教育的"播火记"。这是在更高层次上对国家的负责，对民族长远未来的负责，始终秉承兴学强国的历史使命和重任。

1952 年定名为天津大学，从此积极投入到"科教建国"的事业中。60 年代就发展为万人大学，院系调整中调出十几个专业系、组，组成新的高校，为新中国高等教育体系的建立,做出了"孵化器"式的贡献。改革开放以后,积极投入到"科教兴国"的战略发展之中,努力创建世界一流大学。通过简述历史,我们可以清楚地看到,正是百年的社会磨砺将"兴学强国"锻造和内化为贯穿天津大学百年办学实践的"精神内核"。

"兴学强国"精神体现在办学理念上,其文字表述即是校训"实事求是"。教育学者蒋树声指出:"校训是一所大学独立思想和传统精神的集中表述"。"实事求是"的办学理念,反映了天津大学师生在长期办学实践中形成的精神认同,同时又通过长期的办学实践丰富了"实事求是"的办学理念,成为了天津大学百年办学的"独立思想"。

"实事求是"一词出于《汉书·河间献王刘》,原文为"修古好学,实事求是"。后来被人们沿传引申为:办事求学必须根据实证,求索真谛,求真务实。1914 年,时任北洋大学校长的赵天麟在总结建校近二十年办学经验的基础上,深深体会到:"一得之愚,实事求是"。[3]概括出"实事求是"四字,并以之教导学生和治理学校,遂定为校训。他教育学生说:"北洋大学之所以得席于学校界,名誉蔚然,持之以不失坠者,良以一种果敢、刚正之精神,以之修学则学成,以之行己则躬正,以之事事则事举,所以有望于卒业生者,则力持此精神,不挠不坠,则母校诸生,两受其善。"[4]赵天麟校长以"实事求是"四字概括北洋大学二十年的办学精神浓缩为校训,使北洋大学精神得以彰显和传承。

1925 年,在北洋大学建校三十周年时,校长冯熙运的祝词说:"赫赫北洋,鲁殿有光,实事求是,永矢不忘。"[5]此时,"实事求是"已经确立为北洋师生矢志不渝的办学理念。

1933 年,时任北洋工学院院长的李书田在《国立北洋工学院季刊发刊词》中讲道:"以'实事求是'校训之北洋,……惟有时技术深研之所至,理工探讨之所达,无可复遏,往往发而为文,以思贡献社会。"[6]1935 年,在北洋大学建校四十周年前夕,李书田主持修订了北洋大学校歌。校歌中"悠长称历史,建设为同胞","不从纸上逞空谈,要实地把中华改造","穷学理、振科工、重实验、薄雕虫"[7]的歌词,鲜明地体现了北洋大学的办学特色和"实事求是"的办学理念。

新中国建立以后,"实事求是"的办学理念契合了我党"实事求是"的思想路线,符合了时代发展的要求,在新的社会制度中得以传承和发扬光大。"文革"前担任了 15 年校长职务的张国藩,在政治运动频繁的年代,始终坚持"大学不光是培养干部的地方,——也是开展科学研究的地方",主张按照教育规律办学。1961 年天津大学配合时任教育部长杨秀峰在校调查,本着"实事求是"的精神,起草了《关于高等学校贯彻党委领导下的校务委员会负责制的工作条例(草案)》,为《教育部直属高等学校暂行工作条例(试行草案)》(即高校 60 条)的制定,提供了系统的参考意见,克服了大跃进给教育带来的冲击,整顿了高等教育秩序。[8]

继任校长李曙森在"文革"以后,遵照党中央提出的"解放思想、实事求是"的思想路线,迅速在学校拨乱反正,平反冤假错案,恢复正常的教学秩序。1983 年全国高等教育工作会议期间,李曙森与匡亚民、刘丹、屈伯川等 4 位名誉校院长联名写信给中央书记处,建议将 50 所左右高等学校列为国家重点建设项目。此建议受到党中央、国务院的高度重视,成为启动"211 工程项目"的起因。[9]

改革开放以后,天津大学弘扬"实事求是"的校训和"严谨治学"的校风,召开全校教学工作会议,通过了《天津大学贯彻治学严谨、严格要求的意见》,要求全校师生在改革开放的新形势下,继承和发扬昔日北洋大学"实事求是"的校训和"严谨治学"的优良校风,将学校工作推上一个新的水平。随之,天津大学提出了以工为主、多学科综合发展和建立综合性、研究型、开放式、国际化大学的办学方向。进入 21 世纪,面对社会需求的变化,着眼于国际高等教育发展的大趋势,根据学校的现有基础和综合实力,本着"实事求是"的校训,又提出了"上水平、出精品、办特色"的发展战略。

纵观天津大学百余年的办学历史,始终遵循"实事求是"的校训,把握着学校发展的走向,实践着"兴学强国"的精神目标。在百余年的办学实践中天津大学师生创造出了丰富、深厚的天津大学文化。这种在同一办学理念和精神追求下形成的文化,虽然表象丰富多彩,其主流文化却表现出了相同的群体文化性格。

大学是文化机构,是传统文化的传承者,也是现代文化的生产者。其核心产品是注入了先进文化的人。文化的实质是精神。文化是精神的表象,而精神则是文化的内核。大学精神作为大学文化的合理内核,引领着大学文化的发展,而大学文化的构建,则体现着大学精神。精神和文化通过人的实践,并且随着时代的发展不断地得到丰富和重塑。正是在这样的实践活动中,形成了天津大学日久弥新的办学精神和独具特色的文化性格。

二、天津大学文化的性格特征

校园文化的性格特征,反映了全校师生共同具有的人文气质和行为作风。天津大学文化的性格特征,是在"兴学强国"精神和"实事求是"校训的指导下,通过长期的办学实践逐渐形成的一种群体作风,概括为"严谨治学""求真笃实"的校风和、教风和学风。

1. 严谨治学、严格要求的校风。在北洋大学堂筹备时,盛宣怀就拟订了严格的治校章程——《拟设天津中西学堂章程禀》。章程包括:头等学堂章程、头等学堂功课、头等学堂经费,二等学堂章程、二等学堂功课、二等学堂经费等部分。章程中明确规定了对于学制、教师、学生和学校管理的具体要求,规定了校园、设备、图书、经费等原则和内容,致使北洋大学从开办之日起就有章可循,治校严谨。首任总教习丁家立在校11年,"期内办事认真,治学严格,有实干精神"。[10]每晚熄灯后,他都亲自到学生宿舍检查,逐一摸摸学生的脚,哪个脚凉,既是晚睡者,就要受到他的批评。接任丁家立的教务提调王邵廉,更是主张"无论治何事,作何业,均须首重实际,事之利于众者为之,否则断不屑为,不贪名,不骛远"[11]王氏掌校期间,"治校严明,校章所定,贯彻始终,不惟学生敬畏如神明,外籍教授莫不心悦诚服,不稍迟误,北洋功课愈以森严闻世,望门墙者愈多,良风所播,直迄今兹。"[12]赵天麟担任校长后制定了《国立北洋大学校办事总纲》和《国立北洋大学学事通则》。这是一部系统、全面的管理规则,在实施过程中,更是要求一丝不苟,例如《通则》第二章规定:新生入学后,按规定须经过一次复试。复试题目为默写入学考试时的作文,目的是对照一下新生的笔迹,查对在入学考试时是否有人替考,如有替考一经查出,便取消其入学资格。北洋大学的新生录取分数线不是60分,据1934年8月出版的《北洋周刊》第32期记载"本院本届本科一年级各系新生,除经本院附属高中毕业试验及会考平均分数皆在八十分以上,且本院毕业试验每门功课均在七十分以上者"准予入学。[13]严格的入学标准确保了生源质量。

严谨治学、严格要求还体现在"淘汰制"上,据1923年毕业的陈立夫回忆:"我们那一届班次,原本有45名新生,到毕业时只剩下土木16人,矿冶15人,一共31人,中途不是因病辍学,就是成绩不够标准而退学,几乎占了三分之一的人不能终学。"[14]这种严格的要求确保了学校的教育质量。据记载,北洋大学的教育质量得到西方著名大学的认可,北洋大学的毕业生出国留学,进入哈佛、耶鲁等大学的研究院深造一律免试。

2. 严谨治学、以身作则的教风。著名钢铁冶金专家魏寿昆说,北洋大学之所以能够培养出众多国家建设需要的栋梁人才,是因为该校有着"严整不苟的教学计划,丰富完整的教学体系,充实完备的实验设备,认真教学的师资阵容。"[15]李书田在《国立北洋工学院季刊发刊词》中说:"惟因北洋师生之'实事求是'也,教师讲授实验之点,恒多于他校,学生上课自习之时数,亦超越乎寻常。教者学者,惟日孜孜。"[16]王邵廉担任教务提调时经常随堂听课,下课后及时指出教师讲课的不足之处。赵天麟、李书田亲自上讲台为学生授课。刘仙洲、张国藩不仅亲自授课,还亲手为学生编写教材。校长们以身作则严谨治学为教师做出了榜样。教师们不仅讲课认真,而且带领学生生产实习一丝不苟,无论是野外勘测、矿井采掘,还是金工实习,教师都身先士卒给以示范。如1915年《国立北洋大学校季刊(冬季)》报道:"今岁矿科己班,偕亚当士、施勃雷两先生至鲁省泰安、张夏等处,崎岖万山间,考察地质,采集标本,盖以世界上最古老地层所在。"[17]历届毕业生每每提及教师的严格教风,总是赞叹不已。著名机械专家潘承孝说:"教师督促严、考试严、升留级严、学生也以做一个北洋大学学生而自豪。"[18]著名水利学家张含英说:"'严格'是北洋的一个特点。正因为严格,基本学科的基础才打得比较牢固。"[19]严谨治学、以身作则的教风,培养出一代又一代的优秀人才。1910年,宣统皇帝御批张亨嘉、陈宝琛等大臣会考北洋大学堂毕业生。考毕,奏折写道:"臣等遵旨即会商定期于九月初九至十六日在学部署内分场殿试,并由学部派司员在场内轮流监察,以防弊端,该生等亦能恪守场规,井然有序。试毕由臣等将各场试卷详细校阅,计取列最优等三名、优等八名、中等四名,谨将分数缮具清单,恭呈御览,除该生等奖励应由学部照章带领引见,请旨办理外,所有臣等会考北洋大学堂毕业学生事竣。"[20]奏折中所列最优等三名为冯熙敏、王正黼、王钧豪,此三人后来皆成为著名的学术泰斗。辛亥革命后,1918年国家进行了外交官、高等文官和清华留学三项重要考试,北洋学生连中三元,即徐谟获得外交官考试第一名,励平获得高等文官考试第一名,康时敏获得清华留学考试第一名。以上史实皆传为北洋佳话。

3. 严谨治学、笃实勤奋的学风。北洋大学教授曹诚克在《国内矿冶工程教育现状下几个问题》中,列举了北洋大学与其他工科院校所开课程、学时的数据,比较后说"北洋功课之重,考试之严,青年求学者之视北洋为畏途,不自今日始,而于今为烈。……人家俱称北洋学生为牛,言其终日受鞭策,只知工作,全无休息之谓。"[21]据史料记载:"北洋学生勤奋好学,刻苦读书。每日上下午有八小时在课堂,晚间三小时自修。因为课程紧,作业多,星期日学生多半还在读书。校址远离闹市,学生入市游逛者几无所闻。""教学严格,使学生都能自觉自重,研读精勤,一经入校就用功,不能有任何松懈,这种孜孜好学,逐步形成北洋特有的风气。"[22]为了鼓励学生,学校每年按学生考试名次排列座位,名次居前者座位居前,名次靠后者其座位也要靠后。学生进取心极强,苦读之风极盛。一身长布蓝衫,一手拿书本,成为北洋学生的形象。抗日战争期间,学校西迁入陕,在极为艰苦的环境中,北洋严谨治学、笃实勤奋的学风丝毫未减。当时,校址设在陕西汉中城固县古路坝一座天主教堂内,此外还在不远处的七星寺设立了分院。同学们怀着救亡抗日的心情学习,卧薪尝胆、分秒必争。据校友回忆:"古路坝距城固四十里,距汉中七十里,地旷人稀。西北工学院的建立,给这宁静的土地带来了盎然的生机。学生们专心苦读,图书阅览室由于地方狭小,从早到晚都有人满之患。晚间自习时一个大教室,顶多两盏汽灯,晚饭后就有同学抢先进入教室,占灯下座位,晚来的同学只能依次后坐,有些则自己举着蜡烛以补光线之不足。每晚自习都是在煤气灯将要熄灭时,同学们还迟迟不肯离去。黎明,即有同学散布于山坡或树林中开始晨读。"[23]"七星寺的同学也是人人自奋,潜心苦读,开夜车成风。每个教室,有开晚车者,有开早车者,你去我来,经年如此,百数只蜡烛,光焰闪耀彻夜不熄,被誉为'七星灯火'"。[24]

正是这严谨治学、笃实勤奋的学风,造就了一批又一批北洋学子成为国家的栋梁之材,同时也形成了影响其一生的人格气质。著名水利学家张含英说"北洋实事求是的校训和崇尚苦学实干的校风,一直指导着我一生的学习和工作,这是我终身难忘的。"[25]

天津大学师生在百余年的办学实践中,形成了特有的严谨治学和求真笃实的文化性格,这是百年积淀的人文特征,是百年传承的优良传统,也是百年来学校保持办学声望和不断提高办学质量的看家法宝。

三、天津大学精神、文化的时代贡献

天津大学的办学精神、文化性格既是天津大学的宝贵财富,也是中华民族高等教育的宝贵财富。天津大学的办学精神和文化在我国高等教育中具有典型性和代表性,其影响不仅仅局限于校园范围之内。天津大学精神和文化,对于我国高等教育乃至于近代社会发展,都做出了卓越的贡献。评述天津大学精神、文化所做出的贡献,可以着眼于宏观和微观两个方面。从宏观方面看,大学精神和文化以其整体性传承着中华民族的文化精髓,并影响着高等教育乃至于社会的发展,引领着社会的发展。从微观方面看,大学精神和文化润物细无声地影响着学校的办学定位、办学目标等等,影响着学校师生的教学、学习,甚至影响着校友的毕生实践活动。

北洋大学堂、京师大学堂和山西大学堂等一批近代大学,不仅开中国近代高等教育之先河,而且预示和引领了中国从封建社会向新的社会形态的变革。大学在"五四运动"和"新文化运动"中倡导的"科学""民主"精神,对于社会的影响和作用,被世人公认。"五四运动"游行队伍中高举的"北洋大学"的校旗,作为中国近代学生反帝爱国运动的标志,永远飘扬在历史的天空。

二十世纪二三十年代,北洋大学从单一的教学模式转型为"教学与科学研究并重"的办学模式,创建了我国第一批工科研究所、培养了我国第一批工科研究生、出版了大量学术研究专著和科研论文,率先在我国实现了由传统大学向现代大学的转变。"实事求是"办学理念中所蕴含的"崇尚科学、追求真理"的科学精神,在时代进步中得到进一步的发扬。当时的北洋大学被称为我国"理工学术之重镇",并引领了我国高等教育的发展方向。天津大学的精神、文化影响着社会、影响着高等教育,同时更多的是潜移默化地影响着学生素质的形成。如我国著名经济学家、北洋大学1903届学生马寅初,即是实事求是、追求真理的典范。1907年北洋大学资送马寅初赴美留学,留学归来面对灾难深重的祖国,马寅初宣称一不做官,二不发财,毅然拒绝军阀政客的邀请,全部身心投入于中国教育和经济事业的发展。1955年马寅初科学的提出了著名的《新人口论》,即控制中国人口增长的正确主张。这一正确的建议和科学的理论在当时被当作谬论加以批判。然而马寅初始终没有放弃真理,不畏高压和迫害,在现代经济学的基本理论、研究方

法和科学布局等方面做出了开创性的贡献。马寅初百岁诞辰时,被誉为"中华民族难得的瑰宝"。

北洋大学"兴学强国"的办学精神,彰显了中华民族的时代要求,内含了中华民族强国运之根本,其不仅影响了一所学校,而且影响了整个中国高等教育,成为了我国近代高等教育共有的历史使命。天津大学百年精神、文化,在我国高等教育界具有代表性和典型意义。她经过百年办学实践的积淀、百年文化活动的积累和百年学科知识的浸润,内容丰富多彩、内涵厚重深刻。本文仅从办学精神和文化性格两个方面做尝试性的粗浅释读,以期引起更加深入的研究与探讨。

参考文献:

[1][2]舒新城.中国近代教育史资料[C].北京:人民教育出版社,1981:136,137.

[5][7]张凤来,王杰.北洋大学—天津大学校史资料选编[C].天津:天津大学出版社,1991:82,133.

[3][4][10][20][22]张凤来,王杰.北洋大学—天津大学校史[M].天津:天津大学出版社,1990:93,94,19,58,59.

[6][16]李书田.国立北洋工学院季刊发刊词[J].北洋理工季刊,1933(1):1.

[8][9]李曙森.李曙森文集[C].天津:天津大学出版社,2000:586—587.

[11][12]王杰,韩云芳.王劭廉先生之生平及其治校之往绩与办学之精神[J].北洋周刊,1936(133):1.

[13]本院第一次录取新生公布[J].北洋周刊,1934(32):1.

[14]陈立夫.回忆北洋大学[A].国立北洋大学创校九十周年纪念文集[C].台北:二诺打字印刷有限公司,1985:4.

[15]魏寿昆.北洋大学的回忆片段[A].回忆北洋大学[C].天津:天津大学出版社,1989:31.

[17]本校记事[J].国立北洋大学校季刊(冬季),1915(1):4.

[18]潘承孝.回忆抗战时期的北洋西北工学院片段[A].回忆北洋大学[C].天津:天津大学出版社,1989:14.

[19][25]张含英. 北洋大学回忆片段[A]. 回忆北洋大学[C]. 天津:天津大学出版社,1989:7.

[21]曹诚克. 国内矿冶工程教育现状下几个问题[J]. 北洋理工季刊,1935(4):18.

[23]程秉元. 北洋西京分院的苦与乐[A]. 回忆北洋大学[C]. 天津:天津大学出版社,1989:78.

[24]李锋. 七星灯火[A]. 回忆北洋大学[C]. 天津:天津大学出版社,1989:80.

弘扬大学精神文化,开创大学创新局面

上海交通大学　李建强

新时期以来,经过多年自觉扎实的努力,与中国特色社会主义相适应的当代中国大学精神文化正在演化形成。它在推动大学发挥人才培养、科学研究、服务社会以及文化传承创新等功能诸方面均取得了喜人的成绩,这是新时期我国大学建设的重要进展和亮点之一。去年底,中共中央十七届六中全会通过《关于深化文化体制改革推动社会主义文化大发展大繁荣若干重大问题的决定》,明确提出建设社会主义文化强国。这给我国大学文化发展提供了前所未有的机遇,也使大学文化面临着十分严峻的挑战。作为文化传承创新中心的大学,必须大力弘扬当代中国优秀精神文化,为全面开创我国大学创新局面提供坚实稳固的基础。

一、作为大学文化核心的精神文化

众所周知,大学文化是以大学为载体,通过一代又一代师生的传承和创新,为大学所积累的物质成果和精神成果的总和。大学文化一般可以分为精神文化、制度文化、物质文化、环境文化等类型。无论哪种类型的大学文化,师生的思想与实践、精神与追求始终居于中心地位。大学精神文化是大学为实现它的理想目标而主张的一种价值追求,一种精神回望。它是长期积淀而成的内在品质,是沉淀于师生员工内心的精神呼唤。它虽然是大学文化中最为抽象的部分,同时又是其中最为稳定的元素。所以,它具有强大的感召力、向心力和凝聚力,并以其特有的渗透力、吸引力、感染力而成为大学文化的核心,构成大学文化的灵魂。

一般来说,大学精神文化包括大学宗旨、目标价值、精神追求等,它虽然比较宽泛和抽象,却通常以校训、校歌、校徽、校旗、景观实物等形象具体的文化形式或符号表现出来。历史是根,传统是魂;形象载体,精神为尊。一切真正的创新必然植根于传统,却又超越传统。上海交通大学的做法是,在精神文化建设中把虚与实紧密结合起来。所谓虚,就是深入发掘大学办学宗旨与价值观念,厘清大学精神文化嬗变的脉络,凝练大学精神文化的精髓和灵魂;所谓实,就是根据时代发展对大学精神文化体系进行充实拓展,不断赋予符合时代要求的新内涵,并将其融汇、落实到学校改革发展的方方面面和各项工作中去。

二、开拓创新是交通大学精神文化的基调

在长达 116 年的发展历程中,交大攻坚克难、挺立潮头,对中国近、现代社会的文明进步产生了重要的影响,并在这一过程中形成了富有特色的精神文化体系。一方面,大学文化是历史的、动态的,每一个时代的大学文化都是所处时代环境的深刻反映;另一方面,大学文化一旦形成,它就具有一定的恒定性和超越性。纵观 116 年的历史,开拓创新始终是交大精神文化的主调,并深入到组织管理体制、人才队伍汇聚、学科专业设置等方方面面。

19 世纪末,中华民族面临"数千来未有之变局",作为政治家、实业家的盛宣怀提出"自强首在储才,储才必先兴学",创办南洋公学这所新式学校。意在培养一批应时之求的新式政治、外交和财政人才,以适应全球化的发展趋势。创办伊始,南洋公学放宽视界,采择近代西方教育体制,首开师范院,又设外院、中院、上院,形成系统的分级办学体制,还分科立学,设特班、政治班、商务班等,揭开了探索新式教育体制的序幕,对中国近代教育制度的建立起到了垂范作用。

1906 年以后,交大转向以培养交通、工业技术人才为主的方向,但始终坚守办学的初衷。唐文治校长提出"工文结合"的主张,一方面承继"勤俭敬信"等民族优秀文化精华,另一方面吸收科学实证的西方近代科学精神,形成了诸如"求实学、务实业"这样的新型价值观。"工文结合",即力图把中西方教育双向的优点和长处融合在一起,让中国传统的士大夫精神与西方科学精神相结合,造就既有心系社稷、立志报国的大气情怀,又能掌握近代科技的新型人才。20 世纪 20 年代定型的交大校徽,以中西书籍与铁砧、铁锤相连,外以略似电机中电枢横截面的环形齿轮相连,明确体现出这种中西融合、理论与实践结合的创新文化观。

　　围绕培养融合西方科学文化与中国传统文化之长的新型人才,交大在办学体制、人才培养理念、学科专业设置等方面进行了孜孜不倦的探索与创新。学校在全国率先开办电机、铁路、机械等工程技术专业和管理专业,培养适应国家发展需要的新型工程技术人才。1926年,在国内大学最早建立理工科研究机构——工业研究所,从事理化、机械、材料、电机等方面研究,为铁路、工业建设解决实用技术问题,同时推动学校走向教学科研相结合;1930年代初期,新建科学学院、管理学院,构建出工程、科学、管理相结合的工程技术人才培养模式;1942年,创办中国第一个专门从事研究生教育的电信研究所,培养无线电、电子、通信、自动控制等学科的高层次人才。经过长期的探索,交大形成了"起点高、基础厚、要求严、重实践"的教学传统以及中西文化交融荟萃、富有科学和思想朝气的文化氛围,为优秀人才的成长提供了丰腴的土壤。沃土育英才,从这儿走出了大批出类拔萃的政治家、科学家、教育家、工程师、企业家、社会活动家,其中许多人成为中国近代化事业的拓荒者与奠基人,为民族的复兴昌盛、人类的文明进步做出了重要贡献。

　　新中国成立后,在院系调整、西迁之中,交大许多优势学科被调整到其他新办的大学,为新中国高等教育体系的建立做出了巨大的贡献,同时也使交大本身的学科受到很大的削弱。在此后的岁月里,交大努力克服各种困难,紧紧抓住国家各种发展机遇,重点发展火箭、原子能、无线电、半导体、计算机、自动控制等新兴科学技术,应时而动,应需而变,不断拓宽学科结构,精心培育专业人才,始终保持着较高的教学科研水平和社会声望。

　　改革开放以后,交大重新驶入改革创新的快车道。在全国高校率先进行管理体制改革,行使办学自主权。率先组成建国后第一个科学教育代表团出访美国(1978年),沟通中美教育界的联系,被誉为"中美高等教育界的破冰之旅"。率先接受世界船王包玉刚1000万美元的捐款建造图书馆(1982年),为国内高校引进外资办学开辟了先河……这一切改革与创新充满了阻力和困难。1984年2月16日,邓小平、王震等中央领导在上海亲切接见了上海交大党政领导和教授代表五十多人,对学校敢于创新的精神给予充分的肯定。改革创新使老交大焕发出青春的活力,成为改革开放以来发展最为迅速、最具活力的大学之一。

　　由此可见,创新是贯穿交大办学、治学始终的办学思想、发展观念和实践精神,是交大人修身立命的追求,也是维系交大发展的基核。在建设世界一流大学的过程中,交大必将传承这钟精神文化基因,为建设创新型国家做出更大的贡献。

三、将创新型精神文化渗透到大学文化建设的各个方面

精神文化是大学文化的核心,大学文化的建设必须以精神文化的培育为龙头,带动其他类型文化的孕育和成长。上海交大在近年的改革发展中,努力将开拓创新的精神文化贯穿、辐射到各个层面,进行了卓有成效的思考和探索。

1. 建立开放创新的制度体系

制度文化传承和不断创新,可以保证大学这一教育与学术机构永葆活力与生机。从历史上看,科学灵活的组织形式和管理制度是促成创新的重要因素。先进的制度有利于各种思想的自由碰撞与交流,通过与之配合的管理体制,各个系统的主动性和创造性都可以得到充分的发挥,从而有利于整个大学沿着既定方向扎实迈进。

我国正在转变发展方式,大学也必须加强内涵式建设,制度体系建设应是其中的重要内容。无须忌讳,目前我国一些大学内部的组织架构和管理模式存在着浓重的政府行政管理色彩,没有很好地反映大学作为学术组织的基本属性,所以现代大学制度建设尤为重要。学校按照作为文化传承和创新中心的功能定位来重新设计大学的组织形式及与之相适应的管理制度,改善生产关系,优化生产力布局,并以此来配置各种资源要素,形成资源和要素模块化,为新的"又好又快"的发展提供了坚实的基础。

2. 建立创新型科研体系

科学研究是现代大学的重要功能,而创新最能体现科研活动的特征。历史表明,重大的科研成果常常依赖于创新性的指导思想和组织制度。从总体上看,我国高校科研工作成就很大,但对照建设创新型国家的要求,高校科研急需转变指导思想,重构顶层体系。

首先,高校科研的主导方向应是基础理论与应用性理论问题。高校应该重视以发现新现象、新知识与新规律为目标的基础科学研究,这一点是毫无异议的。而在对待应用性科学问题的认识上,存在不少分歧。我们认为,高校科研的重点不是以型号设计为目标的工程性项目,而是应放在解决工程技术中的科学理论和共性问题上,它的成果表现形式是科学概念、工程理论和共性关键技术,不是具体

的产品。生产具体的产品,主要应由产业部门或机构来完成。当然,理论成果的服务目标或为解决工程技术中的技术难题,或为今后工程技术的发展开辟新方向、新途径,提供新工艺、新手段。只有如此,高校科研工作才不至于偏离方向,才能在产学研体系分工中找到合适的定位,充分发挥高校的优势,起到引领的作用。

其次,加强问题导向和社会导向的科研理念。科学总是在解决重大问题的过程中发展起来的,如果一个领域充满着问题,既表明这个领域是有生命力的,又会为理论和技术发展提供巨大的空间。高校应告别单纯以发表论文、追求统计数据增加的科研导向,倡导理论结合实际,选择以解决基础科学中的重要问题、本国经济发展中的重大科学技术问题、转型过程中的社会问题为主攻方向,围绕这些重大问题开展研究,以对基础科学突破、国家新兴产业发展和整个社会转型起到推波助澜的作用。

再次,应重视学科交叉,建设综合性的研究平台。重大的科学技术问题多属于跨学科的综合性问题,往往涉及到种类繁多的学科以及科学、技术与工程不同层次的知识,依靠单科性的知识常常是无法解决的。相对于传统的单科性研究模式,跨学科研究在解决重大科技问题中具有越来越明显的优势,由于各个学科之间的综合、渗透、交叉成为一种新的趋势,解决很多重大问题时必须应用不同的视野,运用不同的科学理论才能得到比较好的解决方案,这样的研究经常能够达到事半功倍的效果。在对接大飞机、核电、航天、转化医学等国家重大科技专项过程中,交大把在基础科学、应用科学和工程技术方面具有优势的学科进行适度整合,建立起一些规模较大、多学科交叉的定向研究平台。在组建研究团队时,注意吸收不同学科背景的研究人员,让不同学科知识相互补充,从不用的角度提出问题,促进知识的构思、成形和组织,为突破关键的共性技术打下坚实的基础。

3. 培育学科文化

大学的文化传承创新功能,在一定程度上是由大学所设立的不同学科来承担的。许多著名大学都是通过具体学科的兴起和繁荣来带动整个办学水平提升和学风转移的,而一个学科从草创到人才与成果辈出往往需要漫长的积累过程,所以构建学术传统、培育学科文化是弘扬创新型精神文化不可或缺的重要方面。

当前,一些大学在建设学科时忙于抢名师、拉项目、争经费,却忽略了对学科文化的培育。实际上,重视研究大学优势学科的发展史,发掘著名学者、教授的学术思想以及开放的研究风气、自由讨论的学术气氛等有助于创新成果产生的学科文化,探索原创性成果产生的文化环境,建设创新型学科文化,对于学科发展意义尤为重大。交大在电机、船舶、机械、材料、管理、医学等学科具有深厚的历史底蕴,近年来,学校努力发掘这些学科的文化传统,建立起充分的学术自信,并通过各种文化元素扩展学科链条。比如,学校物色和挑选能对该学科文化传统进行传承与创新的学者作为学术带头人,以保持本学科的文化基因(目前已引进国家"千人计划"60 人,上海市"千人计划"32 人),同时吸引有潜质的年轻人加入(特别研究员 90 人,晨星计划 925 人),为学科发展注入新鲜血液。而在学科团队内,努力营造良好的合作和思想交流氛围,让大家的思想得到更多的碰撞。实践证明,学科内部之间的宽松和谐会加速各个成员思想火花的碰撞,拓宽他们研究的思路,加快研究的进度,提升研究的水平。

4. 建设体现大学优秀精神文化的文化设施

存在决定意识。积极上进、开拓创新的精神文化需要相应的文化设施予以表达、予以传播,所以大学应该建设一些以倡导创新为特征的文化设施。

大学博物馆、名人纪念馆等是大学展示深厚学术和文化积淀的文化载体,也是开展探究式学习、参与式教学、实践教学的理想场所。大学博物馆应以激励和实现文化的创新、传播为中心任务,以重视收集、保存、整理和研究大学的文化遗产,让师生在这里可以纵览大学的诞生、成长的历程以及杰出校友的精神风采,激励大家更好地去思考未来。为了弘扬著名科学家、中国"航天之父"钱学森的精神,中共中央决定在钱学森的母校上海交大徐汇校园兴建钱学森图书馆(纪念馆)。2011 年 12 月 11 日,钱学森图书馆正式建成开放。钱学森图书馆不仅显著提升了上海交大的软实力,它还是一处对不同层次的人都具有教育意义和启示的重要文化设施。同时,学校正在着手建设李政道图书馆,积极筹建文博馆。可以预见,这些场馆将在培育师生爱国奉献、创新求实的精神,改善和优化交大的教风学风,培育创新型领军人才等方面起到非常重要的作用,产生十分深远的示范意义。

以高度的文化自觉推动大学文化繁荣发展

大连理工大学

　　大学文化是大学的血脉,是所有师生的精神家园。对于当代中国大学来说,进一步坚定文化自觉与文化自信,全面推进大学文化建设,既是建设社会主义文化强国、勇担大学文化使命提出的重要任务,也是提高高等教育质量、推进大学自身发展的现实需求。党的十八大在十七届六中全会的基础上,突出强调了文化建设的重要性,把文化建设纳入"五位一体"总布局。在建设社会主义文化强国的伟大进程中,作为教育机构、学术机构的大学,更加凸显了作为文化机构的意涵。党和国家把文化传承与创新列入大学的基本职能之一,就是要求大学更好地肩负起时代赋予的文化使命。同时,大学的发展本身就是一首追求卓越的文化乐章,文化建设决定着大学自身的精神高度、发展容度和未来向度,是大学迈向卓越的动力源泉。

　　当前,我国高等教育发展已经进入了更加注重质量、更加聚焦内涵、更加依靠文化引领的新阶段。随着我们在办学条件、设施设备等物质成果方面的不断积累,精神、文化、制度等内涵方面的建设显得愈加重要。正如一个人,在强身健体的同时,精神世界的营造极其重要。加强大学文化建设,可以更好地塑造师生员工的精神文化品格,在立德树人的过程中,使主体达于文化自觉,使群体达于文化自信,使每个大学人在更高境界感受人生的价值,在服务国家、服务人民的奉献历程中实现人生的幸福;加强大学文化建设,可以更好地塑造学校的精神文化品格,升华办学理念,彰显价值追求,增强使命意识,使学校事业永续发展,文化永葆生机;加强大学文化建设,也可以更好地打造学校的文化软实力,彰显文化影响力,增强文化魅力,在激烈的高等教育竞争中办出特色、办出水平,赢得社会的美誉,赢得各界的支持,赢得青年的向往。可以说,进一步开展好大学文化建设,是当前高校推动内涵发展,实现建设目标的精神动力源泉。

面对世界范围内各种思想文化的交流交融交锋和国内社会思想意识的多元多样多变,大学文化建设既面临难得机遇,也面临诸多挑战。开展好今后一个时期的文化建设工作,要着力做好"三个结合":一是"虚"与"实"结合。精神文化作为大学文化的核心,是大学在长期发展过程中形成的独特气质和价值规范体系。与物质文化、制度文化、行为文化的"实"相比,它看不见、摸不着,是"虚"的,但却能够反映一所大学文化的个性与特色,是大学文化的旗帜。开展大学文化建设,既要关注"看得见的文化",更要重视"看不见的文化",要重视学校传统与大学精神的总结凝练,用"实"的东西把"虚"的东西表现好,虚实结合,全面推进大学精神内化于心、外化于形、固化于制、动化于行,充分发挥其凝聚、激励、引领和导向作用。二是"上"与"下"结合。以学部、学院文化为主体的基层文化是大学文化的组成细胞和成长根基,也是大学文化建设的落脚点和着力点。

开展大学文化建设,要注重学校整体文化建构与基层文化建设的上下结合,充分调动基层开展文化建设工作的积极性,激发一线师生员工关注文化建设、参与文化建设的热情,着力建设凝聚人心、催人奋进、特色鲜明的基层文化,切实提高大学文化建设的总体成效。三是"内"与"外"结合。大学是传承、创造先进文化的中心,是国家的文化高地,大学文化对于社会文化具有重要的辐射、引领作用。开展大学文化建设,一方面要加强大学自身文化建设,另一方面,更要注重服务于社会文化的发展与繁荣,内外结合,以更加开放的姿态融入社会文化,汲取社会文化的营养,同时也用积极、健康、先进、向上的大学文化引领社会风尚。

1. 开展大学文化建设,要坚持以培育大学精神为制高点和关键点,以学校优秀历史文化传统为源泉,塑造独特文化品格。人无精神不立,校无精神不兴。大学精神是大学文化的核心,是大学的灵魂所在,在全体师生和广大校友中具有无可比拟的凝聚力和感召力。开展大学文化建设,要着力弘扬和升华大学精神,要让大学精神"聚是一团火、散是满天星",要把大学精神贯穿到学校工作的各个方面,播撒到教师、学生、管理人员等各个群体。大学精神是几代大学人在长期坚守的共同理想中形成的,是一所学校独特文化品格之所在,也是学校持续健康发展的文化富矿。对待大学精神,既要传承,又要发展。我们要通过开展学校历史文献的整理与研究,采取有力举措,守望好这些优秀的文化传统,传承好学校的精神血脉,并在传承中不断创新,不断赋予大学精神新的时代内涵,使我们的文化建设真正有精神魂魄,有历史底蕴,有传承创新。

2. 开展大学文化建设,要坚持以文化育人为核心,牢牢把握文化建设正确方向。教育的本质是一种通过文化促进人的发展的生命活动,也可以说人们受教育的过程,是一个"文化化"的过程。"文化育人"是教育本质的核心。大学从其诞生之日起就把传授知识和教学育人作为自己的基本职能。学生在大学里,不仅在教室里、课堂上接受教育,更要在大学文化的环境中"濡化"、学习和成长。可以说,大学的育人效果在很大程度上取决于大学文化。要始终坚持将立德树人作为根本任务,将文化育人理念融入到人才培养工作全过程,发挥大学文化潜移默化的影响和熏陶作用。要大力传承弘扬学校传统、大学精神和优良学风、校风,加强师德师风建设;要改进文化类课程建设,充分发挥文化素质教育基地的作用,不断完善课堂教学、校园文化与社会实践三位一体的文化素质教育体系;要以文化品牌活动为依托,广泛组织开展形式多样、格调高雅的校园文化活动,为师生开展文化活动创造必要条件,营造有利于学生成长成才的文化氛围;要积极开展文化交流合作,拓展网络文化育人平台和阵地;要建立尊重、关心、支持师生发展、成长的文化模式,充分发挥大学文化影响人、感召人、引导人的独特功能。

3. 开展大学文化建设,要坚持以活跃基层文化为落脚点和着力点,尊重师生主体地位,形成文化建设强大合力。构筑大学文化这座大厦,基层文化建设是基石。要牢固树立文化无处不在、文化建设人人有责、文化建设融入学校人才培养、科学研究、社会服务全过程的大文化建设观,不要将文化建设界定为个别部门职能的片面倾向,每个单位、每个部门,每个学科、教研室,实验室,每个党群组织、班级、团体,每一位大学人,都是文化建设的主体,都有文化建设的责任。要积极拓展基层文化建设阵地,营造生动活泼、特色鲜明的学科文化、实验室文化、寝室文化等。要强化文化建设的主体意识,文化具有主体性、实践性等特点,大学文化是大学成员在长期办学实践中所共生、所共享、所传递的价值取向、思维方式和行为方式。大学文化建设具有丰富的内涵,要注重既与大学精神一脉相承,又体现大学不同群体特点的文化,如弘扬追求真理、崇尚科学、教书育人、甘为人梯的师德文化;倡导爱岗敬业、恪尽职守、勤政廉洁、务实深入的管理文化以及勤奋求索、积极进取、全面发展的学生群体文化等。要充分尊重师生的文化主体地位和文化首创精神,广搭"舞台",让师生唱"主角",吸引他们更多地参与到文化建设中来,使其对学校文化建设的认同感和关注度进一步提高,形成大学文化建设的强大合力。

4. 开展大学文化建设,要充分尊重文化建设特有规律,不断创新体制机制、内容形式、方法手段,推进大学文化繁荣发展。大学文化建设是一项系统工程和持久性、经常性的工作,需要长期不懈的努力。要深入推进文化建设工作体制机制创新,颁布工作章程,建立并完善文化建设工作的考核、评比和表彰机制;要深入推进工作内容形式创新,广泛组织开展师生喜闻乐见、终身受益的文化活动,打造体现时代特点和学校特色的文化活动品牌;要深入推进工作方法手段创新,依托互联网、移动通信等先进传播技术手段,推进网络文化建设,增强大学文化的吸引力、感染力。要自觉抵制不良文化和不良风气的影响,弘扬清风正气,弘扬先进典型;要加强文化建设的研究,尊重文化建设特有的规律性,力戒形式主义和表面文章,持之以恒,注重积累,有计划、有步骤地推进文化建设工作,确保文化建设工作扎实深入。

文化的形成是一个渐进的长期积淀的过程,重在平时,贵在一以贯之。在全面推进大学自身文化建设的同时,高校也要始终坚持以服务文化强国建设为使命,繁荣哲学社会科学,引领社会文化发展,为社会主义文化大发展、大繁荣做出贡献。

以社会主义核心价值体系为魂
建设中国特色大学文化

南通大学 杨礼宾

　　胡锦涛总书记在党的十七大报告中明确指出:"社会主义核心价值体系是社会主义意识形态的本质体现。①"党的十七届六中全会又提出,社会主义核心价值体系是兴国之魂,是社会主义先进文化的精髓,决定着中国特色社会主义发展方向。那么,如何切实有效地在高等教育中大力普及社会主义核心价值体系,如何以社会主义核心价值体系为魂建设中国特色大学文化,如何走中国特色的当代大学发展之路,这些都是我们必须认真思考和积极探索的重要课题。

　　我们南通大学是一所地方综合性大学,于2004年由原南通医学院、南通工学院和南通师范学院合并组建而成。其办学历史源自于1912年,清末状元、民族实业家、思想家、教育家张謇先生创办的私立南通医学专门学校和南通纺织专门学校。

　　学校党委高度重视以普及社会主义核心价值体系为根本宗旨的大学文化建设,并且通过大学文化建设来进一步统一思想,凝聚人心,提升学校竞争力,尤其是在大学精神文化建设方面形成了自己一定的特点,比如"祈通中西、力求精进"的校训精神;"质量立校、人才强校、特色名校、文化兴校"的办学理念;"培养具有中国灵魂、世界眼光的中国特色社会主义事业建设者和接班人"的人才培养目标以及"一切为了学生,一切为了教师,一切为了学校发展"的办学价值追求等等,这

---

　　①　胡锦涛. 高举中国特色社会主义伟大旗帜,为夺取全面建设小康社会新胜利而奋斗[N].
人民日报,2007－10－25.

些理念和精神有力地推进了学校事业的又好又快发展。

下面我从"一切为了学生、一切为了教师、一切为了学校发展"三个方面,向各位领导汇报一下,我们南通大学在"以社会主义核心价值体系为魂,建设中国特色大学文化"方面的一些具体实践和探索。

一、一切为了学生

人才培养是大学最主要的功能,也是大学最根本的任务。因此,在办学的过程中,我们必须坚持"一切为了学生"的办学价值追求,以人才培养为中心,以提高人才培养质量为己任。

"一切为了学生"就是要以学生为本,以学生的全面发展为本,以学生的健康成长为本,全面贯彻落实党的教育方针,不断加强思想政治教育,不断深化教育教学改革,形成全方位、全员育人的大格局,努力提高人才培养质量。

"一切为了学生",就是我们不仅要把学生作为教育教学的对象,而且还要充分尊重学生在教育教学过程中的主体意识和主体地位,充分调动和发挥学生在教育教学过程中的主观能动性,这样才能真正培养出全面发展、有自信、有创造性、有活力的、适应社会需要的"人"才,而不是"制造出"被动的、呆板的、缺乏创造性和活力的"机器人"。

我校党委和行政始终坚持"一切为了学生"的指导思想,始终坚持人才培养在学校工作中的中心地位,始终坚持"培养具有中国灵魂、世界眼光的中国特色社会主义事业建设者和接班人"的人才培养目标,始终坚持"育人为本,德育为先"的育人理念,始终坚持"全员育人、全方位育人、全过程育人"的工作原则,在大力加强大学生思想政治教育主渠道、主阵地建设的同时,不断创新大学生思想政治教育方式方法,积极开辟大学生思想政治教育第二课堂、第二渠道,深入普及社会主义核心价值体系,努力培养大学生的社会责任心和历史责任感,谈心屋、莫文隋志愿者等成为全国叫得响的特色品牌,学校连续五年被评为全国大学生志愿者"三下乡"社会实践活动先进单位。《弘扬莫文隋精神,普及社会主义核心价值体系》获教育部高校校园文化建设优秀成果一等奖,学校两次被评为全国教育系统关心下一代工作先进集体、全国五四红旗团委。

学校不断深化教育教学改革,创新人才培养模式,改善教学条件,全面提高人才培养质量。现拥有国家特色专业建设点和省级品牌专业、特色专业;拥有以国家教学成果奖、江苏省高等教育教学成果奖、国家特色专业、国家级精品课程、国家级教学团队、国家级精品教材、国家级实验教学示范中心、中央与地方共建高校实验室等为代表的一批优质教学资源。2007 年,学校以优秀成绩通过教育部本科教学工作水平评估。

为了让大学生们能够走近大师,提升科学品格与人文素养,近年来,我校先后邀请了诺贝尔奖得主丁肇中、穆拉德,国家最高科技奖获得者王振义等十多位院士以及著名国学大师范曾先生等走进校园为师生讲学。

我校还积极开展大学生创新创业教育和实践训练活动,积极培养大学生的创新思维和创业精神,有力提升了大学生的创新能力。在"挑战杯"全国大学生课外学术科技作品竞赛、创业计划竞赛等国家级和省级大学生学科竞赛中,学校先后荣获国家级奖项 600 多项。

历经一百年的奋斗,一百年的发展,我们南通大学社会培养了十万余名各类人才,其中包括保铮、梅自强、姚穆、段树民等院士。学校被评为全国普通高等学校毕业生就业工作先进集体。

二、一切为了教师

在人才培养的过程中,教师处于主导地位。要提高人才培养质量,就必须提高教师队伍的素质水平。教师的道德修养、学识风范、言行举止直接对大学生的世界观、人生观和价值观产生重要影响,直接对人才培养质量产生重要影响。因此,我们首先要重视师资队伍建设,要坚持"一切为了教师"的办学价值追求。

"一切为了教师",就是要以教师为主,以教师的全面发展为主,坚持教师在教书育人中的主导地位,不断加强师资队伍建设,为教师创造优良的工作环境,充分发挥教师在学科建设、科学研究、科技创新、服务地方、文化传承与创新中的主观能动性和创造力。

高等学校不是象牙塔,大学校园已经直接面向社会。金钱物质的利诱,晋升晋职的机会,各种各样的社会思潮都会影响教师的行为准则和价值观。如果不能正确引导教师树立正确的人生观、价值观、世界观和高尚的职业道德情操,那么这不仅会影响教师个人的健康发展,而且会直接影响教育教学质量,给人才培养带来严重后果。

"一切为了教师",首先就是要以社会主义核心价值体系为魂,努力培养教师的高尚师德。我校在师德建设方面有着优良的传统和丰厚的积淀。上世纪九十年代,原南通医学院涌现出了以顾晓松为代表的优秀青年知识分子群体,他们"爱国奉献、勇攀高峰"的群体精神和感人事迹被中央主流媒体纷纷报道,在全国产生广泛影响。

"莫文隋",谐音"莫问我是谁"。原南通工学院的一位老教授无私捐助贫困学生、不愿留名的爱心之举被媒体追踪报道,从而产生了南通"莫文隋"群体效应。中央电视台《焦点访谈》栏目,就此专门摄制专题片《道德的力量》,使"莫文隋"现象在全国产生巨大反响。

我校党委高度重视师德建设,在大力弘扬"道德优美、学术纯粹"优良传统的同时,不断赋予师德建设以新的内涵和时代特色。坚持每两年开展一次"师德标兵"和"我最喜爱的老师"评选活动。在创先争优活动中,通过全体教职员工广泛而深入的大讨论,学校最终凝练形成了南通大学师德建设内涵,即"坚定信念,牢记使命;教书育人,大爱奉献;诚实守信,科学创新;祈通中西,力求精进。"

师德建设有力地促进了教师的全面发展,提高了学科建设水平、科学研究水平和科技创新水平,增强了学校核心竞争力。

三、一切为了学校发展

大楼、大树、教师、学生,共同组成大学校园。大学为教师和学生的发展提供必要的空间和环境,同时教师和学生又以自己的行为推进学校的发展,而学校的发展又进一步为教师和学生的发展提供了更广阔的空间和更加优良的环境。学校、教师和学生三者之间相辅相成、相互依存又彼此促进,只有这样才能推进学校事业的协调发展、和谐发展和科学发展。因此,我们在坚持"一切为了学生""一切为了教师"的同时,还必须坚持"一切为了学校发展"的办学价值追求。只有正确处理好这三者之间的关系,才能相互照应,相互促进,产生良性循环;反之,就会阻碍学校事业的协调发展、和谐发展、科学发展,从而最终阻碍学生的成长和教师的发展。

"一切为了学校发展",就是以学校事业为重,以学校事业的又好又快发展为重,把个人的发展归纳于学校的总体发展之中;在实现学校办学价值追求的过程中,实现个人的价值追求。

学校党委坚持以科学发展观为指导,科学制订学校"十二五"事业发展规划;坚持"一切为了学生、一切为了教师、一切为了学校发展"三者关系的高度和谐统一;坚持党委领导下的校长负责制,把握正确的办学方向;坚持加强党的建设,充分发挥基层党组织的战斗堡垒作用和共产党员的先锋模范作用;坚持专家治学、民主管理,定期召开教职工代表大会,充分调动广大教职员工的积极性,有力地保障了学校各项事业的又好又快发展。在学习实践科学发展观活动期间,我们南通大学作为江苏省高校唯一代表接受中央巡视组的检查,中央巡视组对我校的经验给予了充分的肯定。在创先争优活动中,校党委紧紧围绕学校中心工作,提出大力开展创先争优"六项工程",扎实推进,成效显著。学校被评为江苏省文明单位标兵、江苏省高校先进基层党组织、江苏高校思想政治教育先进集体、全国模范职工之家、全国高校后勤十年社会化改革先进院校和全国高等教育信息化先进单位。

我校积极以服务地方为宗旨,主动融入地方经济建设和社会发展,在江苏高校率先成立服务地方办公室,积极探索和完善服务地方工作体制和机制。大力实施服务地方"五个一"工程(即建设一个大学科技园,校企共建十个研发机构,百名科技顾问进企业任职,千名健康使者下基层,万名莫文隋志愿者服务)和"五支撑一引领"(支撑沿海开发、支撑新兴产业发展、支撑交通运输产业发展、支撑基础教育发展、支撑医疗卫生事业发展,引领文明建设)行动计划。目前,学校已经与地方重点企业共建研发机构 12 个,建立产学研基地 138 个、"校企联盟"74 个,选派到企业的科技顾问 170 名,组织了 1000 多名医务工作者深入基层服务群众数万名,12000 多名"莫文隋志愿者"服务社会受赞扬。学校还主动呼应沿海大开发和省部共建南通大学,成立江苏沿海沿江发展研究院、交通运输工程研究院、交通学院和江苏省风能应用技术工程中心,积极为地方、行业经济社会发展提供决策咨询、人才培养和科技服务。同时,服务地方也为学校的发展赢得了更广阔的空间,为教师的发展提供了更广阔的舞台。

在新农村建设的过程中,我校从事哲学社会科学的教授博士们纷纷走出书斋,走出校园,深入到田间地头,积极参与新农村建设,得到地方政府和社会的高度赞誉。臧乃康教授撰写的"发挥集聚效应提高村级社会公共服务水平"研究报告在《人民日报》内参部主办的《内部参阅》发表，"建立健全我国村级公共服务体系——兼以江苏省启东市为例"在中共中央求是杂志社主办的《红旗文稿》上发表，并荣获江苏省社科应用精品工程优秀成果一等奖。

学校党委高度重视党风廉政建设和大学生廉洁教育，积极建设富有特色的南通大学校园廉政文化。从2006年开始，南通大学在江苏省率先开展校领导班子和领导干部向全校教职工代表和中层以上干部述职、述廉，同时进行民意测评，在校园内外产生良好反响。"廉洁从教，服务学生""5·10思廉日"等一系列校园廉政文化活动，贴近生活，贴近实际，在大学生中很受欢迎。2007年，南通大学与南通市纪委联合组建成立"南通廉政文化研究所"，并出版学术性杂志《廉政文化研究》，开通南通廉政文化研究网站，承办反腐倡廉南通论坛、江海大讲坛等大型活动，让廉政文化研究辐射全国各地。学校被评为全国教育系统纪检监察先进集体、首批江苏省高等学校党风廉政建设示范高校。

我们南通大学这些年来的实践与探索说明，大力普及社会主义核心价值体系，大力建设中国特色的大学文化，是发展中国特色社会主义高等教育的有效途径，是培养中国特色社会主义事业合格建设者和可靠接班人的必然选择。

同时，我们也深深体会到：大学文化是大学在长期办学实践的基础上经过历史的积淀、自身的努力和受到外部环境的影响而逐步形成的一种独特的社会文化形态。大学人不断地创造着大学文化，同时大学文化又不断地影响着大学人的精神风貌和价值取向，对提高教育教学质量起着重要的、决定性的作用。

文化是民族的血脉，文化是人民的精神家园。没有社会主义文化的繁荣发展，就没有社会主义现代化的发展。作为社会主义文化的重要组成部分，作为文化传承与创新的重要阵地，大学担负着建设社会主义文化的神圣使命和历史责任，在社会主义文化建设过程中，大学理应发挥积极的引领作用。

今年是我们南通大学建校一百周年。站在一百年历史交汇新的起点上，我们将不断加强大学文化建设，充分发挥大学文化在建设"有特色、高水平地方综合性大学"中的重要作用，努力为社会主义文化大发展大繁荣做出我们应有的贡献！

大学精神的核心是一种价值

——基于延安大学的实践

延安大学　许静洪　曾鹿平*

摘　要:大学从本质意义上讲是一种文化的存在,大学精神是大学文化的灵魂,大学精神的核心是一种价值,大学精神是大学设置与运行的哲学基础。延安大学是中国共产党新民主主义革命时期在根据地创办的第一所综合大学。它在抗日战争和解放战争艰苦的办学实践中,在延安精神深厚的土壤中形成了爱国主义、唯物主义、集体主义、自力更生、艰苦奋斗五种精神有机统一的大学精神。并在这种大学精神的根基之上,又形成了自己的办学理念——做人为先、学以致用。这一大学精神和大学理念在延安大学的办学实践中发挥了重要的作用,使延安大学在极其艰苦的条件下,为国家和民族培养了大批德才兼备的杰出人才,为民族解放、革命胜利和祖国昌盛做出了卓越贡献。

关键词:大学精神;价值;大学理念;延安大学;延安精神;做人为先;学以致用

大学从本质意义上讲是一种文化的存在,它具有传承、固守和创新文化的天职。大学是研究学问、传承文明、探求真理的地方,大学在研究与教学之外,还应有"创造性的文化生活"。世界各国第一流的大学,特别是历史悠久的大学,无不在漫长的时间长河里有意无意培育一种独特的文化。从中古的大学如勃隆那、萨

---

* 作者简介:许静洪,男,教授,延安大学副校长;曾鹿平,男,湖南新宁人,延安大学马列学院教授,延安大学档案馆馆长、校史办主任、高教所所长,主要研究老解放区教育史、中共党史、高等教育。

里诺,到现在的牛津、剑桥、哈佛、耶鲁、海德堡、东京帝大,以及过去的北大,西南联大,延安时期的陕公、延大等,就是一盏盏千古不灭的学灯,"俨然为一方教化之重"。其无不在知性生活之外,有着其丰富的文化生活。文化生活决定着一所大学的风格,一所大学的精神,也影响该大学学生的气质品质。而且"大学教育不止对个体的人的心灵智慧的开发,性情的陶冶,人格和个性的培养,独立自由精神的养成举足轻重,同时对一个国家文明之性格、民族之精神的形成、民族文化的发展、形塑、改造和推动社会发展上也至关重要。"①从这个意义上讲,研究大学文化具有重要的战略意义。

一、大学精神是大学文化的灵魂,其核心是一种价值

　　尽管关于大学文化内涵的概念众说纷纭,难有定论,但是有一点是共同的,那就是几乎所有的学者、教育实践者均一致认为,大学精神是大学文化的内核和灵魂,体现着一所大学的生命力、创造力和凝聚力的整体精神面貌。

　　按照大学文化的范畴来讲,大学精神包含在大学文化的范畴之内,大学精神主要是指大学文化中的价值体系部分。有的学者甚至认为:"广义的大学文化包括大学精神、大学环境、大学制度等方方面面的整个大学教育。而狭义上主要指大学精神,强调大学师生的科学素养和人文精神,表现为一种共同的行为准则、价值观念和道德规范。"②(储朝晖在其所著的《中国大学精神的历史与省思》一书中,对大学精神与大学文化的关系做了更加科学与凝练的概括:"大学精神是特定社会的历史文化传承在大学实践中的体现,它的核心是一种价值,它从大学精神的源头、所处本土文化的民族精神、所处历史时代的时代精神中萃取它所需要的成分来聚合自身,同时与民族精神、时代精神形成互动;大学精神通过具体的大学之人对具体的大学之事产生大学理念,形成大学文化。"③所以说,大学精神是大学文化的核心部分,是大学文化的灵魂,决定着大学文化的性质、意义与方向。大学精神一经形成,对外它是大学整体的、统一的象征,它代表了大学的一种价值取向、品格特征,是一种激励,是一面旗帜;对内它决定大学的发展方向,是一种凝聚

---

① 刘琅、桂苓. 大学精神[M]. 北京:中国友谊出版公司,2004.
② 李晨. 大学文化高层视角:科学与人文结合[N]. 科学时报,2003 - 11 - 4.
③ 储朝晖. 中国大学精神的历史与省思[J]. 太原:山西教育出版社,2006.

力,也是一所大学办出特色、办出水平、办出活力的源泉和动因。更重要的还在于,它还决定着一所大学培养怎样的人才,以及如何培养人才这个根本性的问题。

那么究竟什么是大学精神,怎样理解大学精神,这个问题如同文化、大学文化一样,也是一个非常复杂的问题,目前尚未有一个被大多数人所认同的定义。储朝晖在其所著的《中国大学精神的历史与省思》一书中,通过文献检索,列举了37种国内学者有关大学精神的义项与表达方式。其中下列几位学者对大学精神的阐述和概括,有助于我们对大学精神内涵、本质和特征的认识与理解:

崔景贵、刘亚敏:大学精神在本质上反映了大学的办学灵魂和理念,是大学本质特征的生动折射、价值取向的自由体现,更是人类社会对大学教育的理性呼唤。因此,大学精神是大学生命力的源泉,是大学文化风气的精髓所在,是对大学生存起决定性作用的思想导向。

王冀生:大学的精神文化,集中地体现在大学精神之中。大学精神,是大学的一种办学理念和价值追求。科学的大学精神是建立在对教育本质、办学规律和时代特征深刻的认识的基础之上的,能够正确地指明大学的前进方向,其核心是一种人文和科学精神,其灵魂是对未来大学理想的追求——追求真理和造福人类。

冷余生:大学精神,就是以大学生为主体的思想、情感、作风相统一的对大学生生存发展具有巨大影响力的精神。

蒋家平:具体来说,大学精神的内涵主要包括四个方面:一是大学价值观:这里的价值观指的是大学师生在长期实践中逐渐建立起来的一种共同的价值取向、心理趋向和文化定势,是全体师生或多数师生一致赞同的关于大学意义的终极判断。对于不同性质、不同层次以及不同国家的大学来说,其价值观也不统一。价值观是文化的核心和基石,文化的所有内容都是在价值观的基础上产生的。二是大学理想和目标:在价值观的宏观指导下,大学必须以国际国内经济、科技、教育的发展趋势为引导,以尊重教育发展的自身规律为保证,以学校自身客观条件为基础,以满足国家需求为目标,脚踏实地地形成自身的发展目标和中长期改革发展规划,并将其灌输到全体师生中去,形成全体师生或大多数师生认可的、愿意为之奋斗的共同理想和目标。三是大学核心理念:为了实现大学的共同理想、目标,大学必须进行改革与创新,必须大力发展学校各项事业,为了凝心聚力共赴美好前程,必须要求全体师生遵守某些关键信条。如德国柏林大学的大学理念包括这样几个方面的统一：大学活动的非政治性质与大学建制的国立地位的统一，科学体系的内在完整性和科学对整个文化和社会的批判与启蒙意义的统一，教学和研究的统一。四是大学组织信念：有了共同理想、目标和办学理念，还必须为目标的实现和组织实施提供强有力的规范和制度的支撑和保证，也就是要形成全体师生共同遵守的纪律性约束——组织信念，使得大多数师生自觉地认识到自身的行为与学校整体目标和任务是紧密结合在一起的，并愿意为实现这一目标而遵守共同的组织信念。

由于大学精神不是一个简单具体的概念，而是一个既内涵抽象，又具体体现；既见于微，又显于著；既内隐于大学人之心，又外彰于大学人之行的复杂概念系统。所以上述关于大学精神的各种表述，在语义运用中存在着种种问题，尽管如此，它们还是道出了大学精神的核心是价值取向，大学精神是形而上的存在之一。"形而上"一词出自《周易》："形而上者谓之道，形而下者谓之器"。所以说，储朝晖从质性上将大学精神界定为："大学精神是关于大学发展的价值取向及其在大学设置与运行中的体现"。① 应该说是比较科学的。

我们知道，价值观是人们关于什么是价值、怎样评判价值、如何创造价值等问题的根本观点。价值观的内容，一方面表现为价值取向、价值追求，凝结为一定的价值目标；另一方面表现为价值尺度和准则，成为人们判断事物有无价值及价值大小、是光荣还是可耻的评价标准。思考价值问题并形成一定的价值观，是人们使自己的认识和实践活动达到自觉的重要标志。因此，理解了大学精神的核心是价值取向，就自然理解了为什么大学精神是大学文化的内核和灵魂。

二、大学精神是大学设置与运行的哲学基础

作为大学文化的核心与灵魂，大学精神不只是单纯的价值，它还应包括作为大学精神特点的价值在大学设置和运行中的体现，或通过大学设置与运行折射出的祈求、理想、信念、动力和自我认同的见证，使大学精神见于实在。

根据管理学对大学设置对象、内容及操作要项等所提供的线索，储朝晖将大学设置厘定为："校园环境、物质与文化、机构设置、管理体制、组织行为规范。"②。

---

① 储朝晖. 中国大学精神的历史与省思[M]. 太原:山西教育出版社,2006.
② 储朝晖. 中国大学精神的历史与省思[M]. 太原:山西教育出版社,2006:72.

关于大学运行,一般管理学强调的过程为"实行计划、组织、指挥、协调和控制的过程",或将学校的运行归结为"制订计划、组织执行、监督检查、总体提高"四个基本环节。储朝晖在这四个环节前加上了"理念形成"作为大学运行的循环,明晰了大学精神与大学设置及运行之间的关系:大学精神对大学设置和运行起统摄作用,这种统摄作用可发生在大学设置与运行的每一个部分和环节;它发挥作用的形式并非"刚性",而是"柔性"的;它作用的中心点是大学理念,而大学精神是大学理念的支柱和高度凝练,大学精神统摄着大学理念。同时,大学精神对大学运行及设置的作用通过大学理念来发挥,它主要作用于大学的运行过程,也会在一定程度上对大学的设置提出变革要求或进行改革。

迈克尔·D. 科恩与詹姆斯·G. 马奇提出了一个颇有影响的观点:大学是一种"有组织的无政府状态"。① 不论其是否偏颇,是否道出了大学设置与运行的本质,但有一点是肯定的,大学的设置与运行绝不同于一般的行政管理,也不同于一般的企业管理,而是以大学精神为灵魂,有所为、有所不为的比较特殊的管理。这是因为"大学享有充分的自由;大学的知识属于人民;大学是崇高的传统思想文化的捍卫者;大学即创造知识,也传播知识;大学对研究自由与教学自由给予了保障;精神和文化是人类尊严的实质内容,而大学则是维护精神文化的中心"②。要达到这样的理想境,除了一般管理的原则和机制外,核心的问题就是大学的管理者必须具有明晰而正确的大学理念。换句话说:"一所大学的理念是这所大学的思想、精神和灵魂,它决定着这所大学的思维方法和发展方向,更决定着它的明天。"③之所以说大学理念是"大学内部管理与运转的哲学基础"④,这是因为"知识及其学科(专业)是大学的组织基础",因而"文化性是大学的根本属性,也是大学区别于社会的经济和政治机构的个性,它决定了大学应当是人类文明的精神家园和新思想、新知识、新文化的策源地,也应当把文化机制作为大学运行的主导机制"⑤。同时,应当以人文、理性、品德和学术价值作为其追求的基本价值。所以,

---

① 迈克尔·D. 科恩,詹姆斯·G. 马奇. 大学校长及其领导艺术——美国大学校长研究[M]. 郝瑜,译. 青岛:中国海洋大学出版,2006:45.
② 罗红波. 对大学理念与大学精神的几点认识[J]. 中国高等教育,2004(1).
③ 纪宝成. 对大学理念和大学精神的几点认识[J]. 中国高等教育,2004(1).
④ 刘光临. 现代大学理念与人才培养模式[J]. 中国高等教育,2002(6).
⑤ 王冀生,王霁. 大学文化是大学的核心竞争力之所在[J]. 中国高等教育,2007(10).

大学的本质决定了大学设置与运行的基点是文化机制而非行政机制。因而,大学精神是大学设置与运行的灵魂和统帅也就成为逻辑必然。

三、延安大学的实践

延安大学坐落在革命圣地延安,它是由中共中央政治局决定,毛泽东亲自命名,中国共产党新民主主义革命时期在根据地创办的第一所综合大学。1941年7月2日,任弼时领导的"改革中央组织机构与筹备总供给委员会"会议,研究了洛甫(张闻天)提出的"青干、女大、陕公等合并成立大学"的意见,并提出了实施方案,组成了以中共中央干部教育部副部长凯丰为主任,罗迈、柯庆施、徐特立、冯文彬、周扬、王鹤寿等为成员的学校合编委员会,负责具体工作。

1941年7月13日和30日,中共中央政治局两次会议研究了学校的合编问题,并于7月30日正式做出决定:"青干、陕公、女大合并,定名延安大学,以吴玉章同志为校长,赵毅敏同志为副校长。"①学校受中共中央文化委员会领导。1941年9月22日,延安大学正式成立,设社会科学院,院长艾思奇;法学院,院长何思敬;教育学院,院长刘泽如;俄文系,系主任黄正光;英文系,系主任许乃生;体育系,系主任张远;中学部,部主任林迪生,由赵飞克担任学校秘书长。并规定学制本科为三年,专科二年,当时大学部是按照全日制普通高校学生入学标准遴选与招考的,所以人数很少,只有500多人。"由三所学校合并而来的延安大学并非是三所大学的简单归并,而是一种新型教育体制的实施。这种新教育体制注重的不仅仅是价值观、世界观的革命化改造,而且还注重科学技术的学习与应用;不仅仅是被培养者接受速成式的训练,而且注重被培养者深厚科学知识底蕴的积聚。"②所以"延安大学的诞生既是对中共中央领导下自进入陕北以来的传统红色教育(干部培训班)的一个总结,也是红色教育的起点(正规大学教育)。因此,延安大学的诞生在中国红色教育发展历程上具有重要的历史意义。"③

1943年3月16日,中共中央西北局决定,将鲁迅艺术文学院、自然科学院、新文字干部学校、民族学院并入延安大学。1944年4月7日,中共中央西北局决定,

---

① 陕公女大青干三校合并成立延安大学[N]. 解放日报,1941-8-28(1).
② 曾鹿平. 延安大学史[M]. 北京:人民出版社,2008:55.
③ 曾鹿平. 延安大学史》[M]. 北京:人民出版社,2008:56.

延安大学与陕甘宁边区行政学院合并,组建新的延安大学,由周扬担任校长,王子宜、张如心担任副校长。新组建的延安大学设立了行政学院、鲁迅文艺学院、自然科学院和一个独立的医学系。行政学院设有行政、司法、财经、教育四系;鲁迅文艺学院设有戏剧音乐、美术、文学三系;自然科学院设有机械工程、化学工程、农业三系。加上医学系共 11 个系近 30 个专业。另外行政学院和鲁迅文艺学院还设有研究室招收培养研究生。据 1944 年 6 月的统计,全校教职员工 575 人,学员 1302 人,成为一所文、理、工、农、医、法、教、艺学科门类较为齐全的综合性大学。正如一些教育史家所指出的"从设置和规模看,此时的延安大学即便与正规大学相比,也算得上佼佼者。"①同时,一些教育史家也明确指出:"这是抗日民主革命根据地第一所具有工、农、文、理、医、艺学科的综合性高等学校"。② 1965 年 4 月 22 日下午,吴玉章在接见延安大学校史资料征集人员时谈道:"延安大学的成立,这是教育上很大的转变,是中共中央和边区政府在延安推行新的教育。它是中国共产党教育史上第一所规模较大的综合性大学"。③ 2005 年 6 月 9 日,教育部副部长张保庆"在省部共建延安大学协议签字仪式上的讲话"中也明确指出:"可以无愧的说,延安大学是我们党没有夺取政权之前,在根据地亲自创立和建设的第一所综合性的、也是带有现代意义的大学,这个历史是国内其他高校所没有的。"④这个结论是符合历史事实的。

延安大学是中国共产党在延安时期创立和发展的一所大学,所以延安大学的大学精神深深地根植于延安精神。延安大学是延安精神的重要创建者和忠实实践者之一,延安精神作为一种人的"精神状态"、一种人格、一种道德情操、精神面貌,是中国共产党人在延安时期的革命实践中所形成的革命精神,无产阶级集体的群体性格、道德情操和价值追,是中华民族精神的凝聚与升华。正是在延安精神的创建和实践之中,延安大学形成了自己的大学文化和大学精神。可以说延安大学的大学精神同延安精神的本质是一致的,所以,延安大学的大学精神可以概括为爱国主义、唯物主义、集体主义、自力更生、艰苦奋斗五种精神的有机统一。

---

① 王建军. 中国教育史新编[M]. 广州:广东高等教育出版社,2003.

② 王炳照,郭齐家,刘德华. 简明中国教育史[M]. 北京:北京师范大学出版社,2007:419.

③ 曾鹿平. 延安大学史[M]. 北京:人民出版社,2008:305.

④ 在省部共建延安大学协议签字仪式上的讲话[N]. 延安大学报,2005—6—24(1).

　　根据延安大学的大学精神,学校明确地形成了自己的办学理念——做人为先、学以致用。这种大学精神和办学理念,其核心实质上就是一种价值,就是马克思主义价值观的直接和鲜明体现。正因为如此,所以延安大学抗日战争解放战争时期,在极其艰苦的条件下,培养了大批治党、治国、治军的卓越人才。据不完全统计,抗日战争解放战争时期,在延安大学(包括前身院校、合并院校)任职、任教和学习过的校友,有近30位担任过党和国家领导人,学部委员、两院院士有近20位。当选中共中央委员、候补委员的有40多位。担任省部(军)正职的有近300位。陕西省社会科学院研究员雷云峰主编的《延安名人辞典》,共收录延安时期工作学习过,建国后曾担任过副部级以上领导职位和具有一定影响的文化名人3623人,而延安大学(包括前身院校、合并院校)校友就达654人,占到六分之一强,这已是一个很高的比例。新中国建立后,全国地级以上的文化艺术、新闻出版、科学教育机构的领导骨干,几乎都是新民主主义革命时期在延安大学(包括前身院校、合并院校)任职、任教和学习过的校友,这种状况一直到20世纪80年代中后期后,才逐步改变。这种情况在中外教育史上是鲜有先例的。由此可见延安大学在中国革命史、中国共产党党史、中国教育史以及中华人民共和国历史上,都具有独特的、不可替代的重要地位,是一座名副其实的历史丰碑。

　　新中国成立后延安大学直接继承了老延大的大学精神和办学理念,并将其直接凝练概括进校训之中,既"立身为公,学以致用"。"立身为公"的两个核心概念是"身"与"公"。"身"的社会学本意是身份,同时隐含人格品质、道德学养等引申意。具体讲就是通过人格品质、道德学养的修炼,使自身能够成为被社会认可的一种身份或角色。"公"的本意是公共,这在上古和现代社会的话语系统中是相通的,如原始公社、共产主义以及中国士大夫理想中的大同社会均以"公"之本意来立意。在近代社会,"公"字又引申出了"公平""公正"等含义,显示了自我人格与公共社会的一体性联系。延安大学最早前身学校陕北公学之"公",融汇了"公"的上述所有含义。孔子说"三十而立",就是我们所谓的"立身"。"立身为公"意思是培养树立"公平""公正"、以天下为己任的大公无私品质。这又自然契合了延安大学的传统。

　　"学以致用"的核心概念是"学"与"用"。"学"是学习、学业,"用"是实践、运用。"学以致用",从主观上讲是将学习的目的建立在实际运用的基点上;从客观上讲,是将学到的知识在社会实践中得到充分运用。1944年延安八大院校合并后的延安大学所制定的教育方针是"理论与实际的统一,学与用的一致"。数十年来,延安大学培养的学生以"下得去、留得住、用得上"而受到社会的广泛赞誉,特别是受到县及县以下基层单位的赞誉,走上工作岗位后,社会的普遍评价其"为人诚实,作风朴实、基础扎实"。由此可见,"学以致用"的办学理念已经成了被社会所高度认可的优良传统。早在延安大学初创时期,学校就曾提出延大的教育目的"不但在专门技术和知识的获得,且更应注意养成学员的伟大品格。""延大不应当只是学科学的学校,也应当是学做人的学校"。其实,德才双馨是所有办教育者超越时间和空间的最根本追求。作为校训,"立身为公学以致用"既是对延安大学优良传统的继承,它到体现的核心内容就是一种价值追求,同时也体现了教育科学的永恒意义。

大爱精神与师德建设

南通大学　邓小泉*

摘　要:以爱教育、爱学校、爱学生为主要内容的大爱精神是师德建设的核心内涵。大爱精神在中西方有着悠久的历史传统,现在已经成为中国教育的时代精神。围绕领导、制度、文化和典型四个要素构建科学的大爱培育模式,有助于加强师德建设。

关键词:大爱精神;师德建设;培育模式

大爱精神是指人们对国家、民族乃至整个人类社会具有高度责任心而表现出来的一种深厚情感。大爱精神是以人为本理念的体现,是人类精神的最高境界。我国教育领域的"大爱"概念最早由杨福家院士于 2002 年 9 月提出,此后逐渐受到广泛关注。[①] 2008 年 2 月,河南理工大学王少安、周玉清合作出版了著作《大爱精神与大学文化建设》[②],从理论上深化了对大爱精神的探索。大爱精神在社会各个领域均有体现,在教育领域尤为突出。大爱精神植根于高度的社会责任感,是教育的灵魂和师德建设的核心。

---

*　作者简介:邓小泉(1975—),男,江苏如皋人,南通大学副教授,博士,研究方向为教育史、高等教育。

① 杨福家. 从牛、羊克隆看一流大学内涵[N]. 文汇报,2002 - 9 - 17.

② 王少安,周玉清. 大爱精神与大学文化建设[M]. 北京:人民出版社,2008.

一、大爱精神是师德建设的核心内涵

教师是教育的承担者,职业的特殊性决定了教师必须弘扬大爱精神。教师的大爱不同于一般意义上的爱。首先,它不同于人道主义的爱。人道主义的爱以尊重人的生命和生存为基础,在实践中多表现为慈善行为。其次,它也不同一般的亲情之爱,亲情之爱以血缘关系为基础,具有一定的排他性。教师的大爱是一种体现了高度文化自觉的职业精神,是一种理性之爱,在实践中主要表现为责任行为,具有鲜明的社会性和包容性。大爱精神的内涵主要包括爱教育、爱学校和爱学生三个方面。

爱教育。教师承担着传承文明、培育人才、创新文化、推动社会进步的重任,他们能否切实履行职责,不仅取决于他们的知识和才能,还直接取决于他们对教育事业的态度和情感。教育本身就是爱的事业。我国近代教育家夏丏尊说:"教育上的水是什么? 就是情,就是爱。教育没有了情爱,就成了无水的池,任你四方形也罢,圆形也罢,总逃不了一个空虚。"①温家宝同志也多次指出爱是教育的核心,强调爱是一切道德的基础,"没有爱就没有教育"②。教师对教育事业的热爱,是做好教育工作的基础,是对国家、民族、社会、人民乃至整个人类负责任的最好体现。教师只有忠诚和热爱教育事业,才能对教育工作高度负责,才能安心从教,乐于从教,积极奉献。

爱学校。学校是人类历史发展进程中的文明产物,是开展教育活动的主要机构和教师赖以生存与发展的职业场所,更是教师施展才华、实现理想的广阔舞台和精神守卫的家园。教师是学校的主体,教师的发展是学校发展的重要内容,学校的发展则能为教师的发展提供更高更好的平台。苏联著名教育家马卡连柯说:"一个教师集体,要有统一的工作方法,要不但能集体地为'自己的'班级负责,而且能为整个学校负责。如果没有这样团结一致的教师集体,那么,所谓正常的学校教育工作是很难想象的。"③所以说,教师只有将个人的发展融入到学校的发展中,与学校的发展统一起来,关心、爱护学校,推动学校与个人的共同发展,才能在

① 亚米契斯著. 爱的教育·译者序言[M]. 夏丏尊,译. 南京:江苏文艺出版社,2008:3.
② 温家宝. 教育大计教师为本[N]. 人民日报,2009-10-12.
③ 马卡连柯. 论共产主义教育[M]. 人民教育出版社,1956:352.

教育事业中实现个人的价值。

爱学生。热爱学生是教师对待劳动对象应有的基本态度,是营造良好教育氛围的坚实基础和实现教育成功的必备条件。学生是十分宝贵的财富和资源,代表着国家、民族、社会的未来和希望。教师对学生的热爱具有目的性、广泛性和科学性等鲜明特点。目的性是指教师对学生的爱不是一种无目的的情感,而是有着促进学生全面发展的明确目的。广泛性是指教师不是只关心个别或少数学生,而是一视同仁地爱护每一个学生;不仅仅关心学生的知识学习,而且关心学生的身体健康和道德发展等方面。科学性是指教师对学生的热爱不是随意的,而是遵循教育规律和学生成长规律的,将对学生的关心爱护与严格要求统一起来。

对教师而言,爱教育、爱学校、爱学生的前提和基础是爱知识、爱智慧,它们共同反映了教师的爱责任重大、范围广大、胸怀博大,是一种真正的"大爱"精神。这种"大爱"精神是师德的核心和灵魂,师德的其他内涵都建立在"大爱"精神的基础之上,由"大爱"精神衍生而来。教师只有热爱教育,才会爱岗敬业;只有热爱学校,才会忠于职守;只有热爱学生,才能诲人不倦。

二、教师大爱精神有悠久的历史传统

漫长的教育发展历程,也是教师大爱精神逐渐形成和发展的过程。人类社会初期,教育活动的产生与人类的生存发展密切相关,而爱就是保持和推动人类延续发展的内在力量。但这一时期的教师还没有成为独立的社会职业,教师的爱主要表现为人类的本能之爱。学校产生以后,大爱精神在教育中进一步形成并渐由自发转向自觉,日益焕发出理性的光芒。

（一）西方教师大爱精神的历史演进

早在古希腊时期,苏格拉底就对教育十分倾心。他认为"美德即知识",人可以通过学习获得美德,通过理智的道德教育匡正祛邪,也可以通过教育改造社会。正是因为这种坚定的信念和对美德、智慧、教育的热爱,使得苏格拉底成为了世界名师。在苏格拉底的影响下,他的学生柏拉图以及柏拉图的学生亚里士多德也都成为举世闻名的教师,柏拉图还创办了著名的阿加德米学园,亚里士多德创办了吕克昂学园。古罗马时期,昆体良对教育在人的发展中的作用充满信心,认为人人都可以通过教育培养成才。他是西方较早对教师提出明确要求的教育家,强调教师应当德才兼备、热爱学生,要以慈父的态度对待学生。

中世纪是神学占据主流的时期,神爱精神成为了影响西方教育的重要精神力量。虽然神爱精神与大爱精神的逻辑起点并不相同,但它是西方教育中大爱精神承上启下的重要环节。

文艺复兴运动产生以后,人文主义教育日渐兴起,尊重儿童、爱护儿童、促进儿童的和谐发展成为教育领域的强烈呼声,从而进一步推动了大爱精神的形成。

17—18 世纪,大爱精神在西方教育中渐趋成熟。捷克教育家夸美纽斯呼吁整人社会、父母和教师都要热爱儿童、关心儿童。瑞士教育家裴斯泰洛齐提出了较为完整的爱的教育理论,认为母子之间的爱是教育的开端,儿童从对母亲的爱出发,通过行动和练习,逐渐扩大到爱兄弟姐妹,爱邻居,爱受苦受难的人,最后达到崇高的目标——爱人类。① 他总结自己的教育方法是"教人以所有的爱去思考和以所有的思考去爱"②。

19 世纪以后,大爱精神已经在西方教育中深入人心。俄国教育家别林斯基明确提出教育大爱的主张,认为"爱应该是教育的工具,又是鉴别教育的尺度"③。而意大利作家亚米契斯耗时十年完成的教育小说《爱的教育》则将"爱"深深地融入到教育与生活之中,使教育中的大爱精神进一步凸显。20 世纪的英国教育家伯特兰·罗素非常重视教师的大爱精神,强调教师应当爱学生、爱知识,认为"为爱所支配的知识是教育者所需要的,也是学生所应获得的。在人生早期,对学生的爱至关重要,以后,对所授知识的爱则变得日趋必要。"④苏联教育家赞科夫则认为教师必不可少的、甚至几乎是最主要的品质,就是热爱学生。

西方大爱精神的深入发展逐步内化为学校的文化氛围,使得学校充满着"大爱"的气息,既促进了学生的成长,也促进了教师的发展。普林斯顿大学就是大爱精神的成功典范。普林斯顿大学的"大爱",成就了安德鲁·怀尔斯教授解决了费马大定理的难题,也使得约翰·纳什能在大爱的氛围中提出了著名"纳什平衡"理

---

① 卓晴君,方晓东. 教育与人的发展[M]. 北京:教育科学出版社,1995:43—44.
② 阿图尔·布律迈尔主编. 裴斯泰洛齐选集:第一卷[M]. 尹德新组,译. 北京:教育科学出版社,1994:73.
③ 别林斯基. 新年的礼物[M]//张焕庭. 西方资产阶级教育论著选. 北京:人民教育出版社,1979:402.
④ 罗素. 罗素论教育[M]. 杨汉麟,译. 北京:人民教育出版社,2009:206.

论,获得了诺贝尔经济学奖。

(二)中国教师大爱精神的历史传承

中华民族自古就有尊师崇教的优良传统,重视教育、热爱教育蔚然成风。大爱精神在中国不但形成较早,而且影响广泛。孔子是春秋时期影响最大的教育家,他主张以"仁"为最高道德准则,所谓"仁"即爱人也,强调"君子学道则爱人",从而为大爱精神的形成奠定了坚实的思想基础。孔子本人即十分热爱教育事业,敏而好学,"学不厌而教不倦也"。他对学生也非常关爱,将实现政治理想的希望寄托在学生的身上,实行开放性的"有教无类"的办学方针,充分体现了他超越当时世俗偏见的大爱精神;而他对颜渊的关爱则体现了他对学生的爱不但大而且深。此后,孔子的大爱精神成为教师学习的典范,他也被世人尊为万世师表。而在以儒、墨、道、法四家为代表的诸子思想中,无不闪烁着大爱精神元素的光芒,成为中国大爱精神的思想渊源。①

中国古代教师的大爱精神深深地蕴含在教师的教育理念中,具体表现为重视教育的地位与作用,深入了解学生、注意按照规律教育学生等方面。唐代柳宗元主张教育学生要"顺木之天,以致其性"。韩愈明确提出了教师"传道、授业、解惑"的三大任务,提倡教师不但要乐为人师,还要虚心拜师,主张师生关系可以相互转化。明代王守仁主张教育要顺应学生的身心特点,使他们"趋向鼓舞","中心喜悦",这样学生就如草木得春风雨露般的滋润,而得到爱的教育。

中国古代教师多为公共知识分子,对国家、教育和学生怀有深厚的感情,常常诲人不知疲倦。宋代著名教育家朱熹非常重视建立良好的师生关系,对"师生相见,漠然如行路之人"的现象给予了严厉批评,他对教育十分投入,常常"讲论经典"至夜半。不仅如此,他教学时激情飞扬,竟至忘记自己在生病。而一日不讲学,他就心中忐忑不安。清代王夫之则主张教师"必恒其教事",强调从事教育工作要有恒心,要热爱教育,乐于育人,孜孜不倦,坚持不懈,从而进一步丰富了大爱精神的内涵。

近代以来,我国许多著名教育家如康有为、梁启超、蔡元培、陶行知等都是大爱精神的典范,他们热爱教育,乐于从教,关爱学生,堪为教师之楷模。梁启超说:

---

① 王少安. 论大爱精神的思想渊源[J]. 河南理工大学学报(社会科学版),2010(1).

"在教育界立身的人,应该以教育为唯一的趣味。"①蔡元培为中国教育的近代化发展做出了卓越贡献,而又对学生关爱有加,常常尽己所能保护学生、帮助学生。陶行知则以"捧着一颗心来,不带半根草去"的伟大精神,为教育事业奋斗终生,可谓"爱满天下"。

新中国成立以来,广大教师秉承大爱精神的优良传统,热爱祖国,热爱学生,教书育人,为人师表,辛勤耕耘,无私奉献,涌现出一大批师德模范,充分诠释了教师大爱的精神实质。中国教育步入了大爱时代,大爱精神成为了中国教育的时代精神。

三、培育教师大爱精神的基本模式

大爱精神是师德的灵魂,有着深厚的历史基础,但具体到学校而言,以大爱精神为核心的师德的形成,还应有科学的培育模式。建立大爱精神的培育模式应抓住领导、制度、文化和典型等基本要素。

(一)领导理念以大爱为核心

领导的办学理念是学校精神的灵魂。学校领导的办学理念主要围绕解答"办什么样的学校"和"怎样办好学校"两个基本问题而形成。对这两个问题的解答都应以大爱为核心,即应该办一个充满大爱的学校和用大爱去办好学校。办一个充满大爱的学校,就是说学校里应充满了爱,爱人类,爱祖国,爱单位,爱家庭,爱知识,爱一切值得爱的人和物,使学校成为一个温馨、积极、健康的场所。用大爱去办好学校,就是说学校领导应满怀爱意,爱教育,爱学校,爱教师,爱学生,爱智慧,通过自身的爱意感染并引导全校师生。领导充满了爱意地对待学校和师生,上行下效,就会产生无形的力量,深深地融化在具体的办学实践之中,在潜移默化中促进教师形成良好的职业道德。

(二)制度建设以大爱为主题

制度是规范个体行动的规程或行动准则,通常蕴含着集体的价值追求。大学是立德树人的重要高地,人是大学的核心要素。教育以育人为本,以学生为主体;办学以人才为本,以教师为主体。所以,大学必须坚始终持以人为本的理念。而

---

① 梁启超. 趣味教育与教育趣味[M]//梁启超. 梁启超全集:第7册. 北京:北京出版社,1999:3963.

坚持以人为本,就要有爱人之心,要注重传承和弘扬大爱精神。大学的制度建设不应只是简单地规范人、约束人,而应从立足于引导人、帮助人、爱护人的角度出发,引导大学人爱人类、爱祖国、爱学校、爱家庭、爱知识,促进大学人的全面健康发展。现代大学制度的制定应紧紧抓住人的本质特征,牢牢坚持以大爱为主题,引导和规范大学人的行为。而大学制度的执行应当超越"小爱"的局限范围,着眼于爱护全体大学人的立场,科学规范地严守制度,把大爱贯穿于大学制度建设的全过程,使以大爱精神为核心的师德成为广大教师的自觉追求。

(三)文化熏陶以大爱为基础

文化是大学的灵魂和精神脊梁,产生于人们对周围世界的体验、探索和理解之中。大学的生命力、创造力和凝聚力深深植根于不断积淀的大学文化。大学文化是大学人共同价值观念和思想观念形成的基础,有利于提升大学人的归属感和认同感,增强大学的凝聚力,是推动大学发展的强大精神动力。大学文化在潜移默化中释放着巨大而无穷的能力,贯穿、渗透在大学实践的每一个具体而细微的环节之中。以大爱为基础建设和发展大学文化,能够进一步使大学人拓展视野、开阔心胸、启迪灵魂。在以大爱精神为核心的理念的引导和以大爱精神为主题的制度的规范下,有利于形成以大爱为基础的大学文化,熏陶着一代又一代的大学人。在大爱精神文化的陶冶中,产生奉献爱心的群体效应、养成大爱的文化品格、树立大爱的职业道德,就会成为大学人的自觉行为。

(四)典型引领以大爱为重点

榜样本身蕴含着丰富的道德教育价值,表彰先进,树立典范,是加强师德建设的重要途径。大学可以实施"师德建设工程"为抓手,构建合理有效的宣传教育机制,多渠道、分层次地开展各种形式的师德教育,充分发挥典型示范与榜样引领作用。首先,积极传承学校师德建设的优良传统,充分挖掘、整合师德典型资源,作为师德宣传教育的素材。其次,建立师德教育的学习培训机制,经常性地邀请道德模范、先进人物和学术大师到校做报告,为教师树立正确的理想信念发挥榜样示范作用。再次,积极培育和宣传先进典型,组织开展"名师面对面""名师导航"等活动,定期评选先进典型,开展说身边人、讲身边事,学习身边典型的活动,不断提炼和升华风范的内涵,使大爱成为学校的主流精神。

大学精神与高职可持续发展

浙江经济职业技术学院党委书记　俞步松*

摘　要:在高职教育由规模扩展向内涵发展转型的背景下,素质本位已经成为高职可持续发展的必然选择,要实现素质本位的教育理念是一项系统工程,而作为大学灵魂与文化核心的高职大学精神,必将成为高职实现素质本位和可持续发展的重要引擎。

关键词:大学精神;高职;素质本位;可持续发展

新时期高等职业教育发展要走以提高质量为核心的内涵式发展模式,这既是高职教育自身发展的内在规律,也是经济社会发展对高职教育必然要求。要实现这个目标,必须发挥大学精神的引领之功,确立符合高职特点的素质教育本位观,促进高等职业教育的可持续发展。

一、素质本位:当代高职发展的新阶段

(一)素质本位是教育自身发展的内在需求

高职教育本位观是高职发展的根本性问题,它关系到高职教育的出发点及人才培养模式的深层建构。世界视域下的高职教育大致经历了知识本位、能力本位、人格本位、素质本位的嬗变,[1]它们的形成是教育发展的自律性使然,在不同的教育发展阶段体现着各自不同的内涵指向。知识本位产生于"二战"后,以学科

---

* 作者简介:俞步松(1960 -),浙江临安人,研究员、高级经济师,主要研究高职教育管理、文化素质教育

知识的传授为主,充当着高等教育的替补军;能力本位20世纪二三十年代在欧美兴起,是工业化大生产背景下"效率崇拜"的产物,以能胜任一种岗位的职业要求为出发点,使受训者具备从事某种职业能力与资格。随着科学技术的发展和信息时代的到来,这种从培养目标到专业和课程内容都围绕着狭义的职业岗位的教育模式很难适应劳动力流动加剧的变化,更忽视了人的内在精神、情感和态度的培养,在知识经济时代背景下受到新的挑战,人格本位随之诞生。人格本位作为一种理想教育,在某种程度上消隐了职业教育的自身特性,影响范围并不大,在很多国家,能力本位依然居于主流。

21世纪,高职教育的发展更加关注学生的职业生涯、生存、生活的精神状态,人格的完善、潜能的充分挖掘和可持续发展等问题,这些皆是新时期高职教育培养目标中不可或缺的重要内容。因此,包含了基础性素质、职业性素质、创造、创新性素质的素质本位观也就应时而生了。我国最早提出"素质本位职业教育"这一概念的是解延年,其定义为"以职业素质为基础,以职业能力为核心,以职业技能为重点的全面素质教育或素质培养"。[2]周明星在其《高职教育人才培养模式新论:素质本位理念》一书中对素质本位职业教育理念做了系统论述,认为我国职业教育从"能力本位"向"素质本位"转变将成未来职业教育发展的趋势[3]。从相关研究对素质本位的多维表述来看,它们共同关注的是,在技术—知识革命及全球化对工作性质造成改变的背景下,高职学生的职业人文素质、核心能力培养及再就业能力的提升问题,即高职人才的可持续发展问题。高职教育向素质本位的转变,体现了从工具理性向工具理性与人文关怀和谐共生的高职文化观念的发展,其任重而道远,它是我国高职教育改革与发展的内在诉求,亦是当下高职教育急待深入研究的一项重要课题。

(二)素质本位是当下社会发展的必然选择

当下,随着科技全球化、经济全球化的迅猛发展,产业结构的调整和升级日益频繁,"高技能经济"对人力资本的高技能、岗位迁移能力以及可持续发展能力提出了更高的要求。最近发布的《国家教育事业发展第十二个五年规划》指出:"高等职业教育重点培养产业转型升级和企业技术创新需要的发展型、复合型和创新型的技术技能人才"。故而,现代高等职业教育应当坚持"以人为本"的教育观,摒除短视的、功利的观念,把促进社会与人的可持续发展作为永恒主题。可持续发展的视野中,人的职业生涯被视为一个动态变化的过程,其中包括职业能力的探索、准备、确立以及不断完善等阶段,且每个人的职业能力也不再局限于具体岗位的专门知识与技能要求,而应是以道德品质为基础,以人文素质为依托,以从业能力和环境适应能力为核心的可持续发展的综合职业能力。这已成为高职院校适应当下社会发展培养高职生的关键素质。素质本位正是面向可持续发展的职业教育理念,它顺应了社会发展的外在诉求,更是体现了以人为本的职业教育价值取向。

高职教育素质本位观的选择与实施推行,一定要避免从一个极端走向另一个极端,即切不要从过分地强调职业实用主义,转向泛素质本位论的洪流中,丢掉高职特色。一定要清楚地认识到:"能力和素质是同一个问题的两个方面和不同的表述。素质本质上是能力的基础,而能力则是素质的外在表现,素质诉诸实践就表现为能力,离开素质,能力就成了无源之水、无本之木。"[4]高职的素质本位决不能离开能力空谈素质,而应以学生综合性素质为基础,进而强调能力内化为智慧以增强其可持续推进的延展性。正如胡显章教授来我院讲学所提倡的应是能力和素质的紧密结合体。

素质本位观的确立是对高职院校不是培训机构,而是一所高等学校呼声的强烈响应,同时也是对高职院校办学中的实用主义倾向和过分强调职业能力的培养目标而使其丧失了向上发展能力的不利局面的匡正。而要进一步促进高职的可持续发展,除了素质本位观的确立外,更有赖于高职大学精神的引领。目前高职的发展,除了学生综合素质欠佳之外,更重要的是高职自身心气不足,缺乏富有凝聚力的大学精神。高职在办学实践中的确会受制于许多社会因素,但没有精神的导航终究是走不远的,高职院校必须寻绎自己的大学精神,努力做成对高等教育、民族文化等都有所担当的大学。

二、大学精神:高职可持续发展的引擎

大学精神是一所大学在长期办学实践当中所积淀而成的师生员工的共同理想追求、道德准则、思维方式和行为习惯,是带有大学自身特点的人文精神和科学精神的综合,它是大学生命力、凝聚力、创造力的源泉,也是每一个大学生成长的重要动力和航向标,决定着整个学校的影响和发展。[5]目前学界对高职大学精神的研究还处在探寻阶段,其相对滞后的态势与高职教育的发展现状不相适宜。高职大学精神应是受大学精神的启发,由大学精神演绎而来。高职的"高等性"决定了高职大学精神必须体现大学精神的一般性;但是相对于大学精神,高职大学精神又有自己独特的内涵指称,具有与大学精神不同的本质特征,构成高职教育可持续发展的精神命脉。

(一)兴趣引导、各尽其能的自主精神

"大学之所以能让中外学子心向往之,根子在于:大学应比其他世俗机构更关注人的心灵发育与成长,它是呵护青年的至情至性的摇篮,亦是诱导青年反身体认人格奥秘的智慧谷,更是砥砺青年独立践行精神成年礼的祭坛。"[6]一个不容回避的事实是,高职生较多的是经历了选拔考试的"失败者",且生源构成多样,差异性突出,很多综合因素造成他们学习目标定位偏低、个性自我发展意识淡薄、独立性和实践能力较弱等特点。一些人也认为高职院校侧重实际应用教学,而这种应用又极富标准性的规定,因此觉得高职院校不存在自由之思想或思想自由度不大,学生的自主意识的培养无从谈起。而美国哈佛大学教授加德纳的多元智能理论却启示我们的高职教育:每个人都有全面发展各种智能的生理基础,具有全面发展的可能性,实现高职学生的全面发展完全可能。加德纳在《智能的结构》一书中认为,每个人都具有完整的智能,智能无高低之分,只有智能倾向的不同和结构的差别。存在差异,但绝不存在差生。他主张评价学生应该从多元的角度,发现学生的智能所长,通过适当的教育强化他的长处,促进各种智能的协调发展,达到提高学生的整体素质的目的。[7]美国心理学家马斯洛在《自我实现者的创造力》中论及:"自我实现者的创造性好像是创造性地做任何事情的一种倾向,而他们的行为是更'自然',而较少控制和压抑的,似乎是自如而自由地流露出来的,较少阻碍和自我批判。"[8]故而,高职更要充分尊重学生的个性、人格和特长,激发他们的创造潜能,让每位学生都能够自由成长。杜威在《民主主义与教育》中强调:职业不是和休闲、人格发展、精神需要、创造性等相对立的,而是它们的统一,职业教育也应该是在掌握技能中体验创新和创造。[9]当下,高职毕业生多是从事着高新技术、智能性的工作,复杂的设备、多变的工艺流程,都需要从业人员必须具有较为全面的跨学科知识综合、较高的岗位创新能力和较强的处理复杂、突发事件的自我判断力、主观能动性。由此可见,职业教育绝不是单纯依靠书本知识的学习或技能经验的积累,而是要更加重视发现问题、解决问题的自主能力的培养,重视敢于突破、敢于创新的意识和能力的强化与积淀。

因此,高职教育中更需要提倡独立自由之精神,创造良好的育人环境,引导高职生形成敢于质疑、乐于研究的批判精神,并给予他们积极的关爱与期待,为他们提供自我实现的平台,让他们乐观地接纳自我、认可自我、创造自我、实现自我,并在此基础上,进一步帮助他们形成勇于承受责任、为社会做贡献的担当与奉献精神,塑造形成兴趣引领、各尽其能的自主精神。

(二)精技乐道、志业敬事的职业精神

高职教育除培养学生娴熟的职业技能外还要用大学精神塑造其崇高的职业人格,而职业精神正是职业人格的核心。职业精神是引领高职发展,凝聚、提振高职信心和规范高职行为的一种文化特质,它由大学精神化育而成,蕴藏着大学精神中正义信仰和人格修养等内涵,又体现着职业教育自身鲜明的特质。它承担着职业社会义务的文化自觉性,包含着精技乐道、志业敬事两大精神指向。职业教育如果舍弃或忽视职业精神教育,必将失去其存在的根本。随着社会日益职业化的发展,从业人员职业精神的良好养成已经成为一个行业赖以生存和获以可持续发展发展的基本条件,一个没有职业精神的人是难以立足于社会的。当前很多企业普遍重视员工的职业道德和职业态度,把责任心、敬业、诚信、友善、合作精神看成是职工综合素质不可或缺的部分。因此,高职院校应该在对高职生进行专业技术本领重点培养的同时,更要根据人才培养的领域类型,把符合行业特征的职业精神的培养作为教育活动的重要内容,切实培养他们精技乐道、志业敬事的职业精神。因为有了精技乐道、志业敬事的职业精神才能真正地恪守职业道德,以勤奋、忠诚、主动等高尚的品质应对工作;才能将做人与做事相统一,在工作实践中充满使命感,且富有创造力,化技为艺,由技进道,爱岗敬业,追求卓越;才能在精技乐道、志业敬事中体会到集真善美为一体的诗意创作和生存之道;才能把平凡的工作做得有滋有味,并在其中体味到有价值有意义的人生乐趣,体验美、爱与和谐,感受到创造的快乐而将不再是劳作的辛苦。"让职业教育获以向教育本质的复归,真正使得职业劳作不再只是谋生的手段,而是一种如诗如画般的创造的美感的享受,诚如'庖丁解牛'那样,成为一种真正的'人的本质力量的对象化'(马克思)的展现,乐在其中,善莫大焉!"[10]

（三）科文并举、协作共长的和谐精神

王冀生先生认为和谐文化的本质是一种信仰，实现社会和谐的根本在人，人类社会发展追求的崇高目标是作为"个体"人得到"全面而自由的发展"和作为"整体"的社会得到"富足的物质生活和高尚的精神生活协调发展"的"人文目标"。实现人类社会发展这个崇高的"人文目标"离不开"科学理性"的强力支撑，我们应当自始至终坚持"人文目标"和"科学理性"的辩证统一并促使二者和谐发展。这既是实现人类社会发展的崇高理想所需要的，也是一所真正意义上的大学应当确立的崇高信仰。[11]而科学精神与人文精神的融合正是培养高职人文高素质与职业高技能协调发展的和谐职业人的必由之路。当下社会竞争日趋激烈，对高职生要求也是越来越高，除了要具备过硬的职业技能之外，还应具备竞争意识、团队精神和合作能力等等诸多的综合精神与能力。这些精神和能力的培养，决离不开科学教育与人文教育两者的交融与整合。高职院校要通过各种途径营造良好的科技、人文交融的文化氛围，重视环境对学生潜移默化的教育作用。更要改革教学内容和课程设置体系，在专业课教学中融渗人文教育，把人文精神的培养融入专业技能培训之中，因为只有具有深厚人文底蕴的人，才能激发出科学创造的灵感，从而才能进一步开拓新思路、大视野，具备良好的思维能力、研究能力、创造能力等。再者，从目前就业的实际情况来看，团队协作精神往往比单独的业务操作能力更为重要。对于高职生而言，毕业后面对的大部分工作多是由不同特长的人员组成一个团队来共同完成的，它需要科学精神层面研究内容的分工、实现结果的分析讨论等，也需要人文精神层面团队精神、集体荣誉感、工作氛围的自由与平等。所以团结协作素质的培养更是体现着科学精神与人文精神的融合。

科学精神与人文精神在职业教育中双轨并行、相辅相成，共同构成了高职教育的整体，不可或缺其一。两者的融合将改变以往高职院校只注重技能训练的技术教育，从而转向人的全面发展的教育，使个体接受高职教育的价值不仅体现在岗位工作中，还体现在个体的人格完善与社会价值的提升中。科学精神与人文精神的融汇有利于塑造高职生完整的精神世界，提高他们的综合素质，更有利于提升他们对就业、职业、事业的深层认识，进而逐渐形成以职业为人类幸福而效力的责任担当理念、积极奉献精神。科学精神与人文精神的融合教育不但不会造成专业技能的偏废，实质上更使得高职生具备了更宽层面的就业基础、更强的就业能

力和更为广阔的发展前景。正如杨叔子院士所言:科学教育与人文教育融合,则"育人";分离,则"制器"。把科学教育与人文教育紧密结合起来,这是世界教育发展的潮流,也是教育现代化发展的潮流。[12]故而科文并举、协作育人的和谐精神正是高职教育的助推器,对高职的健康和谐、持续发展起着重要的推动作用。

三、和谐育人:大学精神引领下的高职教育实践

十七大报告中着重指出:"和谐文化是全体人民团结进步的重要精神支撑。"党的十八大报告再次提出:"必须坚持促进社会和谐。①"和谐,是大学精神的重要组成部分,是高职教育得以协调、可持续发展的重要保证。浙江经济职业技术学院(以下简称浙经院)以素质本位理念引领下的高职大学精神为导引,着力推行职业人文的高素质与职业能力的高技能的和谐教育理念,系统推进培养"和谐职业人"的实践创新。

(一)传统文化与素质教育的契合创新

浙经院自1998年以来,充分依托本土诗性文化资源,发展特色,坚持以诗教为切入点,传统文化为依托,着力开展诗性人文素质教育实践。历经十余载,逐步形成"以诗教为特色、兼容诗书画、并蓄文史哲"的高职人文素质教育体系。先后打造形成"西湖梦寻"人文之旅、"爱我中华"诗词吟诵会、"江南毓秀"诗书画笔会、"诗国青春"诗词楹联灯谜会、"明德励志"文化讲堂等五大诗性文化品牌活动。以诗化的形式使得民族传统文化的精华逐渐沁入青年学子的心田,发挥着其他形式难以替代的独特作用,也引起了省内外教育界的广泛关注和一致好评。2006年"弘扬优秀传统文化,大力提升学生人文素质"被教育部高职高专评估专家组确定为人才培养的创新项目,2007年获得教育部评选的高等学校校园文化建设优秀成果特等奖。

(二)民族文化与思政教育的熔铸寻根

2006年至今,浙经院将传统文化经典与社会主义核心价值体系相结合,以促进思政工作的创新,陆续编撰出《中国文化之根系列丛书》的口袋书,主要包括《八荣八耻的中华文化之根》《和谐理念的中华文化之根》《大爱精神的中华文化之

---

① 胡锦涛.高举中国特色社会主义伟大旗帜,为夺取全面建设小康社会新胜利而奋斗[N].
人民日报,2007-10-25.

根》《科学发展观的中华文化之根》和《创新创业的中华文化之根》等五册。这套丛书各个系列的主题正好对应着社会主义核心价值体系建设中的四大内容板块，凝练精典、易携带、便阅读，在广大师生学习实践社会主义核心价值体系的过程中发挥了很好的作用，被浙江省委宣传部评为全省宣传文化系统优秀通俗理论读物，并被浙江省社科联列为资助出版项目，目前，这套口袋书在原有基础上再经优化改良，整合为《核心价值观与精神家园》，由浙江大学出版社公开出版发行，以更大程度地发挥其文化宣教的作用。学校还依托"中华诗教促进中心""浙江省非物质文化遗产传承教学基地"和"明德书院"三大平台，开展了丰富多彩的符合高职生特点的高品位主题教育活动。使学生在活动中接受核心价值观潜移默化的教育，思想感情得到熏陶、精神生活得到充实、道德境界得到升华。

（三）高职文化与企业文化的互补双赢

浙经院依托世界 500 强企业——浙江物产集团公司办学，提出"企业、产业、职业"互融的办学思路。在高职文化的内涵建设上用"请进来""融渗入"和"走出去"的办法加大对先进职场文化传承与创新的力度。通过"物产示范生""职场精英训练营"等手段把经理人请进来做报告、办讲座，把浙江物产"三个共同"（企业与时代共同进步，企业与客户共创价值，企业与员工共同发展）的核心价值观引进学校，引进课堂。企业文化滋养高职教育，使现代和谐职业人素质培养实践，得以与世界知名企业及其上下游企业，结成战略联盟。学校还组成企业文化课题组，为集团开发 4 门企业文化课，通过调研浙江物产集团及其他中小企业，有针对性地深度访谈 2012 年"风云浙商"、浙江省 2012 年"钱江技能获得者"、2012 年浙江省首席技师称号获得者近百人，从中归纳知名企业通行的用人标准和行为规范，选出对口岗位，联手行业能工巧匠，充分发挥学校教育资源的优势，将学生置于战略联盟中，分层分专业展开素质教育的实践教学活动。将信息筛选、记忆资源的汲取、价值判断、对接移用、沟通协调等职业所需的能力，分别作为具体实践活动的训练目标，真正促成现代和谐职业人培养、素质教育及企业文化的建设统一于实践教学。通过实践教学活动，使学生拾获多元战略联盟的价值赋予，进一步积淀为一种潜伏于深层的学生文化素质结构，最终为职业生涯的角色转换做好准备。

（四）专业教育与人文教育的相融相依

历经十余年的执着坚持,浙经院在努力实践依托优秀企业文化,融人文教育与专业教育为一体的"绿韵工程"中提炼出和谐职业人培养的系统工程。具体内涵:"能力为重、专通结合、素能一体"。并将之概括为1234567。一体:和谐职业人;二翼:先进企业文化和优秀传统文化;三阶:专能精、通能强、素质高;四质:思想道德、专业、文化、身心素质;五德:爱、学、诚、敬、新;六能:自主学习、信息处理、数字运用、表达沟通、团队合作、创新创业;七化:企业文化融化、传统文化内化、课程建设深化、校园活动优化、社会实践悟化、专业渗透细化、师资队伍强化。要求学院每一位老师在讲授专业课时,渗透和融入人文知识;每一门课程的讲解,提炼课程的人文精神;每个学生的培养,既注重做事又注重做人,着力强化其职业素养和可持续发展能力,从而使专业教育和文化教育得到最大程度的相互融合。在此基础上,还以人文教育为切入点,以素质学分制拓展为平台,深入挖掘各类专业课程中的人文精神内涵,打造专业文化品牌,将专业培养目标与文化素质教育有机融为一体,服务于和谐职业人的培养目标。

党的十八大提出:我们一定要坚持社会主义先进文化前进方向,树立高度的文化自觉和文化自信。文化自觉本身即是高职大学精神的自觉。因此,高职院校一定要用大学精神凝聚师生、鼓舞师生、引导师生,以更好地实现建设和守望民族家园的社会担当;吸收企业文化精髓,研究传播先进职业文化的担当;助推科学文化成果转化为生产力的社会担当,以促进高职教育的可持续发展。

参考文献:

[1]匡瑛. 比较高等职业教育:发展与变革[M]. 上海:上海教育出版社,2006:195—200.

[2]解延年. 素质本位职业教育:我国职业教育走向21世纪的战略抉择[J]. 教育与职业,1998(5):66.

[3]周明星. 高职教育人才培养模式新论:素质本位理念[M]. 天津:天津教育出版社,2005:82.

[4]韩庆祥. 素质教育的本质:"能力教育"[J]. 高等教育研究. 2000(4):23.

[5]胡显章.大学文化的传承与创新[J].南昌航空大学学报(社会科学版),2012(4):3.

[6]谢冕.精神的魅力[M].北京:北京大学出版社,1998:59.

[7]霍华德·加德纳.智能的结构[M].沈致隆,译.北京:中国人民大学出版社,2008:119.

[8]夏中义.人与自我(大学人文读本)[M].桂林:广西师范大学出版社,2002:49.

[9]转引自沈益洪.杜威谈中国[M].杭州:浙江文艺出版社,2001:126.

[10]章仁彪.以职为志,转识为智,由技入道——职业教育与职业人格、职业精神培养[J].复旦教育论坛,2003(6):39.

[11]王冀生.从"高深学问"到"大学文化"[J].大学教育科学.2012(4):7.

[12]杨叔子.杨叔子教育雏论集(上)[M].武汉:华中科技大学出版社,2010:130.

基于人人成才的高职院校协同育人策略研究

刘建湘*

摘　要:人人成才是大众化的教育理念、是学生成长的教育过程,本质上是让每个学生都有发展的平台;高职院校要从树立资源集成的管理理念、构建流程再造的运行机制、搭建协同服务的工作平台和营造文化引领的良好氛围四个方面打造学院协同育人体系,实现学生增值。

关键词:人人成才;高职院校;协同育人;策略

《国家中长期教育改革和发展规划纲要(2010—2020)》中提出"树立人人成才的观念,面向全体学生,促进成长成才"。党的十八大报告提出"让每个孩子都能成为有用之才。"人人成才已成为全社会的共识和学校办学的价值理念。高职院校作为技术技能人才培养的主阵地,要在协同育人方面有新的策略,实现学生在大学阶段增值,促进成长成才目标的实现。

一、人人成才是高职院校的核心价值

"人人成才"是一个历史范畴,不同发展时期对人人成才的理解不一样。封建社会奉行"万般皆下品,唯有读书高""学而优则仕"的成才观,读书与做官联系在一起,把学生能否做官作为成才的唯一标准。这种成才观迎合了封建社会统治阶级禁锢人们思想的需要,也是当时生产力水平低下、社会劳动分工简单导致的结

---

* 作者简介:刘建湘(1964—),男,湖南辰溪人,湖南工业职业技术学院院长、教授。

果。新中国成立以后,我们把"具有中专以上学历或初级以上专业技术职称"作为人才的标准。随着中国改革开放的深入,特别是经济体制改革不断推进,出现了一大批并没有上过大学、中专、高中,甚至只有小学文化的私人企业主和技术产业工人。因此,把学历和职称作为人才成长的标准显然不符合经济社会发展的需要。有学者认为,人才应该是"具有一定的科学文化知识,具有一定的爱国情怀,能够服务社会的有理想、有道德、有文化、有纪律的人"。[1]这种人才观与我国当时提出的"四有"标准没有太多区别,也没有什么创新内容。《国家中长期教育改革和发展规划纲要(2010—2020 年)》将培养全面发展的人作为成才的标准,这种人才观尊重人的个性选择和多样化。

界定人人成才观要与人的本质结合起来。马克思主义唯物史观认为:"人的本质并不是单个人所固有的抽象物。在其现实性上,它是社会关系的总和。"[2]由此可见,人的本质在于其社会性。社会关系是不断发展变化着的。因此,人的本质不是凝固不变的,而是具体的、历史的。高职教育作为高等教育的一种类型和高等教育的重要组成部分,经过十多年的发展,已占据了整个高等教育的半壁江山,在国家和经济社会发展中的作用更加突出和重要,其办学理念和人才培养模式既有高等教育的普遍属性,也有高职教育的个性特征,对"人人成才"的理解有自身的含义。人人成才不是精英教育,而是培养经济社会发展所需要大众化人才的教育理念;人人成才是人的知识不断丰富和人的能力不断提升的动态过程,大学只是这个过程中的一个阶段,人人成才永无止境;人人成才是每个学生享有公平接受教育的自主权,每个学生都有成长成才的平台。

（一）人人成才是大众化教育的一种理念

对整个社会而然,它是由很多个分工协作的复杂系统组成的,缺少任何一个系统的正常工作,社会就会陷于混乱。因此,每一个人的工作都离不开另一个人的工作,在每一个平凡岗位上工作的人都可以称为人才,三十六行,行行出人才。"现代社会本身就是一个多元化的机构,它如同一架由不同部件组成的具有多维系统的机器,这个系统内的不同部件具有不同的职能,而不同部件的职能又需要不同层次的人才来执行,任何一个岗位上的人出现了问题都会使这架机器的运转出现不正常。从这个意义上看,只要每一个人在各自的岗位上尽职尽责,勤奋工作,为社会做出一定贡献,同时又能够随着岗位的变化而进步和发展,就都应该被看作是适合社会发展需要的人才。"[3]"社会精英、技能大师、大企业家和大思想家"是学生大学毕业以后,通过不断磨砺而成就的。高职学院应该把培养普通的中国特色社会主义事业的建设者作为自己的价值目标和定位。为人类繁荣、社会文明和科技进步而创造物质财富和精神财富的平凡劳动者都可以称为人才。

(二)人人成才是学生成长的教育过程。

对学生个体而然,他的工作、学习和生活都是在不断发展和变化的,对未知领域的探索与了解使人和人类本身不断取得进步。知识无穷,学无止境,终身学习才会不断进步。因此,人人成才体现的是一种应然状态,而不是本然表现,是一个相对发展的概念。高职院校应遵循教育规律,根据经济社会发展对人才的需求状况,设定教育教学内容,通过教师的引导和学生实践,使学生掌握一定的技能和技术知识,重点使学生在道德素质、文化素质、业务素质和身心素质等方面有一定的"增量",并作为毕业后能顺利融入社会和工作环境的条件。因此,不能以拥有财富的多少、学历职称的高低和对社会贡献的大小作为衡量人人成才的标准。

(三)人人成才是让每个学生都有发展的平台

对学校而然,就是要以学生为本,充分尊重每一个学生,为他们成长成才创造更多更好的条件。高职学院的学生相对于本科院校的学生来说,更具多样性和差异性。从文化基础知识来看,他们的高考成绩在200—500多分之间,文化基础差异较大。从生源背景来看,既有高中生,也有中专和职高生,还有退伍军人和企业工人。学生的多元性决定了他们的文化知识需求、发展定位和兴趣爱好将呈现多样性。因此,高职学院要适应学生的这一特点,在学分制改革、校园文化建设和教育教学内容选择等方面搭建不同的平台,尽量满足学生的多元化需要。

二、协同育人是人人成才的必然选择

(一)协同创新与协同育人的关系

协同创新是"将各个创新主体要素进行系统优化、合作创新的过程,协同创新可以从整合以及互动两个维度来分析,在整合维度上,主要包括知识、资源、行动、绩效,而在互动的维度上主要是指各个创新主体之间的互惠知识分享,资源优化配置,行动的最优同步,系统的匹配度。而根据两个维度上的不同位置,协同创新是一个从沟通 – 协调 – 合作 – 协同的过程。"[4]根据这一定义,国内有学者认为,协同创新是"各个创新要素的整合以及创新资源在系统内的无障碍流动。"[5]从协同创新的目标、资源集成与有效配置的角度来看,协同创新可以理解为创新系统内,政府、科研院所、学校、企业和中介机构等主体,为了实现知识增值和资源共享,而开展的沟通、协调、合作、协同的过程。协同育人是一个系统工程,要求系统内的各个要素在人才培养方面要达成一致意愿,旨在通过协调、合作、沟通,实现教育资源的整合与充分利用,而其核心是人才培养质量的提高。协同育人是"各个育人主体以人才培养和使用为目的,在系统内共享资源、积聚能量的有效互动。"[6]协同育人与协同创新的共性表现在驱动机理上的一致性、整体效益的最大化、系统内要素的协调与合作。其主要区别在于,协同创新追求的是知识的增值,协同育人追求的学生增值。协同创新的过程中包含育人的环节,协同育人的过程中有技术创新的内容,协同育人的原理源于协同创新。

(二)高职院校协同育人的效应分析

高职教育协同育人是一个多主体参与的系统工程,系统内的主体要素包括"学校、企业、行业、政府、研究机构、社会中介等。"[7]这些利益主体中,学校的主要功能是育人,而其他各协同主体都有着自身的利益取向,并没有实质意义上的育人功能。因此,在协同育人系统中,只有学校会表现得积极主动,而其他利益主体则相对消极被动,协同效应的大小取决于各主体之间的协作关系。有学者认为,要使高职教育在协同育人中产生最优的效应,高职院校应当在政府、学校、行业、企业之间建立联动机制,在生产、教学、科研和应用之间建立立体推进机制。……对于高职教育来说,由政府引导和统筹协调,尽快建立一套行业、企业参与高职教育过程的长效机制和法规,依法推动校企之间的有效合作是十分必要的。"[8]这些政策法规和制度的制定对于协同育人系统中各利益主体有一定的约束和强制作用,对提高协同育人效应有一定的促进作用。但是这种约束和强制作用,不利于协同育人的可持续发展,也不利于各利益主体积极性和创造性的发挥。而自发的、自愿的和自觉的协同育人行为便于利益主体之间更好地沟通、协调、合作和协同,实现行动最优同步、互惠知识共享、资源优化配置,从而提高协同效应。

(三)高职院校协同育人效应最优的三个因素

1. 高职教育良好的社会认可度是协同育人效应最优的文化基础。高职教育社会认可度是"指社会大众对高等职业教育所持的心理态势,它反映了社会大众对高等职业教育支持与认同的程度。"[9]高职教育良好的社会认可度便于形成各育人主体对高职人才尊重的共识,将协同育人的外在激励与约束转化为内在驱力和自觉性,将参与协同育人工作视为自身的社会责任和使命。"如果各协同育人主体都能够以一种崇高的使命感和社会责任感在合作过程中整合、融通,就能够逐步形成共识的职业创新文化价值观,并使高职教育的人才培养工作达到事半功倍的效果。"[10]

2. 利益共同点是协同育人效应最优的内在驱力。

高职教育协同育人的主体包括学校、政府部门、行业企业、研究机构和其他社会团体等。这些主体都有着自身的利益需求,因此,在各主体之间围绕人人成才这一理念,建立共同的利益增长点是协同效应最优的内在驱力。"校企双方只有找到了利益的共同点,合作才有基础,才有正确的方向。"[11]

3. 高职院校完善的内部协同机制是协同育人效应最优的关键。

协同育人效应取决于高职院校内部协同育人机制的建立。当前,在院系二级管理制度之下,高职院校内部专业与专业之间、科研与教学之间、部门与部门之间、教学与生产之间存在着一定的界限,资源共享机制、人员流动壁垒依然存在,从而导致管理效益低下。这种壁垒的存在不利于协同创新工作的开展,与人人成长成才的规律不相符合。特别在今天的信息时代,学生的价值观、学习观、生活方式与交往方式都发生了极大变化,传统的高职院校管理制度不利于学生的成长成才。高职院校应主动适应人人成长成才的需要,通过管理制度的创新,建立科学的协同育人机制。

三、高职院校协同育人的策略

协同育人作为高职院校人才培养的一种范式,为实现其效益的最优,它要求高职院校在教育教学和教育管理中,树立资源集成的工作理念,构建流程再造的运行机制,搭建协同服务的工作平台和营造文化引领的良好氛围。

(一)树立资源集成的管理理念

资源集成是协同育人的必然要求,其最重要的特征之一在于整体优化性。这种整体优化性表现在集成主体有意识、有选择地对集成要素进行优化、整合,从而实现系统整体功能倍增或功能再现。协同育人作为多主体参与的系统工程,它要求高职院校必须从功能上和信息资源上将学院各个职能部门及业务流程整合为一个有机的整体,从而对社会经济发展的变化做出快速反应,提高人才培养的针对性,实现学院办学效益的整体优化,为人人成长成才提供更多更好的便利条件。

(二)构建流程再造的运行机制

高职院校要打破传统科层结构的行政管理体系,转变为扁平式的管理,构建充满活力的内部管理机构和运行制度,才能促进内部协同创新。一是要改革传统管理机构"劳动分工论"基调下层次管理和条块管理的弊端,集成任务,简化流程。以任务和目标为导向,以各种核心流程为基础,围绕一系列核心业务流程进行工作、人员和组织结构配置,打破部门之间的隔阂,促使信息流和资源流在部门上下左右顺畅流动。二是要重构以"管事"为中心和目标指向的组织机构,按照业务流程的归属,确立各部门的业务范围与职责。三是要实施项目制管理,将任务进行集成并建立以流程为中心的综合业务流程,由相应的流程执行小组来完成,实行业务流程由"层级服从"关系转变为"顺序服从"关系。

(三)搭建协同服务的工作平台

协同育人的核心是学生增值。学生增值的过程是教师业务能力再现和素质的提升过程,也是学院内部管理服务质量不断提高的过程。从这个意义上说,高职院校协同育人可以分为三个工作平台:学生素质提升平台、教师发展平台和管理服务平台。

高职院校学生素质由道德素质、文化素质、业务素质和身心素质四个方面组成。这些素质的获得,仅仅依靠课堂内教学是不现实的。这些素质的充分训练要集成教师和学生的力量。专业协会和学生社团是学校、教师、学生沟通的桥梁和纽带,要按照"学生前台、教师后台"的理念,建立协会和社团导师制,定期开展一些技术研究和创新、教学改革、实习实训、技能竞赛活动,让这些社团和组织对内成为锻炼教师、培养学生的平台,对外成为服务企业、服务社会的基地。

教师是高职院校协同育人的主体,教师的结构、素质和能力直接影响学生的成长成才。党的十八大报告指出"加强教师队伍建设,提高师德水平和业务能力,增强教师教书育人的荣誉感和责任感。"高职院校要按照"教师前台、领导后台"的思想,成立教师发展中心,教师发展中心是教师沟通、合作、交流和发展机制的载体,籍此可以打破教师之间的界限,实现教师增值。教师发展好了,工作好了,学生成长成才就更容易实现,其职能有三个方面:一是学院师资建设总体规划和设计以及教师在学院内的合理配置与流动;二是为教师开展校内外交流、合作、沟通和培训搭建平台和桥梁,负责双师素质和双师结构建设,建立包括企业技术人员在内的兼职教师库;三是定期开展调研工作,掌握教师中普遍的思想动态和心理情绪,定期开展教师的思想政治教育和心理疏导,增强他们的幸福感和归宿感。

管理服务平台是高职院校学生管理服务功能整合、工作流程再造的重要体现,目的是为学生学习、生活建造一个良好的环境,让每个学生感受到他们受到了学院的关注和尊重。学生工作无小事,一个很细小的工作不到位,将会影响学生的学习心态和思想。高职院校要将职能部门内的业务流程、岗位职责修订和职能部门间的业务流程重组,为学生提供一站式的便捷服务,让学生能够更快地获得教学和管理方面的信息,更方便地办理各种手续。

(四)营造文化引领的良好氛围

高职学院校园文化由三个方面组成:校园物质文化、校园精神文化、校园制度文化。这些文化的存在,对学生的学习、生活及价值观的形成产生重要的影响。协同育人的核心是让学生成长成才,因此,在校园文化建设中,要加强人人成才文化氛围的营造和引导,通过给每一个学生搭建成才的活动平台与载体,营造人人成才的文化氛围,促使学生在活动中找到自己的价值,使他们对生活充满激情,对未来充满希望,增强他们学习的自觉性和自主性。充分尊重学生的个性需求,让每一个学生都有活动的平台和载体。要积极开展第二课堂活动,让学生在活动中提高,在活动中找到成就感。通过邀请校友、专家、教师到学院讲座,开展励志讲座活动,树立学生的自信心。加强舆论宣传,塑造典型。善于挖掘和发现身边的典型人物和事迹,精心策划,进行榜样与典范教育。

参考文献:

[1]刘献君.对高等教育若干问题的哲学思考[J].高等教育研究,2010(8):1—8.

[2]马克思,恩格斯.马克思恩格斯选集:第1卷[M].北京:人民教育出版社,1995:18.

[3]王凤珍.牢固树立人人都可以成才的观念[J].广西教育学院学报,2006

（4）:18.

[4]VeronicaSerrano,Thomas Fischer. Collaborative innovation in ubiquitous systems[J]. International manufacturing,2007,(18):599 –615

[5]陈劲,阳银娟. 协同创新的驱动机理[J]. 技术经济,2012(08).

[9]李树德. 从国家示范院校建设看高职教育社会认可度的培育[J]. 教育与职业,2009(3).

[6][7][8][10]徐平利. 试论高职教育"协同育人"的价值理念[J]. 职教论坛,2013(1).

[11]刘建湘. 高职院校校企合作机制建设的思考与实践[J]. 中国大学教学,2011(2):69.

高职院校精神文化优化论纲

湖南工业职业技术学院 肖卜文

摘 要:高职院校精神文化优化,是一个文化治理的概念,也是一个文化治理的过程,更是治理能力和治理体系现代化在高职院校精神文化发展上的重要实践指向和路径选择。按照治理现代化的基本逻辑,不论是关于高职院校精神文化优化的理论研究,还是实践探索,都必须用治理的观点来审视,都必须用治理的理念来贯穿,都必须用治理的方法来推进。文章认为,当前高职院校精神文化优化面临四大基本问题、八大基本点,分别是要素与结构、形势与任务、原则与方法、向度与路径。这四大基本问题是高职院校精神文化优化的主要"问题域",这八大基本点是高职院校精神文化优化的主要"施策点",构成高职院校精神文化优化理论阐述的基本框架。

关键词:高职院校;文化治理;文化优化

党的十八届三中全会后,实现国家治理能力和治理体系现代化已上升为党和国家的重大战略任务。国家治理是一个涉及政治、经济、社会、文化、生态等方方面面的宏大系统工程,需要在各个领域、各个层次全面推进。

在当代中国,包括高职院校在内的教育治理是国家治理系统中不可或缺的重要组成部分。在国家治理全面推进的时代浪潮下,高职院校治理能力和治理体系的现代化,是一个无法回避的现实课题。教育是一项基础性、先导性的伟大事业,伟大事业必须有强大的精神力量支撑。高职院校精神文化生动演绎着高职院校的价值观、历史观和文化观。一所高职院校有什么样的精神文化,就会决定并彰显什么样的精神气质、内在涵养和外在风貌。因此,加强高职院校治理第一位任务,无疑就是要实现院校的"精神之治"和"文化之治"。

高职院校精神文化治理到底应该怎么治?应该走什么样的路子来治?对这些问题的探索、实践和回答,直接关系着高职院校精神文化治理的实际成效。根据精神文化治理的属性和实际特点,从治理的角度来看,实现高职院校精神文化有效、有力治理,走优化之路是高职院校精神文化治理之良策、之正道。就此而言,高职院校精神文化优化,首先是一个文化治理的概念。因此,不论是关于高职院校精神文化优化的理论研究,还是实践探索,都必须用治理的观点来审视,都必须用治理的理念来贯穿,都必须用治理的方法来推进。这其中有四大基本问题、八大基本点必不可少:

一是要素与结构。对这个问题的把握是基础,只有把握了这个问题,才能找准高职院校精神文化优化的坐标基点。

二是形势与任务。对这个问题的把握是前提,只有把握了这个问题,才能弄清高职院校精神文化优化的空间方位和薄弱环节。

三是原则与方法。对这个问题的把握是基本,只有把握了这个问题,才能掌握好"度",才能用好"力",才能有可为有可不为。

四是向度与路径。对这个问题的把握是关键,只有把握了这个问题,才能把握方向感、找准切入点,才能综合施策。

以上四大基本问题是高职院校精神文化优化的主要"问题域",以上八大基本点是高职院校精神文化优化的主要"施策点",构成高职院校精神文化优化理论阐述的基本框架。

一、关于要素与结构问题

(一)高职院校精神文化的要素组成

1. 价值要素。这里所指的价值要素,既包括基于大学共性层面的人文和科学精神等基本价值要素,又包括高职院校所传承、内蕴和彰显的中国精神等核心价值要素。基本价值要素体现的是高职院校"高"的文化属性和要求,核心价值要素体现的是高职院校精神文化优化的国家精神和民族禀赋。基于大学价值要素的突出作用,高职院校精神文化优化须臾离不开价值要素的参与。

2. 职业要素。这里所指的职业要素,主要是指基于高职院校的特殊属性所要求的职业精神、企业精神、技术精神等,体现的是高职院校"职"的文化属性和要求。高职院校不是游离于现实社会之外的"象牙塔",从一定意义上讲,高等职业教育是以就业为导向的,其最大特色就是"职业性"。基于这种鲜明的"职业性",高职院校精神文化优化须臾离不开职业要素的参与。

3. 传统要素。这里所指的传统要素,主要是指高职院校个体自身所形成的传统精神,包括校风校训、历史遗存、气质风貌以及人物事迹等。每一所高职院校都有自己独特的长期积淀的文化传统。从精神文化优化的角度来看,每一种文化的优化,都是在传统基础上的发展。高职院校精神文化优化,无疑总是或多或少地包含着前代文化的某些基因,在新旧交替、新陈代谢的有机成长过程中实现一脉相承。就此而言,高职院校精神文化优化须臾离不开传统要素的参与。

4. 时代要素。这里所指的时代要素,主要是指高职院校基于时代发展所形成的新的精神要素和文化基因。高职院校精神文化根植于历史,成长于现实,并指向未来。时代在发展,社会在进步,在与时俱进的大环境下,高职院校精神文化优化不仅要着眼于学校精神的继承,更要着眼于学校精神的培育和创新。就此而言,高职院校精神文化优化须臾离不开时代要素的参与。

5. 区域要素。这里所指的区域要素,主要是指高职院校所处的区域精神。在历史的发展中,每一个地域都积淀了具有地方地点的精神要素。特别是,近年来各地积极推进社会主义核心价值观的区域化实践,提炼了具有各自特点的"区域精神",成为本区域的核心价值。按照"一方水土养一方人""入乡随俗"的逻辑,高职院校精神文化优化须臾离不开区域精神的参与。

(二)高职院校精神文化优化的结构层次

高职院校精神文化优化的五大要素与高职院校精神文化的内在要素是相对应、相统一的。在这五大要素组成中,价值要素是核心,职业要素是主线,传统要素、时代要素、区域要素是服务中心、烘托主线的三个基本点。五大要素,重点突出,主线鲜明,构成了多点分布、"五位一体"、各有侧重的内在结构层次。这一要素分布和结构层次,为高职院校精神文化优化提供了坐标基点,是科学推进高职院修精神文化优化的基础环节。

二、关于形势与任务问题

（一）高职院校精神文化建设面临的形势

当前,高职院校精神文化建设,既面临难得的历史机遇,也面临诸多问题与挑战。机遇为高职院校精神文化优化创造了积极条件,挑战为高职院校精神文化优化提供了推动力量。总之,高职院校精神文化建设,问题与机遇并存,让优化之路更加坚定。

1. 机遇在眼前。党的十六大以后,国家重视发展高等职业教育,出台了很多政策,高职教育迎来了改革发展的春天。2014 年 2 月,国务院总理李克强主持召开国务院常务会议,会议强调发展职业教育是促进转方式、调结构和民生改善的战略举措,对提升劳动大军就业创业能力、产业素质和综合国力,意义重大。可以认为,当前高职院校发展面临重大政策利好。在这种背景下,高职院校全面深化改革和治理能力建设必须顺势而为、应时而动。俗话说,"思想是行动先导"。在大势所趋下,高职院校精神文化优化是必须要下,而且要下好的"先手棋"。

2. 挑战在面前。21 世纪以来,中国的高等教育蓬勃发展,大学校园旧貌换新颜,大楼林立,生源急增,但大学的精神文化却走向越来越荒芜,突出表现在三个方面:一是价值"失重",二是文化"失调",三是信仰"失落"。梅贻琦先生早就说过"大学者,非谓有大楼之谓也,有大师之谓也"。特别是,进入新世纪以来,世界范围内各种思想思潮交融交流交锋日益激烈,西方对我进行"颜色革命"和"精神殖民"之心不死。在大、小形势所迫下,高职院校精神文化的重塑与优化是不可回避的必然之举。

3. 任务在脚下。当前,社会主义核心价值观在高职院校的践行和融入问题,是包括高职院校在内的整个教育系统政治和文化生活、教育教学工作中的一件大事、特事。社会主义核心价值观如何有效融入到高职院校精神文化之中,如何内蕴为高职院校精神文化的一个有机组成部分,是"事所必要"。

（二）高职院校精神文化优化的重点关切

1. 推动内涵建设。受多种因素制约,当前的职业教育仍然是我国教育领域相对薄弱的环节,存在着几个突出问题。首先是就业热与招生难并存。例如部分高职院校生源不足、报到率低。其次是行业企业用人需求大与参与程度低并存。近年,用工荒、技工荒现象时常出现;据预测,此现象还将不断加剧。这真实反映出我国教育结构与产业人才需求不匹配,技术技能人才供给不足。最后是投入增量大与长效投入机制缺失并存。由于缺乏长效机制,职业教育经费尤其是精神文化建设投入始终在低位徘徊,总体投入仍然不足。这些矛盾和问题表明我们还需要特别加强内涵建设,提高高职院校精神文化质量。高职院校应建设服务为本、职业情怀、经世致用、重技崇学、能力本位的精神文化,进一步发挥其传承性、观念性、渗透性等特点,使其内涵全方位、多视角、立体化,得到理解、悦纳和赞誉。

2. 提高幸福指数。高职院校教师员工在工作生活教育教学、科研交流中所表现出的精神状态、行为操守和文化品位,反映的是与社会大众群体精神文化相区别的特殊文化。当前高职校园精神文化建设与学校的专业设置、师资安排、课程安排等存在割裂,缺乏创新性、实践性和职业性,没有完整的体系,缺少对高境界的学校文化精神的凝练和提升,价值取向日趋功利化和实用化。这不仅不利于发挥全体教师在校园精神文化建设中的作用,也极大地限制了高职院校精神文化功能的发挥。高职院校精神文化应通过物质环境、管理制度等渗透到教师员工的思想当中并外显于行为,从而形成的集体共有的精神风貌以及行为方式。因而高职院校精神文化优化要注重教师的主导性。由教师员工共同来创造和享有,提升其职业归宿感和幸福指数。

3. 促进人人成才。习近平总书记指出,要树立正确人才观。营造人皆可成才、人人尽展其才的良好环境,努力培养数以亿计的高素质劳动者和技术技能人才。努力让每个人都有人生出彩的机会。高职院校精神文化优化应当着力于培养多样化人才、传承技术技能、促进就业创业的重要职责,提高产业素质、代表民族品牌。高职院校精神文化优化,应该既有利于学生深化所学知识与技能,又有利于全面提升综合素质。高职院校精神文化优化当中应当更加注重人文教育,让学生在校期间感受更加浓厚的人文氛围,熏陶形成共同的风尚和气质。将行业文化、企业文化更好地纳入到学校的精神文化,促进产教协同发展、校企共同育人,以激发学生学习的内在动力。加大力度弘扬崇尚实践、精进、诚信合作、创新奉献等职业精神气质。提高学生的团队精神和职业素养、职业道德,表彰宣传优秀的学生,营造积极向上的舆论氛围。使其人人成才,拓宽毕业生就业渠道,使毕业生受到企业的广泛欢迎。

三、关于原则与方法问题

（一）高职院校精神文化优化的基本原则

高职院校精神文化优化，不是完全"另起炉灶"，也不是"雨后春笋"、"全面出击"，而是在已有基础上"扬弃"，把"长处"放大、把"短板"补长、把薄弱环节夯实，实现优化组合，实现"1＋1＞2"的组合效应。

1. 坚持普遍性，彰显特殊性。在普遍性与特殊性二者之间，重点在特殊性。高职院校既具有高等院校的一般属性，也具有职业院校的特殊属性。相应的，在校园精神文化方面，同样是两种属性共同作用。客观地讲，对高等院校精神文化一般属性和基本价值的承载，高职院校并不占优势。但高职院校作为直接面向广阔社会的组织，在彰显职业性、技能性等精神文化要素方面却"天时""地利""人和"。特别是，面对当前校园文化建设的同质性趋向，在校园精神文化优化上，高职院校对精神文化特殊性的彰显尤为必要，而且高职院校小而灵活，不会"尾大不掉"。

2. 坚持传承性，突出时代性。在传承性和时代性二者之间，重点在时代性。高职院校精神文化优化不能割弃历史，不能抹掉传统，否则就会迷失方向，就只能是"积沙成丘"、难以持久。然而历史地看，我国的大部分高职院校建校历史较短，历史底蕴不够深厚，传统精神要素难以充分挖掘。在这种情况下，与时俱进的时代性要素就要特别予以重视，否则精神文化的优化只能是拿一批不值钱的假古董在那自我把玩。

3. 坚持导向性，注重实践性。在导向性和实践性二者之间，重点在实践性。高职院校精神文化优化目的在于为学生的全面自由发展提供思想保障和精神支撑，这种精神之力最终要起作用，归根结底离不开实践。在走向实践的过程中，突显校园精神文化的价值性、增值性、实践性是高职院校精神文化优化一个根本原则。归根结底，高职院校精神文化优化不能"空对空"，而要"实打实"。

（二）高职院校精神文化优化的方法选择

1. 注重顶层设计。所谓"思路决定出路"、"方向决定成败"，高职院校精神文化优化离不开科学设计和布局。做好顶层设计首先要有问题意识，实现"对症下药"，关键是要找准"四个点"：

一是找准坐标点,即弄清当前高职院校精神文化建设的空间方位问题;

二是找准薄弱点,即弄清当前高职院校精神文化建设的主要问题和薄弱环节;

三是找准切入点,即弄清当前高职院校精神文化优化从何切入和最短路径问题;

四是找准发力点,即弄清高职院校精神文化优化的关键环节问题。

2. 注重紧密贯通。之所以说高职院校精神文化优化是一个系统工程,不仅在于"在人的大脑里搞建设"是一个复杂工程,更在于高职院校精神文化优化不能脱离校园文化优化这个更大的生态系统,而这个生态系统涉及精神文化、物质文化、制度文化、行为文化等方方面面。高职院校精神文化优化不能单一地就精神文化优化谈精神文化优化,要放在校园文化这个大系统中统筹推进,实现精神、物质、制度、行为等、各方面、各环节的互通互联。

3. 注重用户体验。当前,各行各业都在谈互联网思维,都在用互联网思维。而用户体验就是互联网思维的核心理念。高职院校精神文化优化为何要注重用户体验,因为从文化人类学的角度讲,任何一种现世的文化其主要承载者还是人,其主要服务对象还是人。

把用户体验理念引入高职院校精神文化优化,有三点内涵:

一是把师生当用户,院校精神文化优化的成效要由师生来评判;

二是要坚持"用户是上帝",高职院校精神文化优化要由师生全面、全程参与,并且实现有效反馈、有效回应;

三是要进行"迭代创新",通过基于用户体验的持续"迭代",切实提高高职院校精神文化的认同度和黏稠度。

四、关于向度与路径问题

(一)高职院校精神文化优化的推进向度

1. 由内核到外围。高职院校精神文化内在结构的不均衡分布,决定了高职院校精神文化优化在具体推进向度上要有所选择、有所侧重。从高职院校精神文化的要素组成和结构来看,要围绕两大中心要素实现"两条腿"走路"、两条线"推进:

一是围绕大学价值要素,按照普遍性逻辑,以优化大学人文精神为基础,走出一条核心价值引领高职院校精神文化优化之路。

二是围绕大学职业要素,按照特殊性逻辑,以优化大学技能精神、创新精神、诚信精神等职业精神要素为基础,走出一条职业精神贯穿高职院校精神文化优化全过程之路。

2. 由现实到虚拟。在人类学家看来,移动和迁徙是人类的永恒主题。至人类诞生以来,有三次大迁徙:第一次大迁徙,开始于十万年前,人类从非洲迁徙至亚欧大陆,走出人类征服地球第一步。第二次迁徙,发生于五百年前,哥伦布开启"大航海时代",推动人类从欧洲大规模迁徙至美洲,奠定了人类全球生存格局。第三次大迁徙,目前正在互联网时代急剧上演,人类从现实世界快速走向虚拟世界,"网络人"瞬间成为人类新标签。特别是,随着智能技术和移动互联网的大发展,移动化、数字化、社交化、游戏化成为人类新的生存和生活方式,"网络人"、"手机人"是当前包括高职大学生在内的"新新人类"的鲜明属性。就像一句话所说的那样,"世界上最遥远的距离不是你在天涯我在海角,而是我在你身边你却在玩手机"。

更有人指出,"手机人"使风行全球的马斯洛需求层次理论不再适用,在当下,手机、WIFI和电量成为人的第一位基础需求。可以说,现在互联网已经接管人类的精神世界。在这种时代浪潮下,高职院校精神文化优化从现实世界走向网络虚拟世界是一个必然选择,是一个重大开拓。

3. 由增量到质变。由量变到质变是发展的必然规律。文化优化是实现文化发展的重要手段。高职院校精神文化的优化不可能毕其功于一役,而要积少成多、细水流深。要积极实施"以空间换时间"战略,通过各种"微创新"积累"微力量",为精神文化的全面重塑和升级提供增量基础。

4. 由软要求到硬任务。高职院校精神文化属于软实力范畴,但高职院校精神文化优化不能停留在软要求层面。只有"软要求"变成了"硬任务",高职院校精神文化优化才能实现制度化、常态化、机制化,也才能持续向纵深推进。

5. 由"治心"到"心治"。高职院校精神文化优化,归根结底是要探索形成文化治理的有效模式,即解决高职院校精神文化优化的落脚点问题。既然是优化,高职院校精神文化的治理就不仅仅是"人治""法治",而应转型、升华为"心治"。

在"心治"模式和状态下,高职院校精神文化才能成为师生真正的"精神家园"和心灵归宿。

(二)高职院校精神文化优化的实现路径

1. 以核心价值为根本指引。社会主义核心价值观是"国之魂魄"。中共中央总书记习近平在全国职业教育工作会议上做出重要指示。他指出,要培育和践行社会主义核心价值观,弘扬劳动光荣、技能宝贵、创造伟大的时代风尚。高职院校要明确方向、思路和原则,将精神文化优化摆在更加突出的位置。将社会主义核心价值观有效融入到精神文化之中,内蕴为高职院校精神文化的一个有机组成部分。重点是要将社会主义核心价值观作为统一的思想认识,创新理念,创新模式,加强统筹,完善措施政策,引导社会各界特别是行业企业认同和支持高职教育,激发活力,营造高职院校发展的良好氛围。

2. 以大学精神为重要载体。大学之大,在于精神之立。现代大学承担着传播人文精神、科学精神与创新精神等精神财富,培育科学的世界观、历史观、文化观的天然使命。诚如美国普林斯顿大学高等研究院院长、著名教育家亚伯拉罕·弗莱斯克纳所说:"在保障大学的高水准方面,大学精神比任何设施、任何组织都更有效。"对高职院校而言,可做三个方面的工作:一是大力培育和提炼大学精神,二是广泛宣传、提倡大学精神,三是把大学精神转化为师生的内在追求、行为方式和外在气质。

3. 以网络文化为拓展方向。按照人往网上走、人往网上聚的逻辑,网络文化是当前高职院校精神文化优化的急中之急、重中之重。积极运用各种手段,引导高职大学生健康上网、合理用网,享受网络红利。高职院校党委、学工、团委等部门要充分利用本校官方微博、官方微信等自媒体主动设置议程、积极发声,实现先入为主,同时要积极培育大学生网络意见领袖和网络宣传员、网络评论员,形成浓厚氛围。要充分认识当前互联网移动化、社交化、游戏化发展趋势和特点,充分利用微博、微信、米聊、陌陌、人人网等社交平台或即时通讯工具丰富校园网络文化活动,让学生成为健康的"手机人",而不是颓废和价值观缺失的"手机人"。

4. 以指数建构为评价手段。按照治理的要求,研究制定高职院校精神文化优化的框架指标评价体系,进而编制高职院校精神文化指数是治理现代化在高职院校精神文化优化这一现实课题上的一个重要逻辑指向。因为,从目前来看,虽然对高职院校精神文化优化的重要性、紧迫性有充分认识,但是以什么手段推进高职院校精神文化优化的常态化? 以什么方法克服精神文化优化有行为而无有效考核的问题? 以什么样的标准来评价高职院校精神文化优化的效果及趋势问题? 这都是一个在理论和实践上都还没有解决好的问题,也是一个急需解决的问题,而研究、编制、发布"高职院校精神文化优化指数"是解决这个问题的重要突破口。以此为基础,还可编制高职院校校园文化优化总指数,实现对高职院校校园文化优化的全方位、全流程评价。

高校学生会干部组织认同状况调查

四川师范大学　陈　莉*

摘　要:通过从个体与组织的一致性、情感/评价、组织参与、环境这四个维度对 S 大学校学生会全体学生干部组织认同状况的实地调查,结果显示:学生会组织及学生会干部事实上均表现出功利主义价值取向;学生会干部较高的自我评价和较低的组织评价,使对组织的认同异化为对"学生会干部社会身份"的认同;学生会干部的组织参与呈个人需求导向,组织忠诚度较低;学生会组织的边界和制度环境都较模糊,成员的组织行为较为盲目。原因在于:学生会干部的组织认同机制以交换性组织认同为主,并发生了衍变异化。要解决学生会组织认同的异化问题,需要强化学生会干部的价值性组织认同,并进行相应的制度改革。

关键词:学生会干部;组织认同;衍变异化

在中国,学生会是"党和政府联系同学的桥梁"(《中华全国学生联合会章程》第二条),一直受到政府、社会和大学的高度重视。而且,当学生干部是"一条传统的从政捷径"①,争取成为学生会干部是很多人的大学生活规划之一。但随着九十年代后"社团革命"的兴起,高校出现了大量的学生自发组织,学生组织变迁现

＊　基金项目:教育部人文社会科学研究青年项目《大学生组织管理模式研究》(项目编号:10YJC880014)
　　作者简介:陈莉(1973——),女,四川省眉山人,高等教育学博士,四川师范大学教育科学学院副教授,主要研究方向为教育社会学。

①　编辑部新闻简评. 学生干部:一条从政的传统捷径[J]. 新闻周刊,2002(35):30.

象大量而频繁地出现,大学生自主意识也不断增强,学生会面临了前所未有的挑战和质疑。2011 年曾有大学教师公开声称学生会"已成为高校的藏污纳垢之地",引起社会各界广泛而激烈的讨论。① 目前关于学生会及学生会干部的研究主要是从组织的外部——管理者、教育者的视角讨论如何提高学生会组织的执行力以及如何选拔组织所需要的学生干部,缺少来自组织内部的视角。社会认同理论的创始人 Tajfel 认为个体对群体的认同是群体行为的基础,提出不仅要关注"群体中的个人",还要关注"个体中的群体"。② 对学生会而言,讨论"个体中的群体",可以从组织认同的视角讨论学生会干部的群体特点、学生干部眼中的学生会组织,以及学生会干部与学生会组织的相互影响等问题。本研究就是在实地调查的基础上回答上述问题。

一、研究设计

1、组织认同的内涵与结构

美国管理学家西蒙认为:"认同的过程就是,个人用组织的目标(服务目标或组织存续目标)代替个人目标,作为制定组织决策时所采用的价值指数的过程"③。组织认同是一个主观、动态的过程,个体通过组织认同不仅定义自我,还影响所参与组织的行为。组织认同可被描述为"个体获得组织中的'我们感'(Sense of We – ness)的经历与过程,它表现为组织成员选择、获得和保持某种组织身份的结果,它不仅影响个人的心理与行为,而且是影响组织分裂与凝聚的重要因素"。④ 即组织认同通常表现为个体与组织在心理与行为上的一致,且个体对组织的认同与组织对个体的接纳是一个双向的互动过程。

怎样才算个体与组织达到了"一致"?"一致"的维度及程度又如何测量?目

① 郑旭森. 人大副教授批学生会藏污纳垢,成丑陋官场缩影[N]. 羊城晚报,2011 – 10 – 4.
② Tajfel H,Turner J C. The Social identity Theory of Intergroup Behavior. In:Worehel S, Austin W (Eds). . Psychology of Intergroup Relations. Chicago:Nelson Hall,1986:7 – 24.
③ [美] 西蒙(Simon, H. A). 管理行为(原书第四版) [M]. 詹正茂译. 北京:机械工业出版社,2004:272.
④ 张勉,魏钧,闫举刚. 组织认同的形成——朋友网络的影响[J]. 科学学与科学技术管理,2008(7):26.

前国内外关于组织认同内容结构的讨论主要有四种观点①：

（1）Chenney（1983）提出组织认同包括成员关系、忠诚性和相似性三个维度，相应的测量量表至今使用最为广泛。但这一量表与传统的组织承诺量表相似，不能充分揭示组织认同的独特性。

（2）Mael 和 Ashforth（1992）提出组织认同是一维的，主要涉及个体对组织的情感认同，相应的测量量表简单明了，主题突出，但只关注情感方面，较为片面。

（3）Van Dick 等人（2004）将组织认同划分为认知、情感、评价和行为四个维度。由于借鉴了较为成熟的社会认同理论，这一划分较为合理。但相关问卷的应用目前还不多。

（4）王彦斌（2004）根据人的需要层次理论，将组织认同分为生存性组织认同、归属性组织认同、成功性组织认同三个维度。这一观点突出强调了个体在组织认同中的主体性，但将组织认同的动力归因于个体的需要，忽视了组织认同的环境因素。

综上，目前对组织认同的内容结构还没有一个统一的认识，也没有一个通用的组织认同量表，现有的组织认同测量工具主要源于及用于企业管理领域。此外，现有的组织认同量表都是标准的李克特量表，研究者通常给出一系列有倾向性的问题然后要求被试在"完全不同意"到"完全同意"的区间里打分。这样的评价刻度简单易操作，但过于笼统，很难反映出被研究组织的特殊性和个体组织认同的复杂性。通过梳理与学生会组织相关的已有研究，并在前期对个别学生会干部的非结构式访谈和小范围内的开放式问卷调查的基础上，本研究主要从以下几个维度讨论高校学生会干部的组织认同：

个体与组织的相似性："相似性是指与组织中的其他成员相互感知到组织的共同利益和目标"②。个体通常会认同和参与在价值观、目标等方面与自己相似的组织，个体与组织的相似性越高，其组织认同度也会越高。

情感/评价："评价"与"情感"往往联系在一起，通常表现为对组织和作为组

---

① 宝贡敏，徐碧祥．组织认同理论研究述评［J］．外国经济与管理，2006（1）：40—41.
② 高建奕．组织认同研究综述［J］．昆明大学学报，2007，18（1）：33.

织成员的积极或消极的评价。① 情感/评价维度能最直接地反映个体对组织的认同与否。

组织参与:现有研究已证明个人与组织之间的接触水平、工作时间等方面与个人的组织认同感存在正相关关系。② 由于高校学生会组织不像企业等社会组织有强制性的任务和严格的绩效考核,个体的组织参与更取决于其对组织的认同。

环境:组织的边界越清晰,组织的独特性也会被强调,组织的价值观与规范也会得到相应的强化。③ 高校学生会组织的边界是一个值得探讨的问题。

2. 样本选择

高等教育大众化发展客观上要求高等教育分层定位与分类指导。当前社会舆论与学术研究较多地关注社会影响力大的研究型大学及其学生会组织,对地方高校较为忽略。本研究认为受生源、学校专业化程度、学校管理水平等方面的影响,地方高校学生会有不同于部属研究型大学的特点,而且地方公立高校所占全国高校比例已到达56%④。因此,调研地方高校学生会组织有特殊的价值。

本研究以一所省属公立本科院校——S大学校学生会的全体成员为调查对象。只选择一所学校为案例目的在于有效控制组织外部环境影响的变量,因为现有研究表明大学文化、管理模式,甚至校团委书记的个人喜好都会极大地影响学生会工作。本研究重点是要从个体的角度探讨学生会的组织认同状况。另外,由于高校学生会层次繁多,大致上有校、院、系、班等各级,各级学生会内部又各自有从主席到干事的完整组织架构,因此本研究选择校一级学生会在职学生干部而非所有学生会干部的目的在于控制学生会干部层次,降低因学生会干部层次多带来的复杂性。S大学校学生会从主席到干事共有132名成员。

3. 研究方法

本研究采用问卷调查和深度访谈相结合的方法。在问卷制作之前,研究者对

---

① 孙健敏、姜铠丰. 中国背景下组织认同的结构——一项探索性的研究[J]. 社会学研究 2009(1):192-193.

② 苏雪梅,葛建华. 组织认同理论研究述评与展望[J]. 南大商学评论,(第15辑):154.

③ 苏雪梅,葛建华. 组织认同理论研究述评与展望[J]. 南大商学评论,(第15辑):156.

④ http://www.moe.gov.cn/publicfiles/business/htmlfiles/moe/s7382/201305/152554.html

主管学生工作的团老师、校学生会主席、一些院系学生会主席、学生会部长级干部及学生群众等相关人员进行了半结构式访谈,就学生会的目标、学生会干部的基本特点、影响学生会组织发展的因素等方面进行了探讨。并在小范围内以"你认为学生会是一个什么样的组织""你为什么要加入学生会"等问题做了开放式问卷调查。在访谈和开放式问卷调查的基础上编制了包括相似性、情感/评价、组织参与和环境与4个维度14道问题的问卷。问卷的发放是在校学生会全体成员大会时现场发放、现场回收,回收率为100%。在问卷收回并作了初步的统计分析后,研究者又根据问卷所反映出来的重要问题对相关人员进行深度访谈,问卷与访谈相互补充。

二、调查结果

1. 个人与组织均呈功利主义取向

在个体与组织的相似性维度有3个问题:"你加入校学生会的目的""你认为学生会干部最重要的素质""你认为影响在学生会组织中晋升的主要因素",分别调查学生会干部在目标与价值观上的自我认识、对组织中"他者"的价值观的认识、以及对通过晋升过程表现出来的组织实际所需的价值观的认识。调查数据如下表:

表1 "我""他人"、组织实然状态的一致性对比

项目 认识视角 ＼ 价值	奉献/服务	工作能力	人际关系	非组织性特质:学习成绩/评优	外部评价:有面子/老师赏识
你加入学生会的目的	13.7%	71.2%	10.6%	1.5%	3.0%
你认为学生会干部最重要的素质	64.4%	27.3%	5.3%	1.5%	1.5%
你认为影响在学生会组织中晋升的主要因素	10.6%	61.4%	12.9%	1.5%	14.6%

　　此外,我们还根据前期调查结果,设计了"你认为学生会组织最重要的工作"的问题及选项,结果为:"为同学服务"59.1%,"执行上面下达的任务"18.9%,"组织大型学生活动"12.1%,"代表学生参与学校事务"6.1%,"维护纪律,管理学生"3.8%。这一问题主要调查学生会干部对组织价值观与目标的应然性或理想化的认识。

　　在问卷调查后的访谈中,无论是学生工作组老师还是学生会干部都谈到学生会是一个精英组织,其组织成员在各个方面都应该是优秀的。但从表1可以看到,学生会干部普遍认为个人的非组织性特质如学习成绩的好坏对组织而言并不重要,重要的是组织建设需要的个人素质,如奉献精神、工作能力等。

　　根据调查结果还可以看到,学生会干部的个人目标/价值观与组织实际目标/价值观之间高度一致,但与组织的正式目标/价值观存在显著差异:学生会干部加入组织最主要的目的是要实现自我发展(发展能力+结交朋友+评优加分=83.4%),组织实际上选拔的也是有个人能力而不是有奉献精神的个人。但大多数学生会干部都认为组织最需要的成员应具有奉献精神,组织的主要目的也应该是为学生服务。简言之,学生会干部与学生会组织都具有功利主义取向,都实际上在某种程度上偏离了学生会组织的应然性价值与正式目标。

　　2. 学生会干部对组织的认同异化为对"学生会干部社会身份"的认同

　　在情感/评价维度主要有三个问题:"你是否喜欢自己是学生会成员的一员""对学生会干部工作的评价""学生会组织的总体评价"。相关调查数据如下表。

表2　情感/评价维度的比较

程度　　　　　　　　项目	非常喜欢/好	喜欢/好	一般	不喜欢/不好	非常不喜欢/不好
是否喜欢自己是学生会成员的一员	79.5%	14.4%	0.8%	0.8%	4.5%
对学生会干部的总体评价	29.5%	64.4%	3.8%	0.8%	1.5%
对学生会组织的总体评价	18.9%	25%	44%	10.6%	1.5%

　　如表 2 所示,个体对学生会组织在情感上高度认同,在访谈中很多受访者谈到学生会的同事也是自己的好朋友,大家在一起"玩得开心",一位部门负责人谈到自己部门的发展时,一再强调"要感情留人"。虽然自己在组织中"玩"得很开心,但学生会干部对自己所属群体的整体评价不是非常高,对学生会组织的评价更是偏低。反映了学生会干部在认知与情感上出现了一定程度的分离:"知道"学生组织和学生会干部"应当"是以服务同学为主要目的的,但"我"目前这样就很好。

　　组织认同理论认为"当个体在组织里的活动直接或间接地对实现个人目标有利时,个体就愿意接受组织成员的身份"①。可见,学生会组织为个人提供了实现个人目标的条件,学生会干部愿意接受学生会成员的身份。但个人目标与组织正式目标存在不一致性,而学生会组织又没有提供足够的"刺激"或"诱因"让个人目标屈从于组织目标,结果就是学生会干部对组织的认同异化为对"学生会干部社会身份"的认同,并导致学生会"为学生服务"的正式目标实现程度不高。

　　3. 个人需求导向的组织参与和较低的组织忠诚度

　　在组织参与维度首先要探讨的是"谁参与"的问题。

表3　校学生会成员分布统计(N = 132)

年级	频次	百分比	职位	频次	百分比
一	72	54.5%	干事	82	62.1%
二	48	36.4%	部长(副部长)	45	34.1%
三	12	9.1%	主席(副主席)	5	3.8%

　　如表 3 所示,S 大学校学生会干部存在明显的"低龄化"特点,校级学生会干部中没有一位大四学生,大三学生所占比例都极少,学生会干部的主体是大一、大二的低年级学生。刚升入大四而卸任的前校学生会主席谈道:大四了,面临找工作、考研的压力,没有足够的时间和精力来从事学生会工作,而且也应该把更多的机会"让"给下面的学弟学妹。这位前学生会主席将学生会工作视为一种"机会",是个人可以也是应该转让的。几位即将从校学生会离职的高年级学生也表

①　高钊. 组织认同的形成机制与衍变异化[J]. 科学学与科学技术管理,2009(4):194.

达了相似的观点:加入学生会是一种锻炼的经历,有过经历、知道是怎么回事就可以了。这些学生会干部普遍缺乏作为组织成员的责任感和使命感。

加入学生会后,个人的组织参与程度主要通过两个问题来反映:"如果换届时你的职位不能晋升,你还打算继续干下去吗""如果学生会要收取会费,你愿意付费加入吗"。

表4　学生会干部组织参与程度

	肯定会	视情况而定	肯定不会
愿交会费加入学生会	48.5%	28%	33.5%
如果不能晋升,仍然留职	6.1%	49.2%	44.7%

本研究假设是否愿意缴纳会费能在一定程度上能反映学生会干部对组织性质的期望。因为高校学生会作为学生自我教育、自我管理、自我服务的群众组织,如果是自治组织就需要实行缴费会员制——以经费的自主管理为基础,在活动组织、成员选拔等方面拥有充分的自主权,正如同当前大多数欧美国家高校学生会;如果经费大多数依靠行政拨款,那么组织就很可能成为行政权力的执行机构。如表4所示,在是否愿意缴纳会费的问题上,有近一半的学生会干部愿意缴纳会费,同时也有1/3不愿意。说明学生会干部在对学生会组织性质的期望上存在较大分歧。事实上,S大学学生会的经费主要由校团委提供,校团委每年给学生会的拨款超过10万元。校团委不仅提供经费,而且对经费的管理极其严格、具体。对此,大多数学生会干部都认为理所当然,即相当部分学生会干部认同学生会是一个行政执行机构的性质。由于组织形象是组织认同的重要影响因素之一①,当组织是"我们的"组织时,工作的自主性比较高,成员的组织认同度自然就比较高,而当组织只是"完成任务"的工具时,工作的自主性比较低,成员的组织认同度就比较低。我们的调查也表明高校学生会"官僚化、行政化"的组织形象在相当程度上降低了成员的组织认同感。

在若不能晋升还是否继续留在学生会工作的问题上,只有极少数学生会干部给出了肯定的答复,而有近半数的学生会干部给出了"肯定不会"的答案。可见,

---

① 宝贡敏,徐碧祥. 组织认同理论研究述评[J]. 外国经济与管理,2006(1):42.

高校学生会干部作为非营利性的学生群众组织,不能为成员提供生活所需的物质资料,缺乏企业组织员工强调的生存性组织认同。与此同时,事实上持功利主义取向的学生会组织又没有为成员提供能增强价值感的目标,学生会组织工作本身的价值不被充分认可,学生会干部的发展目标和价值观与组织具有不一致性因而难以形成稳定而具激励作用的成功性组织认同①,结果就是"up or out"(不升职就离职),个人对组织的忠诚度比较低。

4. 模糊的组织边界和组织制度环境

与环境维度有关的问题主要有两个:

(1)"你认为校学生会与校团委是什么关系?":91.7%的校学生会干部认为是"平等的协作关系",3.8%的认为是"指导与被指导关系",3.0%认为是"领导与被领导的关系",1.5%的认为是"竞争关系。"可见,S大学校学生会绝大多数成员认为学生会与团委是平等的协作关系。

在访谈中有学生会干部谈到校团委和校学生的关系时,说:"团委负责思想政治教育,学生会负责开展活动,两个是平等的"。事实上,校团委书记处对校学生会的人事、经费、活动等各方面是全面指导、全面负责的。全国学联章程也明确规定学生会要在党委的领导下、团委的指导下开展活动。

如前所述,S大学校学生会干部在相当程度上认识到了组织处于不独立(经费依赖)、不自主(目标评价)的状态,但对组织所处的外部制度环境缺乏清楚的认识,因此,其组织行为也必然具有相当的盲目性——不清楚组织资源特别是组织权力的来源,因而不明确自己的组织角色,不清楚自己的工作应向谁负责。

"除了学生会,你还加入了几个学生社团":其中28.8%的校学生会干部一个也没有参加其他学生社团,有53%参加了一个社团,14.4%参加了两个社团,3.8%参加了三个及以上社团。可见,超过三分之二的校学生会干部参与了多个学生组织。根据已有的组织认同研究,"与个体有联系的组织数量越多,即个体同

---

① 注释:王彦斌认为,组织认同包括三种类型:生存性、归属型、成功型。其中成功型组织认同是个人基于成就心理需要,自愿地去做有价值的工作,当人们通过组织生活去谋求自我增强和自我发展,在组织中看到自己的发展目标和价值观与组织一致性时,这时就形成了成功性组织认同。王彦斌. 管理中的组织认同一理论建构及对转型期中国有企业的实证分析[M]. 北京:人民出版社,2004:117.

时存在多个组织认定,会使组织认同模糊甚至削弱"①。大多数学生会干部参与了多个学生组织,是否会削弱他们的组织认同呢？这里我们需要结合高校学生会的特征来进行讨论。根据学生会章程,全体在校生都应是学生会成员,学生会应该代表或体现全体学生的需要与诉求。因此,从理论上讲,参加其他学生组织不仅不会削弱学生会干部的组织认同感,还能因参与了其他学生组织而更加了解各学生亚群体的需要与诉求,如果这些需要与诉求能在学生会中得到反映,那么学生会将会更有针对性地为学生服务,学生会干部也将因此获得更多的成就感和使命感,从而增强组织认同感。但事实上,由于各级学生会,包括校学生会都成为有着明确边界和独立利益诉求的相对封闭的组织,因此,学生会干部的多重组织身份很难在学生会组织中得到体现和发展。在访谈中,几乎所有的学生会干部和学生群众都认为只有在学生会任职的才是学生会成员,即把学生会成员等同于学生会干部。当学生会组织的边界变得模糊后,学生会干部参与其他学生组织确实会降低他们在学生会中的组织认同感——当在学生会做得不开心时他们很容易就会放弃。

三、结论与建议

通过对 S 大学校学生会学生干部的调查,可以看到学生会干部的组织认同以交换性认同为主,并发生了衍变异化。

个体的组织认同一般有两种形成机制:一种是价值性组织认同,即当个体的目标和价值观与组织的目标和价值观高度一致时,个体会自发地认同组织,这样的组织认同能够提高个体的价值性或自我效能感;另一种是交换性组织认同,即当个体的目标和价值观与组织的目标和价值观不一致时,个体通过社会交换以实现需要的满足,而组织主要通过提供足够的刺激以保证个体对组织的贡献,一旦组织对个体的刺激不够,个体对组织的认同感就会下降甚至消失。② 根据前面的调查结果,我们可以看到 S 大学学生会干部的组织认同是价值性组织认同和交换

① 魏钧,陈中原,张勉. 组织认同的基础理论、测量及相关变量[J]. 心理科学进展,2007(6):952.

② 高钲. 组织认同的形成机制与衍变异化[J]. 科学学与科学技术管理,2009(4):194—196.

性组织认同的混合模式,但主要成分是交换性组织认同,表现为学生会干部普遍认同学生会组织"为学生服务"的基本目标与价值观,但大多数选择当组织不能满足自己发展的需要时就会选择离开,或者漠视组织基本目标只是利用组织满足自己的需要。而组织则因为缺乏来自内部的动力而使得"为学生服务"的基本目标难以充分实现,在一定程度上培养"学生干部"成为组织实际上的主要工作。

而且,学生会组织用于激励学生会干部对组织做贡献的"刺激物"主要有:工作经验、社交网络、荣誉、权力、评优加分机会等,由学生会"群众组织"的性质决定了这些"刺激物"的提供者是所有在校生,但"刺激物"的分配者实际上主要是校团委老师和学生会高级干部,这样的结果就是学生会干部对组织的认同通常会异化为对老师、对上级的认同,从而影响学生会组织从"自我教育、自我管理、自我发展"的学生群众组织异化为学校科层制管理体系的一部分。

通过借鉴组织认同理论的已有相关研究,要解决高校学生会干部组织认同的异化问题以保证实现组织根本目标和价值观,本研究认为需要做到以下两点:

一是强化学生会干部的价值性组织认同。高校学生会作为一个以自我服务为目标的规范性组织,价值性认同应是其成员组织认同的主要形成机制。为此,学校应适当放权,让学生会真正成为学生自主管理的组织,并通过宣传、活动组织让广大学生群众认同学生会的这一根本宗旨,在此基础上,选择那些能够忠诚于"为学生服务"这一组织目标的人担任学生会干部。

二是完善制度建设,将交换性价值认同中"刺激物"的分配权由学生会组织控制,而不是某些具体的个人,尽可能地避免组织认同机制的衍变异化。培养学生会干部在学生会组织中得到锻炼实现发展是学生会组织除"为学生服务"的另一重要目标,而受社会价值观多元化的影响,不可能要求学生会干部在价值观上与组织完全一致,因此,需要适当地保留交换性组织认同机制,但应由组织控制"刺激物",以保证学生会干部是认同组织本身而不是其他。

延续民族文化血脉　扎根地方办学育人

——加强地方优秀传统文化教育的"知与行"

邱小云　肖池平*（赣南师范学院，江西 赣州 341000）

当下，培育和践行社会主义核心价值观、传承和弘扬中华优秀传统文化，已成为全党全社会高扬的主旋律和最强音。加强地方优秀传统文化教育，是一个值得探讨的学术理论问题，也是一个富有时代意义的新课题。作为地方高校，我们认为，必须勇敢地肩负起延续民族文化血脉、引领时代新风这一历史重任，大力加强对地方优秀传统文化的挖掘和阐发，在理论上不断完善，在实践中不断推进，以此进一步提升高校的内涵发展水平和核心竞争力，使之成为涵养社会主义核心价值观的重要源泉。

一、新形势下加强地方优秀传统文化教育意义重大

我国传统文化源远流长、博大精深，积淀着中华民族最深层的精神追求，代表着中华民族独特的精神标识，是中华民族生生不息的力量之源。作为中华文化"大观园"的重要组成部分，各地的优秀传统文化犹如一颗颗璀璨的明珠镶嵌在祖国各地，为中华民族的发展壮大提供了丰厚滋养。把地方优秀的传统文化引入校园，深入挖掘和阐发地方优秀传统文化的时代价值和育人功能，对我们高校尤其地方高校而言不仅大有可为而且意义重大。

---

* 作者简介：邱小云（1965—），男，赣南师范学院党委委员、副院长，教育部人文社科重点研究基地——赣南师范学院中国共产党革命精神与文化资源研究中心主任，教授。
肖池平（1981—），男，赣南师范学院校园文化研究中心讲师。

首先,这是延续民族文化血脉的"大势所趋"。文化是民族的血脉。在全球化时代背景下,文化软实力日益成为综合国力的重要组成部分,而中华民族五千多年的悠久文明和灿烂文化正是我国文化软实力的集中体现。党的十八大提出要"建设优秀传统文化传承体系",十八届三中全会强调要"完善中华优秀传统文化教育",十八届四中全会强调要"弘扬中华优秀传统文化,增强法治的道德底蕴"。习近平总书记在其发表的系列重要讲话中,深刻阐述了中华优秀传统文化的重要价值、重大影响和时代意义,对培育和践行社会主义核心价值观、弘扬中华优秀传统文化和传统美德以及加强儒学研究与传播提出了一系列新思想、新观点、新论断。比如,他强调"体现一个国家综合实力最核心的、最高层的,还是文化软实力,这事关一个民族精气神的凝聚。我们要坚持道路自信、理论自信、制度自信,最根本的还有一个文化自信。要从弘扬优秀传统文化中寻找精气神。""要认真汲取中华优秀传统文化的思想精华和道德精髓,把富有永恒魅力、具有当代价值的文化精神弘扬起来,使中华优秀传统文化成为涵养社会主义核心价值观的重要源泉。""不忘历史才能开辟未来,善于继承才能善于创新。只有坚持从历史走向未来,从延续民族文化血脉中开拓前进,我们才能做好今天的事业。"这些重要论述,为我们加强地方优秀传统文化教育提供了深刻的启迪和教益。加强对地方优秀传统文化的研究、阐发和教育,对于引导地方高校的师生更加全面准确地认识中华民族的历史传统和文化积淀,增强民族文化自信和价值观自信,坚定为实现中华民族伟大复兴的中国梦不懈奋斗的理想信念,具有纲举目张的战略意义。

其次,这是筑牢立德树人根基的"使命所系"。大学是一个研究学问、探索真理的地方。我国儒家经典《大学》开篇说到,"大学之道,在明明德,在亲民,在止于至善"。党的十八大明确提出"把立德树人作为教育的根本任务",对大学履行好时代使命提出了新的更高要求。现在,全社会上下都在积极培育和践行社会主义核心价值观,这是高校落实立德树人根本任务的一项重要工作。高校肩负着弘扬民族文化、引领时代新风的光荣使命和崇高责任,在校的青年学子更是处在价值观形成和确立的关键时期,其价值取向决定着未来整个社会的价值取向。社会主义核心价值观要得到高校师生的广泛认同和自觉践行,就必须与大学文化建设有机结合起来,使之贴近校史校情,引起师生共鸣,而地方优秀传统文化就是一个重要的载体。地方优秀传统文化是一个地方语言习惯、文化传统、思想观念、情感认同的集中体现,凝聚着中华民族普遍认同和广泛接受的道德规范、思想品格和价值取向,具有非常丰富的思想内涵和育人价值。习近平总书记指出,"培育和弘扬社会主义核心价值观,必须立足中华优秀传统文化。抛弃传统、丢掉根本,就等于割断了自己的精神命脉。"对于高校来说,落实立德树人的根本任务,就是要将社会主义核心价值观融入到办学育人的全过程,结合学校的办学传统和办学实践,充分利用当今的现代化表达手段和媒介,通过教育引导、舆论宣传、文化熏陶、实践养成、制度保障等,深入挖掘地方优秀传统文化的精神内涵、价值底蕴,深入探索地方优秀传统文化与社会主义核心价值观的契合点,使地方优秀传统文化所蕴含的思想精华和道德精髓成为高校办学育人的重要源泉。

第三,这是走出大学文化困境的"现实所迫"。文化是一所大学的灵魂,也是大学彰显特色、提升内涵的重要标志。大学文化是大学在长期办学中经由历史积淀和内外作用影响而成的精神文化、物质文化、制度文化和环境文化的总和。其核心是大学精神。"大学之大,首先在于精神之大。"高校培育和践行社会主义核心价值观,重点和难点就是如何做到潜移默化、润物无声。要做到这一点,一个重要途径就是要把地方优秀传统文化引入校园、融入大学精神。因为大学精神是一所大学精神传统、办学理念、校风学风的最集中体现,在师生中具有广泛的认可度和强大的感召力,深刻地影响着师生的思想和行为。在我们高等教育界有一个盛传多年的"泡菜理论",就是说不同气质的大学培养出来的学生的气质也是不同的,就像用不同调料泡出来的菜的味道必然不同。这里面体现的就是大学精神潜移默化、润物无声的重要作用。有人说:"办大学办的是一种文化、一种氛围"。现在许多高校建设了新校区或者进驻了大学城。但由于种种原因,几乎所有的新校园和大学城都建在了"城乡结合部",缺乏文化底蕴和文化氛围,被人戏称为"文化沙漠地带"。由于受社会上各种不良思潮的影响,原本纯洁的大学校园如今也变得人心浮躁、急功近利,学术造假、师德失范、腐败案件时有发生;特别是数字化、网络化、信息化的快速发展,深刻改变着人们的思想行为和价值观念,一些青年师生在增强国家意识和组织观念、传承民族优秀传统文化等方面亟待加强。对此很多专家学者呼吁:大学必须坚守自身的使命,回归教育本位和学术本位的大学精神,加强中华优秀传统文化教育,把其中蕴涵着的天下兴亡、匹夫有责的爱国情操,以和为贵、和而不同的和谐思想,革故鼎新、因时而变的创新精神,等等,引入校园,教化师生。从这个意义上讲,加强地方优秀传统文化教育,对于破解大学文化建设瓶颈、增强师生文化自觉自信具有积极的推动作用。大学也只有不断从民族优秀传统文化中汲取智慧和营养,才能获得丰厚的精神资源,才会具有强大的生命力和创造力。

第四,这是引领社会风气之先的"发展所需"。大学素有"开风气之先"的光荣传统,它在最大限度地"传授已知"的同时,又在不断地"更新旧知、开掘新知、探索未知"。从本质上讲,大学是一个文化机构,传承文化,创新文化,用文化培育人才,用文化服务社会,这是大学的一项基本职能。正因为有这样的职能,大学才能够历久而不衰。宋代大儒张载将中国传统文人的理想归结为"为天地立心,为生民立命,为往圣继绝学,为万世开太平",奏响了中国古代大学服务于国家社稷的最强音。近代以来,我国大学在不同背景文化的选择、融合、批判过程中,在党的领导下,自觉担当社会责任,形成了独特的文化精神,打上了深深的"中国印记"。历史和现实都表明,大学的发展总是与国家和民族的前途命运紧密联系在一起的,总是以服务社会为己任的。地方高校是促进一个地方发展的宝贵资源和重要力量,高校的发展离不开地方的支持,地方的发展也需要高校的参与和给力。作为地方高校,我们大多远离省城,具有显著的"地方性"。这就决定了我们既要坚持大学自身的"学术性"特征,大力加强学术研究和应用型人才培养,更要根据"地方性"这一显著特点,踏实做好"立足地方、服务基层"这篇大文章。只有"立足地方",充分利用好对学校办学有利的各种因素和资源,包括寻求地方政府和有关部门的支持以及社会各界的支持,学校办学才能获得更加良好的外部环境;只有"服务基层",主动融入地方经济社会发展,培养更多更好的应用型人才,提高学校的社会贡献率,才能以作为求地位,才能获取更加良好的生存环境和发展空间。文化的魅力和生命力在于其多样性,千篇一律、整齐划一将失去文化的生机,大学文化也是如此。加强地方优秀传统文化教育,不仅有利于高校建设多样性的大学文化,也有利于各个高校形成具有自身特色的大学文化。多样性的大学文化,可以促进高校保持旺盛的生命力;而具有自身特色的大学文化,又可以促进高校形成自己的办学特色,彰显大学的个性魅力与核心竞争力。

二、加强地方优秀传统文化教育的探索与实践

我校所在地——赣南,是全国著名的革命老区,是人民共和国的摇篮。举世闻名的二万五千里长征从这里出发,艰苦卓绝的赣粤边三年游击战也是在这里进行的。习近平同志指出,以"坚定信念、求真务实、一心为民、清正廉洁、艰苦奋斗、争创一流、无私奉献"等为主要内涵的苏区精神,既蕴涵了中国共产党人革命精神的共性,又显示了苏区时期的特色和个性,是中国共产党人政治本色和精神特质的集中体现,是中华民族精神新的升华,也是我们今天正在建设的社会主义核心价值体系的重要来源。这一重要论断,深刻揭示了苏区精神的本质内涵、历史地位和时代价值。

赣南,也是客家摇篮和全世界最大的客家人聚居地,客家人口达800余万,占全世界客家人的1/10。历史上,客家先民自中原南迁,在历经关山、转徙万里的过程中,吸纳中华民族不同历史时期、不同地域的文化活水,孕育成了蔚为大观、源远流长的客家文化,形成了以"崇先报本、爱国爱乡,崇文重教、耕读传家,吃苦耐劳、开拓进取,穷则思变、勇于革命,和衷共济、海纳百川"为基本特征的客家精神。

赣南的中心城区——赣州市,是一座具有2200余年历史的千年古城。周敦颐、苏东坡、阳孝本、辛弃疾、文天祥、王阳明等众多历史名人曾在这里任官习学,留下了许多流芳千古的经典书籍和流光溢彩的传世墨宝,造就了赣州城深厚的人文底蕴和文化气息。

长期以来特别是近年来,我校秉承赣州深厚的人文底蕴,立足赣南老区,扎根客家摇篮,积极探索和推进苏区精神和客家文化进校园工作,通过课堂教学、校园文化、社会实践、研究传播"四位一体"的工作模式,把地方优秀传统文化所蕴含的社会主义核心价值观的新内涵、新元素、新追求,渗透到全员、全方位、全过程的立德树人实践中,并把这种精神内化为师生员工的卓越品质,外化于办学育人的价值追求,形成了较显著特色。我校总结提炼的特色项目《地方高校文化育人体系的构建与实践——以苏区精神和客家文化培养扎根基层人才》获得2014年国家级教学成果奖二等奖。主要的做法可以概括为"四个融入、四个着力":

(一)把苏区精神和客家文化融入课堂教学,着力增强地方优秀传统文化教育的吸引力

1. 组织教师编写了《中央苏区研究丛书》《红色记忆》《中央苏区史大讲坛》和《客家赣州》《客家体育》《客家音乐作品集》《客家文化概论》《江西客家》等教材和专著,丰富了大学生红色文化和客家文化教育的内涵。

2. 把红色文化教育列入了《中国近现代史纲要》《形势与政策》课教学计划，并纳入学生党课以及大学生生涯规划设计、毕业生就业指导的教学内容。同时，在学生中开设了《中央苏区史》和《客家文化》等课程，不断强化学生对苏区精神和客家文化知识的学习和了解。我校《中央苏区史》课程被评为国家级精品课程。

3. 面向全校学生常年开设了"中央苏区大讲堂""红土地讲坛"和"客家文化讲坛"，邀请校内外专家学者为大学生作红色文化和客家文化方面的学术讲座，与大学生共话成长，播撒红色文化种子，促进大学生提升思想境界、涵养精神家园。

(二)把苏区精神和客家文化融入校园文化,着力增强地方优秀传统文化教育的影响力

1. 成立了"大学生红色文化研究会""大学生客家文化研究会"等学生社团，组织学生积极开展红色文化、客家文化研究以及红色歌曲演唱等活动，推动苏区红色文化和客家文化在校园广泛传播。

2. 坚持在新生班级中开展"红色班级"命名与建设活动，目前建有"瑞金班""兴国班""于都班"等一批红色班级。

3. 通过创办《红土地·客家风》《红色青春》等学生刊物，在校报、校园网等宣传阵地开辟专栏，向大学生广泛宣传和传播苏区红色文化和客家文化。

4. 坚持每年开展"红土情"校园文化节、"大学生红色故事会""红色题材优秀影片展播""红歌大赛""客家文化展""客家体育运动会"等系列地方优秀传统文化主题活动。

5. 组织师生创作了一大批反映红色题材和客家题材的艺术作品，并屡获大奖，其中《千层底》《长征从这里出发》《血沃红土》《十送红军》《打箍箍》《客家记忆》《社戏》等艺术作品荣获全国一等奖;多次参加中央电视台"心连心"慰问演出，连续四年应邀参演"五月的鲜花"全国大学生校园文艺会演，受到中央领导和社会各界的好评。参编的赣南采茶戏《快乐标兵》荣获中宣部"五个一工程"奖。

(三)把苏区精神和客家文化融入社会实践,着力增强地方优秀传统文化教育的感召力。

1. 在共和国摇篮瑞金、长征出发地于都、苏区模范县兴国等县市设立了一批爱国主义教育基地。从大一开始，以班级为单位，利用双休日组织学生赴各教育基地参观学习，因此到了大学二、三年级，每个学生班级基本上都到过爱国主义教

育基地接受革命传统教育。

2. 选拔部分学生骨干成立了"红色宣讲团",每年举办一期"百名学生党员骨干培训班",让学生深入同学当中宣讲红色文化和苏区精神。同时在赣南建立了10余个"红色文化教育基地",组织学生深入基层汲取地方优秀传统文化营养。

3. 依托学校"客家研究中心"建立了"客家文化资料库",组织师生广泛收集客家谱籍和地方文献等资料,并作为师生开展客家文化研究的重要平台;建设了全国高校首个"民俗学田野考察基地",同时设立了"客家民间文物陈列馆",为师生从事客家方面的教学和研究创造了良好条件。

(四)把苏区精神和客家文化融入研究传播,着力增强地方优秀传统文化教育的渗透力。

1. 早在20世纪80年代末期,我校就成立了"中央苏区研究所",而后改为"中央苏区研究中心"并被确定为"江西省高校人文社科重点研究基地"。以此为基础,2013年,我校中国共产党革命精神与文化资源研究中心成功获批为"教育部人文社会科学重点研究基地"。基地的获批组建极大地促进了我校红色文化的研究,取得了一批有较高水平的成果。其中,2009年推出的10卷本《中央苏区史研究丛书》,被国内党史专家誉为"史料丰富,原创性强"。中心研究人员先后申报了近10项国家社科基金项目,接连在《光明日报》《中共党史研究》《党史研究与教学》《近代史研究》等权威刊物发表论文10余篇,并被《新华文摘》、人大复印资料等全文转载。在国内党史理论界提出了"中共革命精神史"的学科概念,得到有关领导和学界专家的关注。今年,中心又与复旦大学、延安大学等高校有关科研机构和省委党史研究室、省苏区振兴办等部门签订了苏区研究协同创新框架协议,目标就是要通过校内外协同努力,把中心建设成为中央苏区史和苏区精神研究的高地、革命传统教育宣传阵地和红色文化资源开发利用的智库。

2. 早在20世纪80年代,我校就开始了有组织的客家文化研究,组建成立了"客家研究所",而后改为"客家研究中心"。经过多年的努力,我校在客家文化研究方面取得了较好成效,公开出版了10余部客家研究方面的学术著作,先后获得省社科优秀成果奖10余项;客家文化传承与发展协同创新中心被确定为"省级2011协同创新中心";创办了客家研究专刊——《客家学刊》,在国内外客家学界引起了广泛影响。

3. 大力加强红色文化、客家文化的资源开发和利用。建设了"中央苏区历史博物馆"和"客家民俗文物博物馆",作为传承和开展地方优秀传统文化的重要基地。其中"中央苏区历史博物馆",展出红军时期各种文物 6400 余件,其中鉴定为国家一级文物 82 件,是在全国高校中以某个时期革命斗争历史所建的第一个博物馆,被确定为"江西省大学生爱国主义教育基地"和"江西省青少年革命传统教育基地"。"客家文物博物馆",收藏有客家文物 1 万余件,是目前全国规模最大的客家文化专题博物馆。

春风化雨,润物无声。经过多年的探索与实践,我校在以地方优秀传统文化资源办学育人方面取得了一定的成绩。但与落实立德树人的根本任务相比,与推进文化传承创新的重要使命相比,与兄弟院校的先进做法相比,我们还有较大的差距。理论之树长青,实践之路常新。加强地方优秀传统文化教育,贵在增强自觉,重在落地生根,难在持久深入。作为一所老区高校,我们将秉承历史荣光,肩负时代使命,按照习近平总书记提出的"在落细、落小、落实上下功夫"的要求,立足革命老区,扎根客家摇篮,大力推进地方优秀传统文化教育常态化、长效化,不断丰富和拓展大学精神的地域特色、民族特色、时代特色,更好地担当起人才培养、科学研究、社会服务、文化传承创新的重任。

深圳职业技术学院大学精神建设的实践与探索

深圳职业技术学院　　陈秋明

　　摘　要：大学发端于中世纪的西欧，对西方主要发达国家大学精神的历史考察，我们可以寻找出普遍的大学精神。高职教育是高等教育的一种类型，这些普遍精神同时也是高职院校所应坚守的。与此同时，高职院校还应结合高职特点和学校实践不断丰富大学精神。本文介绍了深圳职业技术学院近年来加强大学精神建设的实践与探索。

　　关键词：大学精神；高职院校；实践探索

　　近年来，深圳职业技术学院结合高职教育特点和学校发展实际，不断加强大学精神建设，初步探索形成了德业并进、自强不息的核心价值，独立自主、民主规范的治校理念和改革创新、开放协作的自觉意识。

一、着力弘扬德业并进、自强不息的核心价值

1. 凝练学院核心价值精神

　　近年来，学院经过广泛讨论，凝练出"德业并进，自强不息"的核心价值，彰显了学院的价值追求。"德业并进"意出《周易》，"子曰：君子进德修业"。目正、道正为"德"，立功、力行为"业"，充分体现了教育"立德树人"的根本宗旨，也契合了社会发展的需求；"自强不息"语出《周易》"天行健，君子以自强不息"。"自强不息"是炎黄子孙民族精神之重要表征，是深圳"敢为天下先"城市品格的集中体现，是学院进取不已、勇于创新精神的高度凝练。"德业并进，自强不息"的核心价值是对学院在长期办学实践中形成的共同理念、价值取向、文化积淀的凝练和总结，也是学院人才培养工作的思想灵魂和行动指南。校训诞生之后，学院通过在各校区树立校训石、将校训精神纳入新教师岗前培训内容、毕业典礼制作"德业半字衫"、校园媒体宣传、重大典礼活动齐诵、专题教育活动、杰出校友讲座等途径，加强校训精神的宣传和教育，使广大师生员工深刻理解和领会其深刻内涵，使其成为全校师生员工的文化自觉和价值追求。

2. 重塑人才培养目标

学院在总结 20 余年办学经验，尤其是近年来教育教学改革的基础上，提出"以立德树人为根本任务，培养'德业并进、学思并举、脑手并用'的复合式创新型高素质高技能人才"的培养目标。"学思并举"是中国古代教育思想的精华，学而不思则罔，思而不学则殆。学思能够并举，才是社会所需要的创新型人才；"脑手并用"是指我们培养的应用型人才，既要能动脑，掌握必要的专业和文化知识，具备较强的思维能力和创新能力，又要能动手，具备熟练的实践操作能力和技术应用能力。复合式是指学生具有宽厚基础理论和广博的知识面，基本掌握两个或两个以上专业的理论、知识和技能，富有跨专业意识和可持续发展能力强；创新型是指学生具有创新精神、创新能力与创新人格，将来成为企业一线的创新能手和管理能手，承载企业技术革新和管理创新的责任，成为推进创新型国家建设的栋梁；高素质是指学生养成良好的道德品质、行为习惯、敬业精神、责任意识、法纪观念、团队精神等职业素养和个性品质，成为社会所需要的职业人；高技能是指学生能够熟练掌握专业知识和技术，具备精湛的操作技能，并在工作实践中能够解决关键技术和核心工艺。这一人才培养目标突显了立德树人的根本任务，紧扣了学院的核心价值精神，突出了高职教育的特点，也契合了社会发展的需求和学生可持续发展的需求。

3. 深化办学理念

作为首批国家示范性高职院校，学院以强烈的责任感与使命感，不断深化办学理念，彰显办学特色，充分发挥示范引领作用。在总结 20 余年办学经验的基础上，学院根据经济社会转型升级和学生可持续发展的要求，提出了"三自觉——三育人"的办学理念。"三自觉——三育人"是指以高度的文化自觉，推进"文化育人"，在强化学生职业能力的同时，提升学生的文化素养和综合素质；以高度的教育自觉推进"复合育人",强化学生的核心能力和职业变迁能力;以高度的创新自觉推进"协同育人",创新人才培养体制机制,凝聚政校行企多方合力,共同培养高职人才。学院不断加强对"三自觉——三育人"办学理念的宣传教育,在全校范围内广泛开展"三育人"大讨论,进一步统一思想,凝聚共识。近年来,"三自觉——三育人"办学理念逐步深入人心,成为广大师生员工教与学共同的行动指南,在很大程度上解决了人才培养与社会需求脱节、教育教学与学生全面发展需要脱节的"两张皮"痼疾,使学院的人才培养质量不断提高,办学特色更加鲜明。学院"三自觉——三育人"的办学理念在全国职业院校引起了广泛的共鸣,近年来,全国先后有300多所职业院校前来学院考察、借鉴"三育人"的经验和做法。

二、着力践行独立自主、民主规范的治校理念

1. 坚持学院办学目标、办学方针

大学作为一种"学术文化组织"必须具有独立的办学目标和办学方针,而且能够独立自主地办学。国家高职示范校建设收官之后,学院结合"十二五"规划的起草,提出了"建设立足深圳、服务广东、示范全国,开放式创新型国际化中国特色世界一流的应用技术型大学"的宏伟办学目标,确定了"坚持'走高职路,举创新旗,打实力牌,以人为本',走以质量提升为核心的内涵式发展道路"的办学方针。

近年来,全院上下按照学院的办学目标和办学方针,踏踏实实地走内涵发展的道路,把以质量为核心的内涵式发展作为立校之本,把提升人才培养质量作为贯穿办学全过程的主线,克服了外界的很多干扰,不跟风、不随大流,较好地保持了独立自主的精神。

2. 坚持依法治校

近日,教育部核准发布了北京大学、清华大学、中国农业大学、南开大学、浙江大学、中南大学、中山大学、电子科技大学、西安交通大学等9所高校章程,拉开了高校依法治校的序幕。作为一所国家示范性高职院校,学院近年来也在起草《深圳职业技术学院章程》,目前正处在修改完善阶段。学院以章程起草为契机,加强制度建设,完善各项规章制度,将制度作为学院实现"依法治校"的行为准则,共修订和完善了各项规章制度300余部,汇编《规章制度大全》2册,并严格按照制度办事。

3. 实施民主管理

学院坚持集体领导,严格执行党委会议、院长办公会议、院长专题会议议事规则,制定了《二级学院议事规则》、《处(部、室)办公会议议事规则》;全面实施二级教代会制度,确保重大事项决策民主化、规范化;建立和完善沟通渠道和长效机制,搭建了师生交流会、院长沙龙、院长信箱、院长微博等多种沟通交流平台,主动倾听学生声音,尤其是高度重视网络问政,学院领导、二级学院和职能处室领导通过微博、SIC 等网络工具,听取师生意见和建议,及时改进工作。学院还开展了去行政化管理与教授治学改革项目,财务工作教授委员会、人事工作教授委员会的24 位"布衣教授"以独立身份直接参与学院人事制度改革、人才引进、优秀人才选拔和推荐、预算编制、预算执行情况与绩效监督等所有重大事项,近期还将成立基建教授委员会,形成了治校民主、决策科学、管理规范的良好氛围。

(三)着力培育改革创新、开放协作的自觉意识

1. 坚持把改革创新作为学院发展的动力

创新,是大学精神的本质,是大学存在的价值所在。作为改革开放前沿城市的一所高职院校,学院秉承深圳改革创新的精神,一手抓人才培养模式改革,一手抓内部管理体制的改革,创造了无数的全国第一。全国第一所挂牌成立的"职业技术学院",第一所进行高职单独招生试点的院校,第一批招收五年制大专生的高职院校,第一批国家高职示范校立项建设单位,全国第一所通过单独考试方式招收港澳台学生的高职院校,第一所开展四年制高职试点的院校,等等,为我国高职教育的改革与发展提供了鲜活的经验。如今,在我国高职教育深化改革的关键时期,学院继续承担为全国高职教育改革发展探路的重任,启动"四二四"综合改革,构建现代大学治理体系。综合改革将重点推进教学、人事、科研、后勤四项改革,突出学生管理模式、社会服务模式两项创新,打造管理、国际化、大学文化和基础保障四大工程。通过实施综合改革,构建起完善的现代大学治理体系,力争把学院建设成为中国高等职业教育领域办学模式的示范、内涵发展的示范、管理机制的示范、特色创新的示范。

2. 探索现代高职办学模式

针对高职院校办学中存在的对外封闭、对内体制壁垒的问题,为适应现代科技产业整合发展的新要求,解决人才培养与社会需求脱节、教学与科研脱节、科研

与应用服务脱节等"两张皮"痼疾,学院不断增强开放协作的自觉意识,坚持产教融合、校企合作,不断完善"政校行企四方联动、产学研用立体推进"的办学模式。出台《关于实施产学研用协同创新计划的决定》,与商务印书馆、中华职教社合作成立中国职业教育运行机制协同创新中心,设立产教合作的专门机构——产学研用促进处和产学研用指导委员会;学院现有校企合作企业数达 2000 余家,市区级以上公共技术平台有 30 个;由我院主持、参与的首批 4 项印刷加工类国家标准正式颁布实施;组建产学研用协同育人教育基金会。可以说,"政校行企四方联动,产学研用立体推进"的办学模式已经初步形成。根据《国务院关于加快发展现代职业教育的决定》精神,在今后的办学过程中,学院将以产教融合为主轴,以产业需求为导向,完善专业设置动态调整机制,强化专业与产业的对接。与行业企业联合,加快开发新职业技能标准,推动教学内容与产业需求和职业标准的衔接。加强与华为、华强等企业深度合作,开展校企联合招生、联合培养的现代学徒制试点,进一步提升服务特区产业的能力。

3. 着力培养学生的创新意识和创新能力

学院打通创新教育、创业教育与专业教育、素质教育、就业教育的内在联系渠道,将创新、创业工程与教学、科研工作相结合,进一步强化了学生创新意识、创业能力培养。开设创新制作课程,实施项目化课程改革,将专业教育与创新教育密切结合。加强创新与创业基地建设。积极引导和鼓励全日制在校生及毕业生自主创业,努力扶持具有发展潜力的大学生创业项目进入校内外大学生创业园进行孵化壮大,为学生搭建创业发展平台。大学生创意创业园于 2010 年 4 月正式开园,目前,已先后孵化四批共计 101 个创业项目,初步形成了以 IT 信息服务、艺术设计和综合服务为主要经营范围的创业孵化基地,孵化存活率达到 50% ,带动就业超过 250 人次。成立创业学院,组建了创业实验班,大力推进"专业教育 + 创业教育"的教育教学改革。加大资金和政策上支持力度,鼓励学生创新和创业实践。学院出台《关于加强大学生创业工作的实施意见》,设立"大学生创业百万基金",每年投入 200 万元专项资金,对立志自主创业的学生团队和个人以及有市场潜力和竞争力的科技创新、技术革新项目予以重点资助。

大学精神培育中的隐性教育实现路径探讨

海南经贸职业技术学院　周国耀　米　娟[*]

摘　要:隐性教育在文化素质教育中的意义和作用不容忽视,本文从新的视角审视和研究隐性教育与显性教育互补性的意义作用,并努力探索在高职院校大学精神培育活动中开展隐性教育的有效途径。

关键词:大学精神;培育;隐性教育;路径探讨

近年来,中国的基础教育因片面追求升学率而导致学生文化素质下降的情况已经引起了广大教师乃至社会各界的强烈关注,而高职院校重技能轻素质的培养现状也成为教育教学亟待解决的共性问题。由此,探讨开展大学生素质教育的有效途径乃是高职院校提升大学生文化素质、培育具有高职院校特点的大学精神重要的研究实践命题。在实践过程中,许多有识之士认识到,除了常规性的显性教育外,隐性教育在文化素质教育中的意义和作用不容忽视,高职教育工作者开始从新的视角审视和研究隐性教育与显性教育互补性的意义作用,并在教育教学以及培育高职院校大学精神活动中,努力探索实践开展隐性教育的有效途径。

一、目前国内关于隐性教育研究的现状

目前国内关于隐性教育研究主要集中在高职院校文化素质教育现状,隐性教育与文化素质教育的关系和作用,文化素质教育中实施隐性教育的途径等几个方

---

* 作者简介:周国耀,海南经贸职业技术学院宣传统战部部长,副教授,研究方向:高校思政教育、文化学;米娟,四川师范大学硕士研究生,研究方向:教育理论与政策

面,从其研究成果看,我国学者对高职院校文化素质教育的现状和问题有了较清晰的认识,对高职院校学生文化素质教育内容方法、途径作了初步设计,并探讨隐性教育与文化素质教育的关系和作用,以及文化素质教育中实施隐性教育的途径。但仍存在着文化素质教育有效性不强,对现实情况的研究多基于个人的感性认识,且多为应然视角下的思考,缺乏实证分析,显得缺乏说服力,可行性和操作性不强。对高职院校学生文化素质教育中实施隐性教育的途径的实践问题还处在探索之中,系统性强、科学性高、富有指导性的理论成果很少。因此,亟须从隐性教育的视角对高等职业文化素质教育实施的方法途径等理论问题进行系统研究,给出较为确切的论述,使实践者在理论上、思想上认识到,实践中可操作,从而真正重视文化素质教育在职业技术教育中的特殊作用。

二、隐性教育与隐性文化

(一)隐性教育和隐性文化的概念和内涵

"隐性教育"概念自美国教育社会学家杰克逊在 1968 年出版的专著《课堂生活》中首次提出了隐性课程的概念之后,极大地扩展了教育的研究领域,也为近距离、更有效地开展素质研究提供了方向。隐性教育是"引导学生在学校教育性环境中,直接体验和潜移默化的获得有益于个体身心健康和个性全面发展的教育性经验的活动方式和过程"[1]。这一种活动方式和过程,将原本静态的校园物质和校园精神有机融合,成为熏陶学生文化素养的有效手段。

以教育行为的观点,把学校对学生习得隐性文化的过程叫隐性教育[2]。隐性教育在学校教育中是一种有别于显性教育的教育手段,是通过环境氛围营造、精神培育、教师品德影响以及大众传媒倡导等来对受众进行教育,而由此融合其他的隐性的因素形成了特定的隐性文化。这种文化是"难以用文字或符号表述而显现于外的,这种文化一般是非组织的、无一定计划和安排。尽管这种文化建设者是有意识、自觉地,但受教育者则是无意识的,在耳濡目染中收到教育,习得文化。"从这个意义上来讲,隐性文化其概念外延要大于隐性教育。就是说隐性教育解决的是方法和手段的问题,是动态的、根据具体情况而有所变化的;而隐性文化则是将这种教育手段及教育因素上升至文化的范畴,是静态的、相对持久的。

（二）隐性教育的特点及对隐性文化的影响

根据隐性教育的概念，可以较为清晰地发现其特点。结合泰勒的目标模式，我们可以将其特点总结为以下四个方面：

1. 教育目的的浅隐性。隐性教育的目的是要摒除消极影响，提高学生的人文素养，主张为受教育者创设一种情境氛围，巧妙地将教育目的浅隐于学生的学习、生活、娱乐等各个环节中，让其自然愉悦的接受隐性教育，最终提高人文修养。

2. 教育内容的非学科性。隐性教育并非像显性教育那样有明确、系统的学科知识，它的内容打破了学科的界限，注重将思想、知识和技能融合在一起，形成合力，逐渐影响学生的价值和判断。

3. 教育过程的隐蔽性。隐性教育是"不露声色"的，学校或教师以间接的、暗示性的方式进行传递，学习的习得主要是在无意中进行的。

4. 教育结果的持久性。隐性教育的结果主要是对学生的情感、意志、价值观等心理品质产生影响，学生一旦习得，便是长久的、稳定的。

隐性教育使受教育者的信仰系统、价值观点、思维模式、情感气质、意志品格等逐渐产生变化，并按照教育者预期的目的转变，形成一种较为稳定的认知形态，当这种认知形态成为一个群体的共同特征后，就形成了隐性文化。

（三）我国高职院校隐性教育中存在的问题

我国高等职业教育在20世纪90年代末21世纪初才起步，由于起步较晚，近年来，随着我国经济改革开放的逐步深入，职业教育及职业人才培养得到国家的大力扶持和社会各界的关注和参与，职业人才的素质教育虽说取得了长足的进步，但还有许多问题亟待解决。特别是高职院校在完成了学校的基本办学条件、专业设置、师资队伍、教学模式建设之后，学生文化素质提升成为了一所学校提高人才培养质量的一个关键点，对高职院校的文化育人的有效途径进行全面且合乎本校实际的设计，从中彰显学校的育人特色，培育具有自己特色的大学精神，是新形势对高职教育的时代要求，也应该是高职人的一种文化自觉与人才培养追求，因此加强对隐性文化的研究使之成为隐性教育手段的方向性指导，是提升高职院校师生文化自觉的当务之急。

我国是有着五千年文明史的古国，是礼仪之邦，然而50-70年代20年间的极端"左倾"错误，大大摧残了我国的人文学科和人文教育;50年代初的院校调整所带来的单科院校林立的局面,使人文教育薄弱的局面更为严重[3]。以至于素质教育提了多年,真正实施却很困难。目前,我国高职院校隐性教育存在的问题有:

1. 社会功利性的导向较强。市场经济下,为了追求更高的经济利益,社会更希望高校可以快速培养出大量一流的技术技能型人才,而较少关注学生的人文素养如何。

2. 高职院校追求就业率的实际。高职院校为了解决就业难题,为学校赢得更多声誉进而提高招生率,便极力迎合社会需要,加大技术性专业教学,而减少人文社科类内容的教学。

3. 高职院校领导和教师观念陈旧,文化自觉性亟待加强。高职院校重技能轻素质的观念已经被证明是错误的,但学校领导和教师却很少反省自己的职业、专业赋予的职责,忽略软实力的增强,而把精力集中在有形的投入和产出上。

4. 学生文化基础较差,学习困难较大。高职学院的学生大多基础较差,学习能力较弱。家庭对其期望不高,学生对自身要求也不高,常表现为能学一技之长谋生足矣。

三、实现路径选择

(一)改革创新显性教育的教学内容与方法。

现行的显性教育依然是提升学生文化素质的主渠道。目前在各高校开设的思政课无论从内容上还是结构上,都是从正面传播马克思主义唯物史观、世界观和社会主义核心价值观,由此教育广大学生正确地认识世界,树立正确的人生观和价值观,具有正本清源的意义。但是,这些课程在教学内容上特别是教学的方式方法上明显地缺少创新,不能根据时代的变化以及不同类型不同文化层次的学生受众采取他们喜闻乐见的形式开展教学活动,导致课堂上教师照本宣科,学生昏昏欲睡,教育效果大打折扣。不仅思政课如此,其他诸如心理健康教育辅导、就业指导等课程也都面临着改革的问题。因此,高职院校的显性教育亟须改革创新,形成显性教育与隐性教育的优势互补。

首先,根据职业教育的特点优化课程设置。职业教育的职业性、实践性等特点要求高职院校的课程的设置上必须紧贴经济社会发展的人才需求,灵活调整本校的专业课程设置,处理好课程设置的规范性与灵活性的关系,对那些与时代要求脱节、与用人单位能力素质要求脱节、学生认可度较弱的课程从内容结构上到教学方式方法进行优化。

其次，在职业基本知识和技能培养中融入人文素质教育。如上所述，提高高职院校教师的文化自觉是提升职业人才文化素质的关键。我们的许多老师往往满足于完成教学任务，对学生的职业道德和人文素质教育，缺少责任意识。教师的职责是暨教书又育人，在传授专业知识技能的同时还要传播文明和提升学生的人文素质，因此，就显性教育而言，在职业基本知识和技能培养中融入人文素质教育势在必行。正因为如此，在高校教师中大力培育大学精神也就显得尤为重要与迫切。

(二)实施积极的隐性教育。

1. 根据本校实际做好顶层的规划设计，为开展隐性教育提供制度保障。高职院校的隐性教育目前正在处于起步阶段，各院校较多地关注本校的校园文化建设，不但缺乏整体性的规划和设计，而且将之上升到文化层面的认识和自觉还需做更多的努力。因此，学校的决策者有必要从学校培养全面发展人才的需要构筑本校开展隐性教育的整体框架，进行科学的规划和设计。统筹考虑如何将校园文化建设、思政教育、社会服务实践、价值观培养、师德学风影响、先进典型带动等凝聚为本校的大学精神，使之成为推动提升学校师生文化素质和职业道德的教育动力。

2. 加强校园环境建设，形成良好的文化氛围，发挥环境文化特有的感染润化作用，以此引导影响广大学生。校园和教室是师生工作、学习、生活的主要场所，良好的校园环境，能改变师生的工作、学习和生活方式，影响师生的情感态度、情感体验以及对事物的评价和看法。故此，以优化美化校园环境文化建设为抓手，达到环境感染育人的最佳效果，是实施积极的隐性教育的主要途径之一。

3. 提倡开展"博雅教育"，正确处理"博"与"专"的关系。尽管职业教育重在培养专业技术技能型人才，然而，从学生今后的发展着想，应提倡广大学生广泛涉猎各种书籍，在学校就读期间开始基本知识的积累，拓展视界，进而提升文化素养，在"博"的基础上"专"而"雅"。对普通高校学生而言，大学期间"博"是打好做学问的基础，而对于职业院校学生则是打好人生的基础。因此，倡导学生在加强职业技能训练的同时，拓展知识面，增强基础知识的积累，既是提升高职院校学生文化素质具有发展性眼光的选择,也是职业院校大学精神培育的较好的途径之一。

4. 积极培育宣传树立勤学奉献的先进典型,充分发挥先进典型的示范带动作用。以身边的榜样模范来引领教育学生,引导广大师生努力学习,培养高尚的道德情操,追求向往具有高尚品味的生活。可通过教师学生评选的形式,树立宣传类似"校园年度感动人物"等先进的典型楷模,取代千篇一律、枯燥无味的说教,动之以情,"以事为鉴、以人为镜",促使新时代的青年学生健康成长。

5. 推动企业优秀文化与校园文化的融合,培养优秀企业家精神。在高职院校植入优秀企业文化,是高职院校开展隐性教育的一种具有显著成效的途径。丰田、海尔等企业之所以优秀在于它不但业绩辉煌,而且它在经营活动中所形成的先进文化,比尔盖茨、乔布斯、李嘉诚、张瑞敏等世界顶尖的企业家所具有的"创新、责任、奋斗、诚信、耐挫"等优秀企业家精神对青年学生来说都具有励志教育作用。因此,在校园文化活动中开展优秀企业文化学习和企业家精神教育,对提升青年学生的职业道德素质是一剂疗治空虚、萎靡、彷徨等时代病的良药。从可操性而言,采取聘请企业成功人士入校开展讲座、进行创业教育和职业生涯辅导等,是植入企业文化和培养企业家精神的较为可行的方法。

6. 社会实践服务教育活动。就高职院校而言,其教育特点更为看重如何引导广大学生走上社会参与各种有意义的社会服务和实践活动,企业要进入学校,学生应该积极地进入企业和社会,二者实现融合,是一种较为有效的教育手段。台湾地区的大学教育鼓励学生和老师做义工,也就是内地所说的志愿者,对形成公平正义、帮贫助困良好的社会风尚具有教育示范作用,是一个较好的启发。因此,积极倡导高职院校学生积极参与社会实践和志愿者服务,不但能帮助学生了解社会了解民生,而且还能增强学生的感恩意识和社会责任感,实乃一种提升学生社会道德的有效途径。

参考文献:

[1]贾克水,朱建平,张如山.隐性教育概念界定及本质特征.教育研究,2000(8):37-42.

[2]包玉红,邵隽涛.隐性文化与素质教育.佳木斯大学社会科学学报,1998

（4）:65 – 67.

[3]张楚廷.素质:教育的沉思.高等教育研究,2000(2):26 – 30.

[4]葛虹佑.隐性课程建设对高职院校学生全面发展的作用.中小企业管理与科技.2011:(12):296.

近年来"高职院校校园行为文化建设"研究成果述评

湖南工业职业技术学院　　徐　雷*

摘　要:文化的深度决定着学校的高度。近年来,校园文化建设一直是高职院校推进自身内涵发展时重点关注的对象,无论是在理论上还是实践上都取得了一定的成绩。作为最晚被纳入到校园文化内容中的行为文化,高职教育界对它的研究虽起步较晚,但研究势头迅猛,研究领域涉及到高职院校校园行为文化的诸多方面,所取得的各项研究成果有力地推动了高职院校校园文化的建设与发展。

关键词:高职院校;校园文化;校园行为文化;研究述评

校园文化作为一种软实力,已经成为高职院校新的竞争点和增长点,越来越被高职教育界所看重。文化的深度决定着学校的高度。近年来,校园文化建设一直是高职院校推进自身内涵发展时重点关注的对象,无论是在理论上还是实践上都取得了一定的成绩。作为最晚被纳入到校园文化内容中的行为文化,高职教育界对它的研究虽起步较晚,但研究势头迅猛,研究领域涉及到高职院校校园行为文化的诸多方面,如行为文化内涵及价值、校园文化和行为文化关系、高职院校与普通高校行为文化的区别、行为文化现状问题、行为文化特征、行为文化的细化分类、行为文化建设原则、行为文化优化对策等。目前所取得的各项研究成果有力地推动了高职院校校园文化的建设与发展。

---

　*　作者简介:徐雷(1977 –),男,长沙人,湖南工业职业技术学院副教授,研究方向:高职院校校园文化。

一、关于高职院校校园行为文化内涵及价值的研究

学界在界定高职院校校园行为文化的内涵时,普遍认同行为文化是校园文化的动态反映,是一种与校园各类活动相关的文化现象。如陈彪彪、田金莲在《高职院校校园行为文化建设》一文中指出:"高职院校行为文化是指高职院校师生在日常教育教学、学习生活、文化娱乐等活动中所折射出来的精神理念、行为操守和文化氛围,它是校园文化的动态反映,也是其最活跃、最生动、最直接的显现。"再如《新时期高职院校特色行为文化建设路径研究》一文的作者刘荣也强调:"行为文化是学校精神、价值观和办学理念的动态反映。是校园文化在师生身上的具体体现,主要指师生的行为习惯、生活模式、各类群体(社团)活动以及在此基础上表现出来的校风、学风等。"事实上,高职院校校园行为文化是一种看得见、摸得着,感受得到的文化现象。它的外显性恰是通过一系列校园活动,动态的被受众所感知。

湖南农业大学硕士刘洋认为长期维系这种动态反映的活动必须建立在师生内心快乐的基础上,否则难以持久。他在其硕士论文《高等职业院校校园文化研究》中对什么是高职院校校园行为文化做出了自己的描述:"高职院校的行为文化,是指学校在创造物质文化和精神文化的实践过程中体现出来的文化行为系统,强调文化行为各构成要素之间、文化行为与外部环境之间关联与平衡是以'快乐'为基本内核而进行的。"但必须指出的是并非所有的行为都一定是建立在快乐基础之上,还有认同,习惯,甚至于强化,所以仅凭快乐一词还不能完全勾勒出校园行为文化的内涵本质所在。

在高职院校校园行为文化价值研究方面,学界倾向于多层次、多角度肯定行为文化的重要性。如毛君洁就在其硕士论文《江西高职院校校园文化建设之行为文化建设研究》中分别立足教育教学的理论意义、培养人才的实践需要、社会文化的传承意义三个方面论述了高职院校校园行为文化的重大价值。他说:"高职院校的校园行为文化无时不在、无处不在。它对高职院校的发展具有多方面的功能与价值,包括价值导向、人才培养、精神陶冶、群体凝聚以及知识、社会、思想、科学、美育、道德等方面的价值。"其次,毛君洁认为"高职院校的校园行为文化是一种极强的凝聚力量,……对在校师生的行为举止有着广泛的约束力和规范作用,……能从各方面、各层次,把千差万别的成员团结在一起,从而形成一种昂扬的情绪和奋发进取的校园凝聚力。"最后,他表示"校园行为文化对于传统文化、社会文化的传承都是具有深远意义的",足以"彰显大学精神品质和风貌"。

与前者不同,刘荣在《新时期高职院校特色行为文化建设路径研究》一文中明确指出"考察一所学校,给人心灵上最有撞击力的,不是校容校貌,不是学校的办学思想和教育观念,而是师生的行为文化;学校之间的最大差异既不是办学特色,也不是教育质量,而是行为文化。因此,要真正改变一所学校,就必须设法改变学校的行为文化。"在作者刘荣看来,行为文化的重要性与特殊性在直观感受上远在校容校貌、办学思想、教育观念、办学特色和教育质量之上。《学校行为文化建设的思考》一文的作者陈杰虽然也高度评价校园行为文化的重要性,却强调了办学理念与行为文化的一脉相承性。他在文章中直白的表示:"在学校的文化建设中,学校行为文化建设是忽视不得和回避不得的"。他为此给出的理由是:"学校教育教学管理工作都是要通过一定的行为和有组织的活动来进行的。如果能用文化来审视这些行为,并通过全体师生员工的参与,形成与学校办学理念相吻合、富有个性、鲜活的行为文化,那么,这所学校离文化育人的境界也就不远了。"诚然,校园文化各要素之间所起的作用千差万别,但毋庸置疑的是校园行为文化的价值显现离不开校园文化每一个环节、诸多要素间的配合。

二、关于高职院校校园文化和行为文化关系的研究

高职院校校园文化和校园行为文化关系的研究一直是学界探讨的热点问题。这主要是因为学者们在论述高职院校校园文化的内涵时已经把校园行为文化视为校园文化内涵不可缺少的组成部分。如胡树森就在所撰写的《加强高职院校行为文化建设》一文中指出:"校园文化是以学生为主体,以教师为主导,以课堂教学和课外活动为主要形式,以校园为空间的多层次、多类型的文化活动。校园文化主要由物质文化、精神文化、制度文化和行为文化所构成。……行为文化是校园文化的行为体现,是一所大学的活力显现,或称'动态文化'。校园文化是以物质文化为依托,以精神文化为核心,以制度文化为保障,以行为文化为动力的有机整体。"作者所提出的"行为文化是校园文化的行为体现"和"校园文化以行为文化为动力"两个论断足以说明两者之间关系的密不可分。

另外,毛君洁在《江西高职院校校园文化建设之行为文化建设研究》的论文中也强调:"校园文化包括校园物质文化、校园制度文化、校园精神文化及校园行为文化。其中,校园行为文化是校园文化中四个方面中的终端表现,社会要评判一所高校的校园文化,更多是从校园行为文化方面来考察。"可见,校园行为文化在很大程度上影响着世人对校园文化的印象和判断。

还有学者甚至细化到校园文化中的精神文化、物质文化和制度文化三个方面,通过表达行为文化和三者之间的关系来突显行为文化在校园文化中的一席之地是多么的重要。《新时期高职院校特色行为文化建设路径研究》的作者刘荣就指出:"行为文化是推进校园文化建设的良好载体。""行为文化是物质文化、精神文化和制度文化在行为上的外显,有什么样的物质文化、精神文化和制度文化就会有什么样的行为文化。"换而言之,行为文化在校园文化中不是孤立的存在,它既有自身的独立性,同时又和其他三种文化互为交融,四种文化共同构筑成校园文化这个整体。

三、关于高职院校与普通高校行为文化区别的研究

"学者们认为,⋯⋯高职院校校园行为文化在内涵上有别于普通高校校园行为文化。一方面,高等职业教育的教育层次决定了高职院校校园行为文化应该具备大学精神;同时,高等职业教育的教育类型又使得高职院校校园行为文化应该体现职业文化,是职业教育文化层次的提升。"这段话出自毛君洁的硕士论文:《江西高职院校校园文化建设之行为文化建设研究》。教育层次上,高职教育属于大学专科层次;教育类型上,高职教育具有鲜明的职业教育特征。两者叠加在一起使得高职院校的校园文化建设有别于普通高校的校园文化建设。

除开在内涵上的区别外,论文中还特别指明了普通高校校园行为文化和高职院校园行为文化在人文素养、实践性、地区性三方面存在的不同之处。首先,"从人文素养方面来说。普通高校校园行为文化体现的是科学精神与人文精神的统一,而高职院校校园行为文化体现的是技术精神与人文精神的统一。但是,从人文素养的最终结果来看,高职院校的教学理念会更多强调人对社会的适应,难免缺失人文关怀,所以高职院校校园行为文化所体现的人文素养相对要差一点。"其次,"从实践性方面来说。高等职业教育是严格以就业为导向的教育类型,更加注

重实践动手能力,培养的人才是与特定职业岗位和岗位群相匹配的高级专业技术人才。高职院校校园行为文化会突出强调应用型的专业技能和实践技能,所以高职院校校园行为文化实践性更强。而普通高校更加注重学术研究能力,更多的是对研究思维和研究能力的培养,普通高校校园行为文化实践性会相对欠缺点。"最后是地区性上的差别,"众所周知,高职院校一般是为所在地区的经济服务的,……高职院校的办学特色往往和某一区域的经济发展状况、区域特色产业发展状况、区域支柱产业发展状况紧密相关,具有较为明显的地区性。从这个角度而言,高职院校校园行为文化建设可以吸收地区主流文化中积极向上的部分,同时还需要批判和抵制地区主流文化中的消极恶俗的部分。"无疑,通过以上几个方面的比较,高职院校校园行为文化和普通高校校园行为文化之间的差别、异同也就一目了然了。

四、关于高职院校校园行为文化现状问题的研究

高职院校校园行为文化之所以得到学界的广泛关注,还有一个根本的原因,就是在高职院校校园文化建设过程中所暴露出的某些问题已经到了迫在眉睫、非改不可的地步。柳淇在《浅谈高职学生行为文化建设》一文中语重心长的指出:"在高职院校行为文化的某些领域,行为失范的现象已经到了触目惊心的地步,加强高职学生行为文化建设迫在眉睫。"对此,毛君洁又进一步加以详细说明,他在《江西高职院校校园文化建设之行为文化建设研究》的论文中将高职院校校园行为文化建设中存在的问题归结为六个方面,分别是:"思想政治教育不充分、行为文化的建设缺乏开放性、行为文化的建设中存在功利化倾向和低俗化倾向、网络时代影响了校园人际交往、校园活动数量和质量的欠缺降低了校园行为文化的丰富性和品位度、社团建设落后致使校园行为文化丰富性不足等。"以上六个方面涉及到了校园行为文化的多个领域,能否对症下药才是关键所在。

靳润奇、池卫东和邓晓红则着重分析了造成此类问题的原因,三人集体撰写的《高职院校行为文化建设刍议》一文对此做出了几点分析。究其原因,"一是高等职业教育在我国发展的历史较短,缺乏可资借鉴的经验。二是行为文化的研究成果较少,校园行为文化建设缺乏理论指导。三是高职学生中存在的行为问题成为校园文化建设中的难题。"不难看出,这些论断都是中肯的,也揭示了目前高职

院校校园行为文化建设中的软肋。

五、关于高职院校校园行为文化特征的研究

学界一般认为作为高等教育的组成部分,高职院校校园行为文化的特质既应该包含有高等学校校园行为文化所共同的特征,也应具备高职院校校园行为文化自身的特点。在《新时期高职院校特色行为文化建设路径研究》一文中,作者刘荣就将高职院校行为文化的特征归纳总结为"实践性、职业性、特殊性、可塑性、综合性、社会时代性"等六大特征。关于实践性的特征,文中指出:"校园文化如果与教学实践脱节,那么校园行为文化便成为无源之水、无本之木。"关于职业性的特征,文中指出:"将企业行为文化引入到校园行为文化的建设当中,实现企业文化和校园文化的融合。"关于特殊性的特征,作者认为:"不同年龄、不同班级、不同性别的学生形成一个群体。他们来自不同的家庭,有不同的知识层次,……在校园行为文化生活中,就有各自特殊的生活区域。"关于可塑性的特征,作者谈到"学生因各方面还不太成熟,他们的思想感情、品格、性格都具有极大的可塑性和突变性。"关于综合性的特征,文章强调"一个学校的校园行为文化不是上述的简单叠加,实际上是互相联系、互相影响、互相渗透的复合体,体现着综合性的特征。"最后是社会时代性,文章指出校园行为文化既受社会大环境的影响,"还必须体现他所处的时代特征"。

除开认同以上所提出的实践性特征外,陈彪彪和田金莲还提出了一个新的特征,即"内容的蕴含性"。在共同撰写的《高职院校校园行为文化建设》一文中,他们写道:"行为文化通过活动的形式来运用物质文化,彰显精神文化,践行制度文化,在内容上具有极大的蕴含性。"文中解释道,高职院校校园行为文化"需要以一定的活动为载体,以精神文化为目标,制度文化为原则。在行为过程中,必然涉及其他三个层面的内容,从内容上概括了其他三个层面,具有极大的蕴含性。"无论是前者的六大特征还是后者的两大特征,无一例外都是学者们通过多年深入认真的实地研究得出的成果,因为是从不同视角去观察与分析,故而每一个特征都有其合理性。

六、关于高职院校校园行为文化细化分类的研究

学界在对高职院校校园行为文化内容进行细化分类时,因研究者的学术旨

趣、研究方向和实践考察侧重点均有差别,因而所进行的研究呈现出百花齐放的形态。

如刘洋就在其硕士学位论文《高等职业院校校园文化研究》中将"高职院校校园行为文化细化成领导行为、教学行为、学习行为"三种。作者以湖南工业职业技术学院的校园文化建设为实例展开研究,刘洋认为领导行为在校园行为文化中起到了重要的作用。论文具体从四个方面展开论述,分别是:领导团体加强自身建设,为学院事业科学发展提供了坚强保证;领导团体关注内涵建设,提升教育教学与科研工作水平;领导团体重视内部管理,提高学院管理水平和管理效益;领导团体积极开展民心工程建设,教职工幸福指数稳步提高。关于教学行为和学习行为,作者分别提出了"快乐的教学行为"、"快乐的学习行为"等概念,认为只有师生在教学全过程中体会到快乐的存在,快乐的教和快乐的学,这样的教学行为和学习行为将在潜移默化中渗透至校园行为文化当中。

陈彪彪和田金莲两位研究者则是立足于从物质载体层面对高职院校校园文化进行细分。在《高职院校校园行为文化建设》一文中,他们指出:"从物质载体来看,校园行为文化主要分为校园日常行为文化和校企融合行为文化。"什么是校园日常行为文化呢?作者所下的定义是:"校园日常行为文化主要是指学校内部以师生活动为活动主体营造的各种行为文化。这种行为文化又可以分为师生自发组织的活动中体现出来的行为文化和学校组织的集体活动中的行为文化。"而对校企融合行为文化的定义是:"校企融合行为文化主要是结合高职办学的实际,以活动的方式将企业文化引入到校园内师生的行为中,营造一种企业精神与理念文化氛围。"可见作者的划分标准是建立在企业和学校两个办学主体的基础上进行的。

第三种是胡树森在《加强高职院校行为文化建设》一文中提出的,将高职院校校园行为文化细分为教师行为文化、学生行为文化和学校行为文化三类。文中,作者对这三类的内涵花了较大篇幅做了说明。首先,"教师行为文化是指教师在教育教学、科学研究、学术交流以及娱乐休闲等活动表现出的社会心理、思想观念、思维方式等文化形态,是教师的一种精神追求和价值选择。"其次,"学生行为文化是指学生在专业学习、实习实训、社会实践以及社团活动、文娱休闲等活动中表现出的社会心理、思想观念、思维方式等文化形态,是学生的一种精神追求和价值选择。"

最后,"学校行为文化是大学的办学思想、培养目标、价值选择、理想追求的外在表现,是通过教学管理活动所反映出来的文化形态,是一所大学在长期的办学实践中根据自身的办学特点,不断地选择、培养、提炼、发展而成的文化。"不足之处是,作者没有交代如此划分的依据和理由。事实上,在学术研究中,相对于"是什么"和"怎么样","为什么"是开展各项研究的前提和基础,意义和价值的重要更是不言而喻的。

七、关于高职院校校园行为文化建设原则的研究

关于高职院校校园行为文化建设的原则,学界主要有两类研究成果,各有所长。《新时期高职院校特色行为文化建设路径研究》一文的作者刘荣指出,高职院校在推进校园行为文化建设时应遵循五大原则,分别是"职业性与文化性相统一的原则、普遍性与特殊性相统一的原则、继承性与创新性相统一的原则、主体性与主导型相统一的原则、封闭性与开放性相统一的原则"。关于职业性与文化性相统一的原则,作者指出高职院校在校园行为文化建设时,应"追求学校文化与企业文化有机相融……为培养合格职业人才创造优良环境";关于普遍性与特殊性相统一的原则,作者认为鉴于高职院校校园文化建设具有"共性和个性的统一,要求新时期高职院校特色行为文化建设既要把握时代特征,又要突出本校特色";关于继承性与创新性相统一的原则,论文强调包含校园行为文化在内的高职院校校园文化内涵的各个方面"都有一个继承和创新的问题,都在互动互变";关于主体性与主导型相统一的原则,论文认为"在高职校园行为文化建设中,学生是校园文化的主体,教职员工是校园文化的主导者,领导是校园文化的倡导者",只有三者的积极性都调动起来,才能推动行为文化的建设;关于封闭性与开放性相统一的原则,文章指出"学校所采取的封闭管理,开放办学,实质上是一种静态控制、动态管理理论的应用"。

毛君洁在其硕士学位论文《江西高职院校校园文化建设之行为文化建设研究》中对高职行为文化建设的原则提出了自己的看法。他说,高职院校在建设自身校园行为文化的过程中要"坚持主体性原则、坚持多样性原则、坚持主导性原则、坚持创新性原则"。毛君洁认为坚持主体性原则就是"要以在校大学生为建设

主体,坚持以人为本。要充分调动和发挥在校大学生的主观能动性和无限创造力"。而坚持多样性原则就是"要充分尊重高职院校在校大学生的个性多样化、价值观多元化。……切不可对高职院校校园行为文化做整齐划一的死板规定"。至于坚持主导型性原则,作者认为一是"要发挥学校思想政治教育与管理制度对高职院校校园行为文化建设的主导作用";二是要"发挥教师们在高职院校校园行为文化建设中的主导作用"。最后是坚持创新性原则,作者指出在高职院校校园行为文化建设中,要"从高职院校校园行为文化的建设思路、管理思路、校园文化活动、学术活动等方面加大创新力度,培育校园创新精神和校园创新文化"。以上两位研究者关于高职院校校园行为文化建设的原则的研究都比较充分到位,开拓了校园行为文化研究领域的新视野,很值得借鉴与思考。

八、关于高职院校校园行为文化优化对策的研究

行为文化被纳入到校园文化的结构中,是进入 21 世纪以后的事情。近年来,随着文化育人观念在高职教育界的深入人心,学界对高职院校校园行为文化优化对策的研究也是有增无减,成果也较丰富。如靳润奇、池卫东和邓晓红在《高职院校行为文化建设刍议》一文中指出:"高职校园行为文化建设是一个系统工程,不仅涉及到校园内各方主体(教师、学生、管理者、其他服务人员)的行为方式的引导与行为模式的构建,而且涉及到校园文化、企业文化与岗位文化的渗透与融合。"文中因此提出了"六个注重",以期加强高职校园行为文化建设。"第一是注重教师主导性行为的文化建设;第二是注重学生职业技能与可持续发展能力的培养;第三是注重学生职业道德行为的修炼;第四是注重特色管理行为模式的探索;第五是注重校园行为文化和与企业行为文化的对接;第六是注重高职校园行为文化研究。"

《新时期高职院校特色行为文化建设路径研究》一文的作者刘荣则针对性地提出了"十个结合路径"。分别是:"把高职行为文化建设与加强大学生社会主义核心价值观教育结合起来""把高职行为文化建设与大学生思想政治教育工作结合起来""把高职行为文化建设工作与完善"三全"育人机制结合起来""把高职行为文化建设与开展各种校园文化活动结合起来""把高职行为文化建设与大学生党建工作结合起来""把高职行为文化建设与队伍建设结合起来""把高职行为文

化建设与入学教育、校情校史教育、心理健康教育等结合起来""把高职行为文化建设与企业行为文化结合起来""把高职行为文化建设与创建文明、平安、和谐、节约型、学习型校园结合起来""把高职行为文化建设与学生管理工作结合起来"。

毛君洁则在其撰写的《江西高职院校校园文化建设之行为文化建设研究》硕士论文中,提出了促进高职院校校园行为文化建设对策的六条主要建议。依次是"加强思想政治教育、加强制度建设、加强校园行为文化组织队伍建设、提高大学生的社会实践能力和人际交往能力、利用好互联网信息技术、开展高品位的校园活动等"。

无论是六个注重、十个结合,还是六条建议,都代表了学界对如何优化高职院校校园行为文化的关注和探索。这些优化对策有的已经落实到了高职院校加强校园行为文化的工作当中,还有的尚处于摸索阶段,值得继续研究与探索。